nuevo PRISMA

Curso de español
para extranjeros

fusión

LIBRO DEL ALUMNO

NIVELES

A1 + A2

Equipo nuevo Prisma

Edi
numen

© **Editorial Edinumen**, 2014
© **Autores y adaptadores de nuevo Prisma, nivel A1, edición ampliada:** Paula Cerdeira y José Vicente Ianni
© **Autores y adaptadores de nuevo Prisma, nivel A2:** Isabel Bueso y David Isa
© **Autores de los contenidos de fonética y ortografía:** Esther Beltrán, Manuel Rosales y María Sabas
© **Autora de la prueba de examen del nivel A2:** Ruth Ponga
© **Autores de Prisma Comienza y Continúa:** Raquel Blanco, Isabel Bueso, Raquel Gómez, Silvia Nicolás, Isabel Pardo, Carlos Oliva, Marisa Reig, María Ruiz de Gauna y Ruth Vázquez
© **Adaptador de Nuevo Prisma Fusión A1+A2:** José Manuel Foncubierta

Coordinadoras: María José Gelabert y Mar Menéndez

ISBN Libro del alumno: 978-84-9848-520-2
Depósito Legal: M-23540-2016
Impreso en España
Printed in Spain
1021

1.ª edición: 2014
1.ª reimpresión: 2015
Reimpresiones: 2016, 2017, 2018, 2019, 2020, 2021

Editorial Edinumen
José Celestino Mutis, 4. 28028 - Madrid
Teléfono: 91 308 51 42
e-mail: edinumen@edinumen.es
www.edinumen.es

Coordinación pedagógica:
María José Gelabert

Coordinación editorial:
Mar Menéndez

Ilustraciones:
Carlos Casado

Diseño de cubierta:
Juanjo López y Sara Serrano

Diseño y maquetación:
Carlos Yllana, Sara Serrano y Juanjo López

Impresión:
Gráficas Glodami. Madrid

Agradecimientos:
A Marta María Martín por sus aportaciones en la confección de algunas unidades.

Fotografías:
Archivo Edinumen, thinkstockphotos.es
Foto de Fernando Torres (pág. 23) por cortesía de Rayand en Creative Commons http://commons.wikimedia.org/wiki/ File:TorresFinale12_cropped.jpg; Foto de Miguel López-Alegría (pág. 23) por cortesía de la NASA en Creative Commons http:// commons.wikimedia.org/wiki/File:Michael_Lopez-Alegria.jpg; Foto de Isabel Allende (pág. 23) por cortesía de Paal Leveraas en Creative Commons http://commons.wikimedia.org/wiki/File:Isabel_allende.jpg; Foto Salma Hayek (pág. 23) por cortesía de Georges Biard en Creative Commons http://commons.wikimedia.org/wiki/File:Salma_Hayek_Deauville_2012.jpg; Foto Gabriela Mistral (pág. 88) por cortesía de United States Library of Congress en Creative Commons http://commons.wikimedia.org/wiki/File:Gabriela_Mistral-01.jpg; Fotos de la despedida de soltera (pág. 122) por cortesía de María Sabas; Foto de Alaska (pág. 132) por cortesía de Olvido en Creative Commons http://commons.wikimedia.org/wiki/File:Olvido.jpg; Fotos de la movida madrileña (pág. 133) por cortesía de Susana Dubia; Fotos de imágenes curiosas (pág. 136) por cortesía de David Isa; Foto de la localidad de Umbralejo, Guadalajara (pág. 154) por cortesía de Xuanxu en Creative Commons http://commons.wikimedia.org/wiki/File:Umbralejo_01.jpg; Foto del Hospital Universitario La Paz (pág.165) por cortesía de de Kadellar en Creative Commons http://commons.wikimedia.org/wiki/File:Hospital_La_Paz.JPG; Foto de la selección española sub-21 *La Rojita* (pág. 177) por cortesía de Henrik Alexandersen en Creative Commons http://commons.wikimedia.org/wiki/File:Spain_national_under-21_football_team_2011.jpg; Foto de Thiago Alcántara (pág. 177) por cortesía de Henrik Alexandersen en Creative Commons http://upload.wikimedia.org/wikipedia/commons/3/32/Thiago_Alc%C3%A2ntara_Spain_U21.jpg; Foto de Jessica Mathews, Huecco y David Villa (pág. 180) por cortesía de Huecco.

nuevo PRISMA fusión (A1 + A2) es un curso de español cuyos contenidos sigue de cerca las criterios y recomendaciones del *Marco común europeo de referencia para las lenguas* (MCER). nuevo PRISMA fusión (A1 + A2), garantiza el desarrollo de los componentes comunicativo, lingüístico, cultural y estratégico propios de la etapa Usuario Básico, además de una pequeña extensión hacia los contenidos del nivel B1 para iniciar al alumno en la siguiente escala de dominio de manera progresiva.

Con nuevo PRISMA fusión • niveles A1 + A2, el alumno podrá:

- Comprender frases y el vocabulario más habitual sobre temas de interés personal (información personal y familiar muy básica, compras, lugar de residencia, empleo).
- Captar la idea principal de avisos y mensajes breves, claros y sencillos y de textos informativos, instructivos, narrativos y descriptivos en presente, pasado y futuro.
- Leer textos breves y sencillos aplicando diferentes estrategias para conseguir la comprensión e interpretación de lo que necesita.
- Encontrar información específica y predecible en escritos sencillos y cotidianos como anuncios publicitarios, prospectos, menús y horarios y comprender textos sencillos en presente, pasado y futuro.
- Comunicarse en tareas habituales que requieren un intercambio simple y directo de información sobre actividades y asuntos cotidianos relacionados con el presente y el pasado.
- Realizar intercambios sociales comprendiendo lo suficiente como para mantener la conversación por sí mismo y reaccionar ante la intervención del interlocutor teniendo en cuenta el contenido de la comunicación no verbal.
- Utilizar una serie de expresiones y frases para describir con términos sencillos a su familia y otras personas, sus condiciones de vida, su origen educativo y su trabajo, en presente, pasado y futuro.
- Escribir notas y mensajes breves y sencillos relativos a sus necesidades inmediatas y escribir cartas personales, narraciones, descripciones e instrucciones, en presente, pasado y futuro.
- Expresar y comprender mensajes con matices de subjetividad (deseos y expectativas).

Información para el profesor

nuevo PRISMA fusión está elaborado siguiendo un enfoque comunicativo orientado a la acción y centrado en el alumno, tal y como recomienda el MCER. Sus objetivos cubren procedimientos y tareas con el fin de fomentar el aprendizaje de la lengua para la comunicación en español tanto dentro como fuera del aula. Así, este enfoque considera al estudiante como un agente social porque lo capacita para realizar tareas o acciones en diversos contextos socioculturales movilizando sus recursos cognitivos y afectivos.

En nuevo nuevo PRISMA fusión se presta especial atención al desarrollo de **estrategias de aprendizaje y de comunicación** para contribuir a que el alumno reflexione sobre su propio proceso de aprendizaje, permitiendo así el desarrollo de su perfil como aprendiente autónomo.

A lo largo de las unidades didácticas se podrán encontrar actividades novedosas para el desarrollo específico del **trabajo cooperativo**, propuestas para la **reflexión intercultural** y otras tareas que tienen en cuenta el **componente emocional** y que ayudan a crear un entorno de aprendizaje positivo en el aula.

Estas actividades vienen indicadas mediante las siguientes etiquetas:

|Grupo cooperativo| |Intercultura| |Cultura|

nuevo PRISMA fusión (A1 + A2) consta de diecinueve unidades didácticas, más dos de repaso y muestras de exámenes contenidas en nuestra plataforma on-line (ELETECA) dirigidas a aquellos alumnos y profesores interesados en ir construyendo el curso general de lengua con la aproximación a los exámenes DELE (Diploma de Español como Lengua Extranjera, del Instituto Cervantes). Cada actividad viene precedida de dos iconos que indican, por un lado, la dinámica de la actividad, y por otro, la destreza que predomina en ella. Estos símbolos gráficos son los siguientes:

- Actividad para realizar individualmente.
- Actividad para realizar en parejas.
- Actividad para realizar en grupos pequeños.
- Actividad para realizar con toda la clase.

- Actividad de interacción o expresión oral.
- Actividad de expresión escrita.
- Actividad de comprensión lectora.
- Actividad de comprensión oral.
- Actividad de reflexión lingüística.
- Actividad de léxico.
- Actividad para el desarrollo de estrategias de aprendizaje y comunicación.

Audiciones descargables en la ELETeca: http://eleteca.edinumen.es

ÍNDICE

8. ¿A CENAR O AL CINE?

Contenidos funcionales

- Expresar gustos y preferencias.
- Preguntar por gustos y preferencias.
- Expresar acuerdo y desacuerdo.
- Expresar dolor y malestar.
- Expresar grados de intensidad.

Contenidos gramaticales

- Verbos *gustar, encantar*...
- Verbo *doler* y *tener dolor de*...
- Pronombres de objeto indirecto.
- Adjetivos y adverbios de cantidad: *nada, poco, demasiado, bastante, mucho*...
- *También/tampoco.*

9. NOS VAMOS DE TAPAS

Contenidos funcionales

- Proponer un plan, aceptarlo o rechazarlo.
- Concertar una cita.
- Hablar de acciones en curso.
- Hablar de planes e intenciones.
- Expresar la manera de hacer algo.
- Pedir en un bar.
- Dar consejos.

Contenidos gramaticales

- Gerundio, formas y usos.
- *Estar* + gerundio.
- Verbo *quedar*.
- *Poder* + infinitivo con valor de sugerencia o proposición.
- *Ir* + *a* + infinitivo.

10. YA HEMOS LLEGADO

Contenidos funcionales

- Hablar de acciones terminadas en un tiempo relacionado con el presente.
- Acciones habituales en contraste con acciones terminadas en un tiempo relacionado con el presente.
- Hablar de la realización o no de las acciones previstas.

Contenidos gramaticales

- Morfología del pretérito perfecto: regulares e irregulares.
- Marcadores temporales:
  - *hoy*
  - *esta mañana, esta tarde...*
  - *este mes, este año...*
  - *ya/todavía no*

11. ¡MAÑANA ES FIESTA!

Contenidos funcionales

- Dar/pedir opinión.
- Expresar acuerdo y desacuerdo.
- Dar instrucciones.
- Formas para expresar la negación.

Contenidos gramaticales

- *Creo que/Pienso que/Para mí* + opinión.
- Verbo *parecer*.
- *Yo estoy de acuerdo con/No estoy de acuerdo con* + opinión.
- La negación.
- Imperativo afirmativo: regulares y algunos irregulares.

REPASO 1. PERSONALIDADES

Contenidos funcionales

- Pedir y dar información sobre motivos y razones de aprendizaje.
- Expresar opiniones, actitudes y conocimientos con respecto al aprendizaje.
- Hacer recomendaciones con respecto al aprendizaje.
- Preguntar preferencias y expresar gustos. Valorar.
- Pedir y dar información personal.
- Organizar el discurso.

Contenidos gramaticales

- Revisión del presente de indicativo: verbos regulares e irregulares.
- *Es útil/bueno/necesario* + infinitivo.
- *Tener que* + infinitivo.
- *Poder* + infinitivo.
- Revisión de construcciones valorativas: *gustar, preocupar, molestar*...
- Nexos para la coherencia y cohesión textuales.

12. VIAJA CON NOSOTROS

Contenidos funcionales

- Narrar acciones en el pasado.
- Describir lugares geográficamente.
- Hablar del tiempo atmosférico.

Contenidos gramaticales

- Pretérito indefinido: morfología (formas regulares y algunas irregulares: *ser, ir, dar, estar, tener* y *hacer*) y uso.
- Marcadores temporales: *ayer, anoche, anteayer, el otro día, la semana pasada, el mes pasado, el año pasado.*
- Los verbos *llover* y *nevar*.
- Preposiciones *a, en* y *de*.

13. CURIOSIDADES

Contenidos funcionales

- Identificar y definir.
- Describir personas, objetos, lugares.
- Hacer comparaciones.
- Expresar obligación, permiso y prohibición.
- Hablar de novedades.
- Hablar de normas sociales.

Contenidos gramaticales

- *Ser/estar*: usos generales.
- Oraciones de relativo con indicativo: *que/donde.*
- Comparativos de igualdad, inferioridad y superioridad.
- Comparativos irregulares.
- *Poder, deber* + infinitivo.
- *Se puede, se debe* + infinitivo.
- *Está permitido/prohibido* + infinitivo.

14. ¡CÓMO ÉRAMOS ANTES!

Contenidos funcionales
- Describir personas y acciones habituales en el pasado.
- Evocar recuerdos.
- Comparar cualidades y acciones y establecer diferencias.
- Hablar de hechos, hábitos y costumbres del pasado comparados con el presente.

Contenidos gramaticales
- Morfología y uso del pretérito imperfecto.
- Marcadores temporales de pretérito imperfecto: *antes, mientras, siempre, todos los días, cuando…*
- Contraste pretérito imperfecto/presente de indicativo.
- *Soler* + infinitivo.

15. CUENTA, CUENTA...

Contenidos funcionales
- Hablar de las circunstancias en las que se desarrolló un acontecimiento.
- Narrar sucesos e historias reales o ficticias.
- Describir rasgos y características físicas de personas, animales y cosas.
- Expresar sorpresa y desilusión. Lamentarse.
- Hacer cumplidos y responder.

Contenidos gramaticales
- Contraste pretérito imperfecto/pretérito indefinido.
- *Estar* (pretérito imperfecto) + gerundio.
- Recursos lingüísticos para reaccionar en la conversación.
- *Es de/Está hecho de* + materia/*Procede de* + artículo + nombre/*Sirve para* + infinitivo.
- Recursos lingüísticos para narrar.

16. UN FUTURO SOSTENIBLE

Contenidos funcionales
- Hablar de acciones futuras.
- Hablar de acciones presentes o futuras que dependen de una condición.
- Hacer predicciones y conjeturas.
- Hablar del tiempo atmosférico.

Contenidos gramaticales
- Futuro imperfecto: formas regulares e irregulares.
- Expresiones temporales de futuro.
- *Si* + presente de indicativo + presente/futuro imperfecto.
- *Creo/imagino/supongo* + *que* + futuro imperfecto.
- *No sé si/cuándo/dónde* + futuro imperfecto.

17. CON UNA CONDICIÓN

Contenidos funcionales
- Hacer hipótesis o expresar probabilidad sobre el pasado.
- Pedir y dar consejos y sugerencias.
- Expresar cortesía.
- Expresar un deseo de presente o futuro.
- Expresar una acción futura respecto a otra pasada.
- Preguntar por la salud y expresar estados físicos. Pedir una cita.

Contenidos gramaticales
- Condicional simple: morfología y usos.
- Revisión del verbo *doler*.
- Marcadores del discurso: conectores y estructuradores de la información.

18. IMPERATIVAMENTE

Contenidos funcionales
- Pedir y conceder permiso.
- Dar órdenes.
- Dar consejos.
- Persuadir.

Contenidos gramaticales
- Imperativo afirmativo y negativo.
- Los pronombres de objeto directo y objeto indirecto.
- Combinación de pronombres objeto.

19. ¡CAMPEONES!

Contenidos funcionales
- Hablar de aspiraciones y deseos.
- Pedir, ofrecer y conceder ayuda.
- Expresar conocimiento y desconocimiento.
- Preguntar por la habilidad para hacer algo.

Contenidos gramaticales
- Presente de subjuntivo regular y algunos irregulares.
- Usos del subjuntivo: expresar deseos.
- Pronombres como término de preposición.
- Perífrasis verbales de infinitivo: *ir a, volver a, acabar de, empezar a, tener que.*

REPASO 2. PRIMERA PLANA

Contenidos funcionales
- Redactar noticias breves de prensa.
- Narrar hechos del pasado describiendo las circunstancias.
- Contar cómo se conocieron dos personas en el pasado.
- Contar anécdotas reales o inventadas.
- Expresar sorpresa e incredulidad.
- Expresar probabilidad en futuro y pasado.
- Mostrar interés.
- Expresar deseos.

Contenidos gramaticales
- Contraste de tiempos verbales en pasado (repaso).
- Interjecciones y expresiones para mostrar sorpresa e incredulidad.
- El futuro y el condicional para expresar probabilidad (repaso).
- Usos del subjuntivo: expresar deseos (repaso).

Tipos de texto y léxico
- Texto informativo.
- Foro de discusión.
- Sinónimos y antónimos.
- Acepciones de una palabra.
- Léxico relacionado con el móvil.
- Léxico sobre la movida madrileña.

El componente estratégico
- Contrastar la forma estructural de transmitir información en español con la de la lengua materna.
- Estrategias para inferir varios significados de una palabra.
- Inferir el cambio de significado de un párrafo según el uso de antónimos y sinónimos.

Contenidos culturales
- Juegos y objetos tradicionales en España.
- Adelantos técnicos informáticos: el móvil.
- Los años 80 en España: la movida madrileña.
- Los años 80 en Chile.

Ortografía/Fonética
- Contraste de los sonidos /k/ y /g/.
- Reglas de ortografía de c/qu/k.

Tipos de texto y léxico
- Titular periodístico.
- Texto narrativo.
- Texto informativo: noticias.
- Léxico relacionado con los cuentos.
- Adjetivos de descripción física y de carácter.

El componente estratégico
- Identificar expresiones de comunicación en un diálogo y aplicarlas a una tarea.
- Valorar el componente lúdico como parte del proceso de aprendizaje.

Contenidos culturales
- Anécdotas curiosas.
- El cuento.

Fonética
- Contraste de los sonidos /c/ y /z/.
- El ceceo y el seseo.
- Las normas de ortografía de c y z.

Tipos de texto y léxico
- La convocatoria de concurso.
- Anuncios breves de viaje.
- Léxico relacionado con el reciclaje.
- Léxico relacionado con las actividades al aire libre.
- Léxico relacionado con el tiempo atmosférico.

El componente estratégico
- Agrupar formas verbales irregulares para su memorización.
- Planificación del aprendizaje: formulación de objetivos y metas para el futuro.
- El Portfolio de las Lenguas para evaluar el proceso de aprendizaje.

Contenidos culturales
- Ecología y medioambiente.
- Consumo responsable y reciclaje.
- El Amazonas.
- Arquitectura popular: los pueblos negros.
- Parques naturales: Picos de Europa y Doñana (España).

Fonética
- Los sonidos /f/ y /j/.

Tipos de texto y léxico
- Twitter y foro.
- Textos conversacionales.
- Textos descriptivos.
- Léxico relacionado con la salud.
- Léxico específico para dar consejos y hacer sugerencias.

El componente estratégico
- Inferir el significado de las palabras o expresiones de los hablantes en un diálogo, observando la actitud de los interlocutores.

Contenidos culturales
- La sanidad pública y la sanidad privada en España e Hispanoamérica.
- Comportamientos relacionados con el cuidado de la salud.

Ortografía/Fonética
- Los sonidos /n/, /ñ/, /ch/ e /y/.
- Los dígrafos ch y ll.
- Las letras y y ll.

Tipos de texto y léxico
- Léxico de las tareas domésticas.
- Texto informativo.
- Texto publicitario.
- El lenguaje de la publicidad.

El componente estratégico
- Estrategias para la deducción del léxico a través de imágenes.
- Mecanismos para la restricción de un permiso.
- Reflexión sobre la aplicación de estrategias para escribir un texto.

Contenidos culturales
- El reparto de las tareas domésticas en España.
- Hábitos para una alimentación saludable.
- Las compras por Internet.

Ortografía/Fonética
- Los signos de interrogación y exclamación.
- Esquema entonativo básico del español.

Tipos de texto y léxico
- Texto informativo.
- Foro.
- Entrevista.
- Léxico relacionado con la solidaridad y las ONG.
- Léxico relacionado con los deportes.
- Léxico relacionado con la alimentación.
- Contraste saber/conocer.

El componente estratégico
- Estrategias para el aprendizaje deductivo: estudio de formas, tiempo y modo verbales mediante la comparación.
- Asociar palabras en esquemas léxicos.
- Las palabras clave y el uso de conectores como estrategias para ordenar una entrevista y optimizar la comprensión.

Contenidos culturales
- La selección española de fútbol: La Roja y La Rojita.
- Fundación Dame Vida.
- Deportistas Solidarios en Red.
- Alimentación y deporte.
- Natación sincronizada: Marga Crespí.

Fonética
- La sílaba y la acentuación.

Tipos de texto y léxico
- Noticias, prensa escrita, radio.
- Formato del periódico y organización de las secciones y contenidos.
- Encuesta y entrevista.
- Prensa digital y otros recursos en Internet.
- Léxico relacionado con la prensa y las anécdotas.

El componente estratégico
- Estrategias para analizar el método de lectura.
- Estrategias para reflexionar sobre los propios errores.
- Estrategias para aplicar contenidos lingüísticos según el comportamiento sociocultural en una conversación.

Contenidos culturales
- Principales periódicos y cadenas de radio de los países hispanos.
- La tomatina, los sanfermines (España) y la danza de los Diablos de Yare (Venezuela).
- La interacción en España: comportamiento en una conversación.

Fonética
- El punto y la coma.

1 ¿QUÉ TAL?

Contenidos funcionales
- Saludar y responder al saludo formal e informalmente.
- Despedirse.
- Presentar(se) y responder a la presentación.
- Dirigirse a alguien.
- Pedir confirmación y confirmar información previa.
- Preguntar cómo se dice algo en otra lengua.
- Pedir aclaraciones y repeticiones.
- Deletrear.

Contenidos gramaticales
- Pronombres personales sujeto.
- *Tú/usted.*
- Verbo *ser.*
- Verbo *llamarse.*
- Pronombre interrogativo: *¿Cómo?*

Tipos de texto y léxico
- Diálogos breves.
- Nacionalidades.
- Léxico de supervivencia en clase.
- Nombres de países y continentes.

El componente estratégico
- Relacionar información a través de las imágenes.

Contenidos culturales
- Los tratamientos de cortesía en España.
- Nombres y apellidos hispanos.

Ortografía/Fonética
- Los signos de interrogación y exclamación.
- El alfabeto.
- Abreviaturas.

1 ¡HOLA! ¿CÓMO TE LLAMAS?

> | 1 | Conoce a tus compañeros de clase. Formad grupos y presentaos según el modelo.

Hola, me llamo Ana. ¿Y tú? ¿Cómo te llamas?

Hola, soy Vicente.

Saludar y presentarse

✗ Para **saludar** puedes usar:
- ¡Hola!
- ¡Buenos días!

✗ Para **presentarte** y responder puedes usar:
- **Me llamo** Ana. ¿Y tú? ¿Cómo te llamas?
  Soy Vicente.
- ¿Cómo se llama?
  Se llama Alejandro./**Es** Miriam.

| 1.1. | Hoy es el primer día de clase en una escuela de idiomas. Escucha y completa.

1. Nombre:

2. Nombre:

3. Nombre:

4. Nombre:

| **1.2.** | 🌐 🔊 En grupo, observad las imágenes y completad los espacios en blanco. A continuación, escuchad y comprobad las respuestas.
| 2 |

> ✗ ella   ✗ nosotros   ✗ él   ✗ vosotras   ✗ ellos   ✗ tú

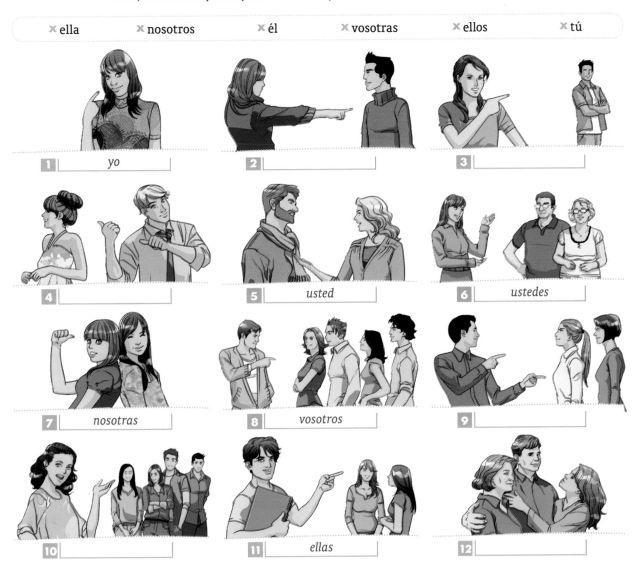

1	yo
2	
3	
4	
5	usted
6	ustedes
7	nosotras
8	vosotros
9	
10	
11	ellas
12	

Fíjate

✗ Hay pronombres personales **femeninos**: *ella, nosotras, vosotras* y *ellas*, y dos **formales**: *usted/ustedes*.

✗ En Hispanoamérica: ~~*vosotros/as*~~ ➜ **ustedes**:
— *Vosotras os llamáis Carmen y María.* ➜ *Ustedes se llaman Carmen y María.*

| **1.3.** | 👤 ⚙️ Estas son las formas del verbo *llamarse*. Completa las frases.

Presente de indicativo del verbo *llamarse*

Yo	me	llam**o**
Tú	te	llam**as**
Él/ella/usted	se	llam**a**
Nosotros/as	nos	llam**amos**
Vosotros/as	os	llam**áis**
Ellos/ellas/ustedes	se	llam**an**

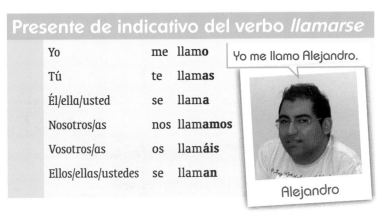

Yo me llamo Alejandro.

Alejandro

1. Yo *me llamo* Alejandro.
2. Ella .... Marta.
3. Tú .... Ana.
4. Ellos .... Vicente y Miriam.
5. Vosotras .... Alba y Martina.
6. Ustedes .... María y Rebeca.
7. Usted .... Miguel.
8. Nosotros .... Adrián y Mateo.

>| 1 | Escucha el nombre de las letras en español y completa el alfabeto.

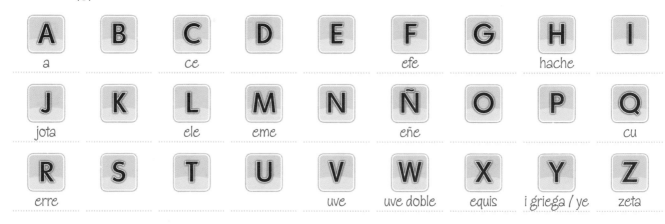

| 1.1. | Tu profesor te va a explicar un juego para dibujar palabras en el aire. Sigue sus instrucciones.

>| 2 | En España y en muchos países americanos usamos dos apellidos. Inventa un personaje, dibújalo y escribe su nombre y dos apellidos.

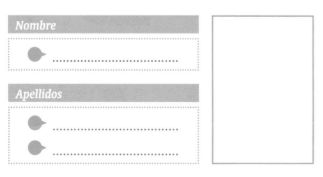

| 2.1. | Ahora, observa estos ejemplos y pregunta a tu compañero para descubrir la identidad de su personaje.

Ejemplo:
- ¿Cómo se llama?
- Se llama Silvia.
- ¿Cómo se escribe?
- Se escribe ese, i, ele, uve, i, a.
- ¿Cómo se apellida?
- Se apellida Santos.
- ¿Cómo se escribe?
- Se escribe ese, a, ene, te, o, ese.

Preguntar y decir el nombre y el apellido

✘ Para **preguntar** el nombre y el apellido:
- **¿Cómo te llamas/apellidas?**
- **¿Cómo se llama/apellida usted?**

✘ Para **responder**:
- **Me llamo/Soy** Ana.

En muchos países hispanos se usan dos apellidos. El primer apellido es el del padre y el segundo el de la madre.

Fíjate
✘ En español hay dos signos de interrogación y exclamación:
   — ¿Cómo te llamas?   — ¡Hola!

| 2.2. | Pregunta a tus compañeros su apellido y cómo se deletrea. ¿Quién tiene el apellido con más letras? ¿Quién tiene el apellido con menos letras?

Fíjate
✘ Normalmente usamos el deletreo para direcciones de correo y nombres extranjeros.

>| 1 | Hoy es el primer día de clase de español para Said, un chico marroquí. Formad parejas y ayudadle a escribir los nombres de los países escritos en el mapa en la columna correspondiente. Pregunta a tu profesor el nombre de otros países que quieres saber y anótalos.

África	América	Asia	Europa	Oceanía
Sudáfrica	Brasil	China	Francia	Nueva Zelanda

| 1.1. | Ahora completad el cuadro con las nacionalidades de los países de la tabla.

	Masculino singular	Femenino singular	Masculino plural	Femenino plural
● Alemania	alemán	alemana	alemanes	
○ Argentina	argentino			argentinas
● Bélgica		belga	belgas	
○ Brasil		brasileña	brasileños	
● China		china		chinas
○ Colombia	colombiano	colombiana		
● España	español			españolas
○ Estados Unidos	estadounidense	estadounidense		
● Italia	italiano		italianos	
○ Japón		japonesa		japonesas

> | **2** | ¿De dónde eres? Completad las frases con el verbo y la nacionalidad adecuados.

✗ es ✗ son ✗ eres
✗ somos ✗ sois ✗ soy

Las nacionalidades

✗ Para preguntar la nacionalidad:
- ¿De dónde eres? ¿De dónde es?
- Yo soy de... Yo soy...

CUBA

JAPÓN

ESPAÑA

1 Yo | soy | de Cuba.
Yo | soy cubano |.

2 Tú | _____ | de Japón.
Tú | _____ |.

3 Ella | _____ | de España.
Ella | _____ |.

ESTADOS UNIDOS

FRANCIA

EGIPTO

4 Nosotros | ____ | de Estados Unidos.
Nosotros | _____ |.

5 Vosotras | _____ | de Francia.
Vosotras | _____ |.

6 Ellos | _____ | de Egipto.
Ellos | _____ |.

> | **3** | Fíjate en la conjugación del verbo *ser*, y comprueba las respuestas anteriores.

Presente de indicativo del verbo *ser*

Yo	**soy**	Nosotros/as	**somos**
Tú	**eres**	Vosotros/as	**sois**
Él/ella/usted	**es**	Ellos/ellas/ustedes	**son**

| **3.1.** | Leed los usos del verbo *ser*, observad los ejemplos y completad.

✗ nombre del país/ciudad ✗ nombre de persona ✗ nacionalidad/origen

Usos del verbo *ser*

✗ Para **identificar**:
- *Ser* + [1] ....
  - **Soy** Miriam Rubio.
  - **Es** el señor Julio García.
  - **Somos** Mario y Malena.

✗ Para decir **la nacionalidad** o **el origen**:
- *Ser* + [2] ....
  - **Soy** mexicana. — **Eres** catalán.
- *Ser* + *de* + [3] ....
  - **Soy de** Guanajuato, México.

>| 4 | ¿Cómo te sientes con el español?

nervioso/a

mal

bien

regular

Ejemplo:
—Yo estoy/me siento bien con el español.

4 ▸ PRESENTACIONES, SALUDOS Y DESPEDIDAS

>| 1 | Observa las fotografías, lee los diálogos y clasifícalos en formal o informal.

	formal	informal
Diálogo **1** ... ⚪ .... ⚪		
Diálogo **2** ... ⚪ .... ⚪		
Diálogo **3** ... ⚪ .... ⚪		
Diálogo **4** ... ⚪ .... ⚪		

● Hola, Inés, ¡qué sorpresa!
○ Hola, Juan. ¡Cuanto tiempo!
● **¿Cómo estás?**
○ Bien, ¿y tú?

● **Buenos días**, es usted la madre de Marga, ¿verdad?
○ Sí, soy yo...
● **Yo soy** Mercedes, una amiga de la universidad. ¿Cómo está usted?
○ Bien, gracias, entra. No te quedes ahí.

● Mira, Claudia, estos son la señora García y el señor Valbuena, los directores de la empresa. Les presento a Claudia, estudiante de economía.
○ Hola, buenas tardes, **mucho gusto**, ¿cómo están?

● ¡Hola, chicos! **¿Qué tal?**
○ ¡Hola! ¡Muy bien! ¿Y vosotros?
● Así, así. Es época de exámenes.

Las formas de tratamiento

✗ En español peninsular, **tú** y **vosotros/as** se usan para hablar con amigos y familia, es informal. *Usted* y **ustedes** se utilizan para hablar con personas mayores, desconocidas o en situaciones más formales. *Usted* y **ustedes** llevan el verbo en tercera persona:

– **¿Usted es** la abuela de Ana?   – **Ustedes son** la señora García y el señor Valbuena, ¿verdad?

| 1.1. | Completad la información con las frases en negrita de los diálogos anteriores.

Saludos, presentaciones y despedidas

Informal	Formal

x **Saludar** y **presentarse**:

[1] ....

• Hola, ¿qué tal estás?

[2] ....

• Hola, [3] ..../**me llamo** Mercedes.

x **Presentar a alguien**:
• **Mira, este es** el señor Valbuena.
• **Mira, estos son** los señores García y el señor Valbuena.

x **Responder** a una presentación:
• Hola, ¿qué tal?

x **Saludar** y **presentarse**:

• [4] ...., ¿qué tal está usted?
• Buenas tardes/noches, ¿cómo está usted?
• Buenos días,
• Buenas tardes/noches, (yo) **soy/me llamo** Claudia.

x **Presentar a alguien**:
• **Mire, le presento a** la señora García.
• **Miren, les presento a** Claudia.

x **Responder** a una presentación:
• **Encantado/a.**
• ¿Cómo está?
• [5] ....

x Para **despedirse**, se usan las mismas fórmulas:
• Adiós.   • **Hasta** luego/mañana/pronto.

> | 2 | Lee y completa los textos con las abreviaturas.

Abreviaturas

x En español decimos *señor* y *señora*, pero cuando escribimos podemos utilizar:
Sr. (señor) / **Sra.** (señora)
Sres. (señores) /**Sras.** (señoras)

x Otros son:
Dr. (doctor)/**Dra.** (doctora)
Prof. (profesor)/**Profa.** (profesora)

|_____| Marta Martín Encinar
|_____| titular
Departamento de lenguas extranjeras
Universidad de Salamanca
marta_martin@yahoo.es

|_____| Julián
Sánchez Mateos
Jefe de Servicio de Odontología
Hospital Clínico Universitario

Luis Carrasco Peláez   Martín Crespo Porras
Carmen Valera Cruz   Mercedes Castro Ramiro

Les invitan al enlace de sus hijos Elena y Enrique
que tendrá lugar el próximo 12 de julio en la iglesia de San Martín
de Madrid.

Se ruega confirmación

|_____| Carrasco Valera |_____| Crespo Castro
Tel. 619 234 523   Tel. 626 132 413

| 2.1. | Escribid vuestra tarjeta de presentación y representad un diálogo formal en clase, según el modelo de la actividad 1.

> | 3 | 🌐🔵 Ahora, haced dos diálogos según las instrucciones que te va a dar tu profesor, y representadlos delante de la clase.

Sensaciones

> | 4 | 😊📖 Lee y relaciona.

Problema

1. **¿Puedes repetir** tu correo electrónico, **por favor?** . . . . ✳
2. Tú eres de Argentina, **¿verdad?** . . . . ✳
3. Mi nombre es Xiao Huang. . . . . ✳
4. **¿Cómo se dice en español** "e-mail"? . . . . ✳
5. Hola, yo soy Marta, de Madrid y estudio inglés, francés... . . ✳

Pedir ayuda

✳ a. ¡Buf, Marta! **¡Más despacio, por favor!**
✳ b. Correo electrónico.
✳ c. Sí, claro. Raul@codmail.com.
✳ d. Sí, sí, de Buenos Aires.
✳ e. ¿Cómo? **¿Puedes deletrearlo, por favor?**

| 4.1. | 🐾🔵 Escribe el nombre y apellido de tu compañero correctamente. Utiliza las expresiones del cuadro y representa este pequeño diálogo ante la clase.

- ● Me llamo ....
- ○ i.., por favor!
- ● ...., ¿y tú?, ¿cómo te llamas?

- ○ Yo me llamo ....
- ● ¿ ....?
- ○ ....

| 4.2. | 🌍🔵 ¿Te sientes más seguro conociendo estas expresiones para pedir ayuda? Coméntalo con tus compañeros.

¿Qué he aprendido?

1 ¿Cómo te llamas? ¿Puedes deletrear tu nombre?
....

2 Escribe tres nombres y tres apellidos españoles.

Nombres	Apellidos

3 ¿Qué pronombre personal no está en esta lista?
tú • él • ella • nosotros • nosotras • ellos • ustedes • vosotros • ellas • yo • vosotras
....

4 Presenta a tu compañero.
....

5 Completa.
Los habitantes de Brasil se llaman ...., los de Colombia ...., los de Estados Unidos .... y los de Japón, ...

6 Completa.
Para hablar con amigos y familia usamos las formas ...., pero para hablar con personas mayores, desconocidas o en situaciones más formales usamos las formas ....

7 Reflexiona.
De esta unidad lo más difícil de aprender es ....
y lo más fácil es ....

2 ESTUDIANTE DE PROFESIÓN

Contenidos funcionales
- Pedir y dar información personal: nombre, edad, origen, lugar de residencia, profesión, formación...
- Hablar de la profesión y el lugar de trabajo.

Contenidos gramaticales
- El artículo determinado.
- El género y el número del nombre.
- Concordancia del artículo determinado y del adjetivo con el nombre.
- Pronombres interrogativos: ¿Cuál? ¿Qué? ¿Cuántos?...

Tipos de texto y léxico
- Texto descriptivo de información personal: formulario.
- Léxico de la clase.
- Los colores.
- Profesiones y lugares de trabajo.

El componente estratégico
- Estrategias para la adquisición de léxico a través de imágenes.
- Recursos para usar el diccionario.

Contenidos culturales
- España y sus comunidades autónomas.
- Algunos personajes famosos de origen hispano.

Fonética
 - La sílaba.

---

1 ¡A CLASE!

Grupo cooperativo

> | 1 | ¿Cuántas palabras conocéis en español relacionadas con objetos de la clase? Escribid una lista.

| 1.1. | Un alumno de cada grupo escribe tres palabras de su lista en la pizarra.

| 1.2. | Relacionad estas imágenes con las palabras de la pizarra. Después, seguid las pautas.

1 Completad las palabras que no tienen imagen con un dibujo y las imágenes que no tienen nombre con una palabra. Podéis usar el diccionario.

2 ¿Cuántas palabras podéis recordar sin mirar la pizarra?

3 Señalad la opción correcta, según vuestra opinión.

Para aprender palabras nuevas me ayuda/n:

☐ las imágenes

☐ dibujar

☐ traducir

☐ el diccionario

☐ asociar las palabras del mismo campo léxico

☐ ....

> **2** 🌐 📖 Clasificad todo el vocabulario de la actividad 1.2. en su lugar correspondiente.

▶ *Objetos de clase*

▶ *Objetos personales*

2.1. 👤 ⚙️ Señala el género de estas palabras. Puedes usar el diccionario.

	Masc.	Fem.			Masc.	Fem.			Masc.	Fem.
1 tres	○	○		**6** día	○	○		**11** bolígrafo	○	○
2 mapa	○	○		**7** ciudad	○	○		**12** mesa	○	○
3 carpeta	○	○		**8** silla	○	○		**13** perro	○	○
4 martes	○	○		**9** cuaderno	○	○		**14** tema	○	○
5 niño	○	○		**10** madre	○	○		**15** lección	○	○

Fíjate

✗ El diccionario siempre indica el género de cada nombre.

> **carpeta.**
> (Del fr. carpette, tapete)
> 1 (f.) Útil de escritorio.

2.2. 🌐 ⚙️ Buscad el intruso con respecto al género, según la actividad anterior. Decid cuál es y por qué. Podéis consultar el cuadro de la página siguiente.

1
○ a. libro
○ b. bolígrafo
○ c. estudiante
○ d. cuaderno

2
○ a. tema
○ b. casa
○ c. pizarra
○ d. silla

3
○ a. día
○ b. mapa
○ c. tema
○ d. señora

4
○ a. ciudad
○ b. lección
○ c. padre
○ d. nación

El género: masculino o femenino

✕ En español hay dos géneros, **masculino** y **femenino**: *el niño/la niña; el perro/la perra.*

 • Los nombres masculinos generalmente terminan en **-o**: *el chico, el libro.*

 • Los nombres femeninos generalmente terminan en **-a**, **-dad** y **-ción**:
  la chica, la actividad, la acción.

✕ **Otros casos**

 • Masculinos que terminan en **-a**: *el mapa, el día.*

 • Femeninos que terminan en **-o**: *la mano, la foto.*

 • Nombres que terminan en **-e**, masculinos o femeninos: *el coche, la leche.*

 • Dos palabras diferentes para masculino y femenino: *el caballo/la yegua.*

 • Invariables: *el/la cantante, el/la periodista.*

 • Son masculinos los nombres de los números y de los días de la semana: *el cinco, el sábado.*

>| 3 | Escribid cada palabra debajo de su imagen correspondiente. Observad las terminaciones resaltadas y completad el cuadro.

✕ silla	✕ rotulador	✕ cuaderno	✕ libro	✕ cartel
✕ silla**s**	✕ rotulador**es**	✕ cuaderno**s**	✕ libro**s**	✕ cartel**es**

A ....

B ....

C ....

D ....

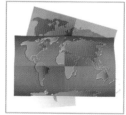
E ....

F ....

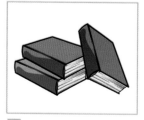
G ....

H ....

I *cartel*

J ....

El número: singular o plural

✕ El número indica la **cantidad de objetos o personas** a la que nos referimos con el nombre.

 • Un solo objeto o ser ➜ singular.

 • Más de un objeto o ser ➜ plural.

✕ Los nombres que terminan en **vocal** ➜ plural en **-s**: [1] ...., [2] ...., [3] ....

✕ Los nombres que terminan en **consonante** ➜ plural en [4] ....: [5] ...., [6] ....

✕ Los nombres que terminan en **-s** son invariables: *el martes, los martes.*

| 3.1. | Formad grupos y clasificad las palabras en el recuadro correspondiente. Podéis usar el diccionario. ¡Gana el equipo más rápido!

- × rotuladores
- × lápiz
- × garajes
- × lecciones
- × problema
- × mapas
- × papelera
- × día
- × calle
- × leche
- × árboles
- × canción
- × carpetas
- × fotos
- × manos

Masculino		Femenino	
Singular	*Plural*	*Singular*	*Plural*

2 DE COLORES

> | 1 | Lee la información y completa las frases con el artículo determinado adecuado.

1 .... árboles son verdes.

2 .... plátanos son amarillos.

3 .... noche es negra.

4 .... tomates son rojos.

5 .... mar es azul.

6 .... café es negro.

7 .... roca es gris.

8 .... flor es azul.

El artículo determinado

× El artículo determinado (*el/la/los/las*) **concuerda** en género y número con el nombre al que acompaña y sirve para identificar y hablar de un objeto o persona que conocemos o del que ya hemos hablado antes:

– *En mi clase hay diez <u>mesas</u>. **Las mesas** son verdes.*

	Masculino	Femenino
Singular	el libro	la pizarra
Plural	los cuadernos	las sillas

> | 2 | Escribe en un papel el color que te sugieren estas palabras. Si no conoces su significado, pregúntale al profesor. A continuación, levántate y pregunta a tus compañeros el color que les sugiere a ellos. ¿Quiénes coinciden más contigo?

✗ la alegría	✗ la esperanza	✗ la paz	✗ la tranquilidad	✗ la amistad
✗ la tristeza	✗ la guerra	✗ el estrés	✗ el amor	✗ la angustia

Ejemplo: ● ¿De qué color es para ti la alegría?
　　　　 ○ Para mí, es amarilla.
　　　　 ● Pues, para mí es verde.

Fíjate

✗ Los adjetivos concuerdan **en género y número** con el nombre al que acompañan: *el niño guapo/la niña guapa.*

✗ Los adjetivos que terminan en **-e** y algunos que terminan en consonante son invariables en cuanto al género: *la casa/el coche grande; la lección/el libro fácil; la carpeta/el bolígrafo gris…*

✗ Muchos colores son invariables en género aunque terminan en vocal: *un cuaderno/una goma de borrar rosa/naranja…*

| 2.1. | Piensa en un color y escribe tres palabras que mentalmente relacionas con ese color. Usa el español o tu lengua materna.

| Sensaciones |

| 2.2. | Cuando hablas español, ¿de qué color te sientes? ¿Por qué?

---

3 > ¿CUÁL ES TU PROFESIÓN?

> | 1 |  ¿En qué trabajan? Escribid debajo de cada fotografía la profesión de estas personas.

✗ profesora de español	✗ arquitectos	✗ policías	✗ abogada
✗ peluquero	✗ jardinero	✗ médico y enfermera	✗ dependienta

1 ....
2 ....
3 ....
4 ....

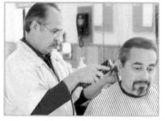

5 ....
6 ....
7 ....
8 ....

Hablar de la profesión

✕ Para **preguntar** la profesión:

- ¿En qué trabajas?
- ¿A qué te dedicas?
- ¿Cuál es tu profesión?

✕ Para **decir** la profesión:

- *Soy* + profesión
  - *Soy abogado.*
- *Trabajo en* + lugar de trabajo
  - *Trabajo en una escuela de español.*

| 1.1. | 🎧 🔊 A continuación, escucha y completa el cuadro.

| 4 |

	Nombre	Profesión	Lugar de trabajo	Ciudad
1			escuela de idiomas	Madrid
2	Carlos	peluquero		
3	Jaime y María	arquitectos		
4		jardinero		Alicante
5	Ana y Javier		comisaría	
6	Silvia y Marcos	enfermera y médico		
7			empresa	
8			papelería	

| 1.2. | 🌐 🔊 Escucha de nuevo y comprueba las respuestas con tu compañero. ¿Habéis coincidido?

| 4 |

>| 2 | ⚙ 🌍 Estas personas son muy famosas. Todos ellos son hispanos. ¿Sabéis quiénes son?

A _____

B _____

C _____

D _____

| 2.1. | 🌐 🗂 Relaciona los datos con cada personaje.

1 Es mexicana. . . . . A B C D

2 Nace en Perú,
pero es chilena. . . . . A B C D

3 Es español. . . . . A B C D

4 De origen español,
nacionalizado
estadounidense. . . . . A B C D

5 Juega en el Chelsea. . . . . . . A B C D

6 Publica una
novela al año. . . . . A B C D

7 Interpreta a Frida Kahlo
en una película. . . . . A B C D

8 Pasa 215 días en el
espacio exterior. . . . . A B C D

9 Vive en Inglaterra. . . . . A B C D

10 Es miembro de la
Academia Estadounidense
de las Artes y las Letras. . . . . . A B C D

11 Actualmente, está retirado. . . A B C D

12 Vive en Los Ángeles. . . . . A B C D

| 2.2. | Por último, leed los textos y completad con los datos anteriores.

Fernando Torres es un futbolista .... que vive actualmente en .... porque juega en el ...., un equipo inglés.

Se dedica al fútbol desde pequeño y es uno de los mejores futbolistas del mundo. Es jugador de la selección española de fútbol desde hace varios años.

Salma Hayek es una actriz ...., conocida mundialmente por su participación en muchas películas de éxito. Su papel más importante: interpretar a .... en la película *Frida*. Gracias a este papel es nominada al Oscar a la mejor actriz en 2003.

Actualmente vive en .... junto a su marido y su hija.

Miguel López-Alegría, nace en Madrid pero tiene nacionalidad .... Es el primer astronauta de origen español en llegar al espacio exterior. En una de sus misiones, ... en el espacio exterior. Actualmente, está ....

Isabel Allende nace accidentalmente en Perú pero es .... Es la escritora en español que más libros vende en el mundo.

Vive en Estados Unidos y desde 2004 es miembro de la Academia .... Publica .... al año.

> | 3 | Completa este formulario con los datos de un compañero de clase.

Nombre: | | Apellido: | |

Edad: | | Nacionalidad: | |

País/ciudad de residencia: | |

Profesión: | | Lugar de trabajo: | |

Idiomas: | |

Mascota preferida: perro, gato... | |

Libro preferido: | |

Deporte preferido: | |

Otra información: | |

Recursos para pedir y dar información personal

✗ **¿Cómo** te llamas? ➜ Me llamo...

✗ **¿Cuántos** años tienes? ➜ Tengo...

✗ **¿De dónde** eres? ➜ Soy de.../Soy...

✗ **¿Dónde** vives? ➜ Vivo en...

✗ **¿A qué** te dedicas? ➜ Soy.../Trabajo en...

✗ **¿Qué** lenguas hablas? ➜ Hablo...

✗ **¿Cuál** es tu mascota/deporte/libro... preferido/a? ➜ Mi mascota/deporte/libro... preferido/a es...

Fíjate

✗ *¿Cuál* + verbo + nombre/frase?

    – *¿Cuál es tu grupo de música preferido?*

✗ *¿Qué* + nombre + verbo?

    – *¿Qué deporte prefieres?*

> | 4 | Poned en común la información anterior y elaborad un póster con una ficha de cada miembro de la clase y su foto. Poned el póster en la clase para conoceros mejor.

>| 1 | Encajad las piezas para completar el mapa de las comunidades autónomas de España.

| 1.1. | ¿Sabéis cómo se llaman estas comunidades autónomas?

| 1.2. | Con la ayuda de Internet, relaciona cada monumento o plato típico con su comunidad.

1 paella → . . . .   4 Puerta de Alcalá → . . . .   7 Catedral de Santiago → . . . .

2 Sagrada Familia → . . . .   5 crema catalana → . . . .   8 salmorejo → . . . .

3 Giralda → . . . .   6 Acueducto de Segovia → . . . .   9 cocido madrileño → . . . .

¿Qué he aprendido?

1 Tacha el intruso en cada serie y colócalo en el lugar adecuado.

1. azul/verde/cuaderno/amarillo . . . .   3. abogada/pupitre/papelera/pizarra . . . .

2. camarero/jardinera/médico/gris . . . .   4. goma de borrar/bolígrafo/carpeta/silla . . . .

2 Confecciona las preguntas sobre estos datos personales, pregúntale a un hablante español y anota sus respuestas.

Edad: . . . .   Idiomas: . . . .

Profesión: . . . .   Lugar de trabajo: . . . .

3 Escribe el artículo determinado de estas palabras.

1. . . . . peluqueras   6. . . . . bolígrafo   11. . . . . alumno

2. . . . . problema   7. . . . . mapa   12. . . . . yeguas

3. . . . . manos   8. . . . . goma de borrar   13. . . . . ciudad

4. . . . . sacapuntas   9. . . . . jardinero   14. . . . . direcciones

5. . . . . policía   10. . . . . dependientes   15. . . . . periodista

4 ¿A qué profesión se refiere?

1. Persona que trabaja en una escuela.   . . . .

2. Persona que trabaja en un hospital.   . . . .

3. Persona que trabaja en una comisaría.   . . . .

4. Persona que trabaja en una tienda.   . . . .

5. Persona que trabaja en una peluquería.   . . . .

¡BIENVENIDOS A CASA!

Contenidos funcionales

- Hablar de la existencia de algo o de alguien, y de la cantidad.
- Pedir y dar información espacial: ubicar cosas y personas.

Contenidos gramaticales

- El artículo indeterminado.
- *(No) hay* + artículo indeterminado + nombre.
- Artículos contractos.
- Marcadores espaciales.
- Verbo *estar*.
- Contraste *hay/está(n)*.
- Pronombres interrogativos: *¿Dónde? ¿Qué? ¿Cuántos/as?*

Tipos de texto y léxico

- Texto descriptivo.
- Ficha de datos.
- Léxico de la casa: estancias y objetos.
- Léxico relacionado con la calle y el barrio.

El componente estratégico

- Adquisición de léxico mediante la asociación a conceptos.
- Recursos para trabajar el léxico de un texto antes de leerlo.

Contenidos culturales

- Dos calles emblemáticas: la Gran Vía de Madrid y la calle Florida de Buenos Aires.
- Tipos de vivienda en España y Argentina.
- El barrio de Chueca, Madrid.

Fonética

 - Vocales y diptongos.

1 EN MI CALLE HAY DE TODO

> | 1 | Alberto y María viven en dos calles muy famosas: la Gran Vía de Madrid y la calle Florida de Buenos Aires. Leed y relacionad con las imágenes.

A

B

C

D

E

Madrid

Yo vivo en la Gran Vía de Madrid. Es una calle muy grande y muy famosa, especialmente por sus cines y teatros. Cerca de mi casa hay (1) **un teatro**, *(2)* **un cine**, *(3)* **un hotel**, *(4)* **una farmacia** *y también (5)* **restaurantes**.

CONTINÚA

Buenos Aires

*Yo también vivo en una calle muy popular; se llama calle Florida y es la calle peatonal más conocida de Buenos Aires. Al lado de mi casa hay (1) **un banco**, (2) **una tienda de ropa**, (3) **una librería**, (4) **una tienda de electrodomésticos** y (5) **una zapatería**.*

| 1.1. | ¿Qué hay y qué no hay en tu calle? ¿A cuál se parece más: a la de Alberto o a la de María?

Ejemplo: *–Mi calle se parece más a la de María porque hay…*

| 2 | Ahora, lee la información y completa las frases.

El artículo indeterminado

	Masculino	Femenino
Singular	**un** hotel	**una** librería
Plural	**unos** restaurantes	**unas** tiendas

✗ *Un/una/unos/unas* sirven para hablar de un objeto o persona por primera vez o cuando no queremos especificar:

– En mi ciudad hay **una calle** (primera vez) *peatonal famosa.* **La calle** (segunda vez) *se llama Florida.*

– En mi calle hay un cine.

✗ A veces, cuando utilizamos *hay* con una palabra plural desaparece el artículo:

– En mi calle hay (unos) restaurantes.

1 En mi calle hay ____ librería. ____ librería está al fondo de la calle.

2 Aquí hay ____ restaurante y ____ cafetería. ____ cafetería está al lado del hotel.

3 En la terraza hay ____ chicos que toman café. ____ chicos están hablando.

4 ____ profesora explica la diferencia entre *el* y *un* porque hay ____ alumnas que no entienden bien esta diferencia.

>| 3 | Leed la información y completad observando los ejemplos.

Hablar de la existencia de cosas y personas y su cantidad

✕ Para **hablar de la existencia** de algo o de alguien: [1] .... + un/una/unos/unas + nombre:

— En mi calle **hay una farmacia** y **un quiosco** de revistas.   — ¿**Hay una cafetería** cerca?

Con los nombres en plural desaparece generalmente el artículo:

● ¿**Hay restaurantes japoneses** en tu calle?

○ No, no **hay restaurantes japoneses**, solo hay restaurantes chinos e italianos.

✕ Para **preguntar por la cantidad**, se usan los interrogativos ¿*cuántos*/[2] ....?:

— ¿**Cuántas** farmacias hay en tu calle?

Para **indicar** la **cantidad**: [3] .... + numeral + nombre:

— En mi calle **hay dos farmacias**.

| 3.1. | Elige una de las tarjetas que te va a dar tu profesor. Observa la imagen y describe a tu compañero todos los establecimientos que hay sin mirar el dibujo. Tomad notas.

| 3.2. | Comparad las imágenes y comprobad si la descripción es correcta.

| Intercultura |

| 3.3. | ¿Cómo es la calle más famosa de tu ciudad? ¿Qué establecimientos hay? Cuéntaselo al resto de la clase. A continuación, en grupos, elegid una ciudad de Hispanoamérica y buscad en Internet información e imágenes sobre su calle más famosa. ¿Cómo es? ¿Qué hay?

2 ¡BIENVENIDOS A LA REPÚBLICA DE MI CASA!

>| 1 | Nieves y Javi son una pareja joven que envía fotos de su casa a la revista *Hogar, dulce hogar*. Escribe las palabras del recuadro debajo de la foto correspondiente.

✕ cocina   ✕ dormitorio   ✕ estudio   ✕ terraza   ✕ cuarto de baño   ✕ salón

La casa de los lectores

Nieves y Javi

Un piso
joven y
contemporáneo

> | 2 | 🌐✚ Agrupad estas palabras según el lugar de la casa en donde se pueden encontrar.

- × sofá
- × lavadora
- × cama
- × lavabo

- × ducha
- × mesa
- × mesilla de noche
- × inodoro

- × fregadero
- × nevera o frigorífico
- × televisor

Fíjate

× Es más fácil aprender palabras si las relacionas y las agrupas.

| 2.1. | 🔱 🌐 Ahora, colocad el léxico anterior en su lugar correspondiente.

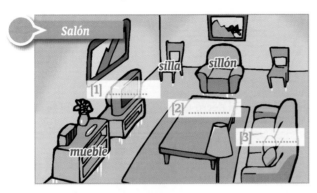

Salón · silla · sillón · [1] · [2] · [3] · mueble

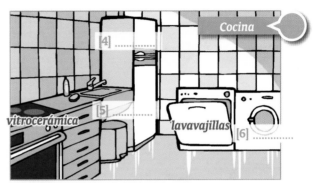

Cocina · [4] · vitrocerámica · [5] · lavavajillas · [6]

Dormitorio · armario · [8] · [7]

[9] · Cuarto de baño · espejo · bañera · [10] · [11]

| 2.2. | 🌐🌍 Responded a esta pregunta y proponed dos objetos más al resto de la clase. Podéis usar el diccionario.

¿Qué habitación es mejor para colocar...

Ejemplo:
- ▷ ¿Dónde podemos colocar...?
- ● Yo creo que la mejor habitación es...
- ▷ No, para mí es...

...un microondas?

...una plancha?

...un segundo televisor?

...un ordenador?

...una foto de boda?

...un recuerdo de España?

Fíjate

× Para preguntar por la localización de algo o de alguien se usa el interrogativo *¿dónde?*

> | 3 | Nieves y Javi tienen un perro. Relaciona las expresiones de localización con la imagen correspondiente.

1 delante del sofá
2 al lado de la lavadora
3 cerca de la planta
4 entre la pelota y las zapatillas
5 a la izquierda del perro
6 debajo de la silla
7 encima de la cama
8 a la derecha del perro
9 detrás del sillón
10 lejos de la planta

A

El perro está... ☐

B

El perro está... ☐

C

El perro está... ☐

D

El perro está... ☐

E

El perro está... ☐

F

El perro está... ☐

G

El perro está... ☐

H

El perro está... ☐
La pelota está... ☐
Las zapatillas están... ☐

Del y al

x En español solo hay dos artículos **contractos**:

• **De + el → del**
  – *El baño está a la derecha **del** estudio.*

• **A + el → al**
  – *Está **al** lado de la habitación.*

| 3.1. | Fíjate en la imagen de la habitación de Nicolás, el hijo de Nieves y Javi, que te va a mostrar tu profesor. Completa las frases con alguna de las expresiones de la actividad 3. Luego, completa el cuadro del verbo *estar*.

1 La cama **está** .... de la habitación.

2 .... la cama **está** la ventana.

3 .... la puerta **está** la cama.

4 La silla **está** .... la mesa.

5 .... la mesa **están** los lápices y los cuadernos.

6 La mesilla de noche **está** .... la ventana .... la cama.

Presente de indicativo del verbo *estar*

Yo	**estoy**	Nosotros/as	**estamos**
Tú	**estás**	Vosotros/as	**estáis**
Él/ella/usted	[1]	Ellos/ellas/ustedes	[2] ....

x El verbo *estar* sirve para **localizar** personas y objetos en el espacio:

– *Pedro **está** ahora en clase.*

– *En mi habitación hay un ordenador. El ordenador **está** a la derecha de la ventana, encima de la mesa de estudio.*

nuevo **PRISMA** fusión • Nivel A1 A2

| 3.2. | Mira otra vez las fotos de la actividad 1 y piensa en un objeto que aparece en ellas. Tus compañeros deben adivinar de qué objeto se trata haciéndote preguntas. Tú solo puedes contestar sí o no.

Ejemplo:
- ¿Está en el baño?
- Sí.
- ¿Está al lado del lavabo?
- No.

> | 4 | Escribe un texto para describir tu casa. Di en qué ciudad está, cómo se llama la calle, cuántas habitaciones tiene, cuáles son, qué hay en ellas y dónde están los objetos. Luego, preséntalo a la clase. ¿Qué casa es más diferente a tu casa? ¿Por qué?

SE VENDE / SE ALQUILA

> | 1 | Dividid la clase en dos grupos y seguid las instrucciones del profesor.

○○○

□ Piso de 70 m² en Madrid

Se vende un piso con una superficie de 70 m², tres habitaciones, una cocina y un baño. Situado en el centro de la ciudad. Precio: 210 000 euros.

Adaptado de http://www.fotocasa.es

Casa en venta o alquiler, La Alameda Zona Norte de Buenos Aires

Se vende o se alquila casa tipo chalé en barrio cerrado, a las afueras de la ciudad. Está en la zona norte de Buenos Aires, a 30 km del centro. La casa tiene un terreno de 800 m² y 180 m² de vivienda. Tres dormitorios, cocina americana, living, comedor, baño, cochera, jardín con pileta y parrilla. La Alameda ofrece instalaciones deportivas y un entorno natural.

Adaptado de http://www.elinmobiliario.com/desarrollo/tipologia/barrios_cerrados/ubicacion/buenos_aires/

Fíjate

España		Argentina
salón	→	living
garaje	→	cochera
piscina	→	pileta
barbacoa	→	parrilla

España

Tipo de vivienda:
Habitaciones:
Metros cuadrados (m²):
Localización: en el centro de la ciudad

Argentina

Tipo de vivienda: casa tipo chalé
Habitaciones:
Metros cuadrados (m²):
Localización:

| 1.1. | Elige la opción mejor, según tu experiencia de la actividad anterior.

1 Leer las fichas antes de leer los textos ☐ **me ayuda**/ ☐ **no me ayuda** a realizar la tarea.

2 ☐ **Es necesario**/ ☐ **No es necesario** comprender todas las palabras de los textos para realizar la tarea.

3 ☐ **Entiendo**/ ☐ **No entiendo** mejor si sé cosas sobre el tema.

4 ☐ **Es mejor**/ ☐ **No es mejor** buscar las palabras que no comprendo en el diccionario.

| 1.2. | Compartid las respuestas y, si no estáis de acuerdo, justificad vuestras opiniones.

>| **2** | 😀 🔊 Almudena vive en el barrio de Chueca en Madrid y está muy contenta con su piso y su barrio.
151 Escucha y ordena las imágenes, según se mencionan en la audición.

| **2.1.** | 😀 🔊 Escucha otra vez, y corrige el texto. Luego, completa la información con *está*, *están* y
151 *hay.*

> Vivo en un ático con una pequeña terraza. Solo tiene setenta y cinco metros cuadrados pero es muy bonito y yo estoy muy contenta de vivir aquí. **El ático está** lejos del centro, es un edificio nuevo y solo **hay un vecino** por planta. El barrio tiene mucho movimiento. En mi barrio **hay tiendas** de ropa y también **hay dos farmacias**, una pastelería y un hospital. **La parada del metro está** al lado del mercado de San Antón. **Los restaurantes y bares** más importantes **están en la plaza de Chueca**. En el barrio **hay un ambiente** muy intercultural porque se mezclan personas de diferentes provincias. ■

Existencia

✗ [1] .... Se usa para **hablar de la existencia** de algo o de alguien o de su cantidad. También sirve para referirse a una cosa o persona **desconocida**. Tiene una sola forma para singular y plural.

• Cuando el nombre es plural generalmente no lleva artículo:

– *Hay un vecino por planta.*   – *Hay tiendas de ropa.*

✗ *Hay* + número + nombre:

– *Hay dos farmacias.*

Localización

✗ [2] .... Se usa para **localizar o situar** una cosa o a una persona en un lugar:

• *El/La* + nombre en singular + [3] ....

– *La parada del metro está al lado del mercado de San Antón.*

✗ [4] .... Se usa para **localizar o situar** varias cosas o a varias personas en un lugar:

• *Los/Las* + nombre en plural + [5] ....

– *Los restaurantes y bares están en la plaza de Chueca.*

>| 3 |  ¿Qué características tiene vuestra casa ideal? ¿Está en el centro de la ciudad o en los alrededores? ¿Cómo es el barrio donde está vuestra casa?

> Mi casa ideal es un piso muy alto, si es posible, un ático.

> Pues mi casa ideal está en un barrio del centro donde hay mucha gente.

1 En grupos, elaborad una lista por orden de importancia, con un máximo de siete características. Tomad notas.

2 Compartid todas las características y elaborad una única lista en la pizarra.

3 Formad siete pequeños grupos. Cada uno se encarga de uno de los aspectos anotados en la pizarra. Tenéis que buscar imágenes para ilustrar un cartel. Podéis buscar en revistas o en Internet.

4 Confeccionad el póster sobre vuestra casa ideal. Colgadlo en algún lugar visible de la clase.

>| 4 | Ahora vives en un barrio nuevo, escribe un e-mail a tus amigos describiendo cómo es tu barrio.

¿Qué he aprendido?

1 Escribe:
- ✗ dos palabras relacionadas con la ciudad: ....
- ✗ dos palabras que expresan cantidad: ....
- ✗ dos objetos que están en la cocina: ....

2 Escribe tres palabras masculinas y tres femeninas con su artículo indeterminado correspondiente.

Masculinas: ....

Femeninas: ....

3 ¿Qué verbos has aprendido en esta unidad?
....

4 Escribe *está/están/hay* según corresponda.
1. En mi clase .... alumnos de todas las nacionalidades.
2. Las plantas .... en la terraza.
3. ¿Dónde .... Maribel?
4. ¿Cuántos dormitorios .... en tu casa?

5 Para mejorar el aprendizaje del léxico, puedo...
- ✗ ...elaborar listas de vocabulario y agrupar las palabras por conceptos.
- ✗ ...asociar las palabras a imágenes.
- ✗ ...aprender las palabras dentro de un contexto.
- ✗ ...escuchar más audiciones para identificar su pronunciación.
- ✗ ...repetir las palabras nuevas en voz alta.
- ✗ ...utilizar las palabras en una actividad o en una conversación.

Mi propuesta: ....

4 EL DÍA A DÍA

Contenidos funcionales
- Hablar de la rutina diaria.
- Expresar posesión y pertenencia.
- Expresar sensaciones y sentimientos.

Contenidos gramaticales
- Presente de indicativo regular.
- El verbo *tener*.

Tipos de texto y léxico
- Texto descriptivo.
- Los números del 1 al 101.
- Léxico relacionado con la rutina diaria.
- Léxico relacionado con las operaciones matemáticas.

El componente estratégico
- Estrategias para la adquisición de léxico a través de imágenes y asociación de conceptos.
- Estrategias para comparar formas verbales con el fin de facilitar su memorización.

Contenidos culturales
- La vida universitaria.
- El juego del bingo.

Ortografía/Fonética
- Presentación de los principales contrastes fónicos del español:
- /l/, /r/, /rr/;
- /g/, /x/, /k/;
- /s/, /θ/.

1 ¿QUÉ HACES NORMALMENTE?

> | 1 |  Escribid estos infinitivos debajo de la imagen correspondiente.

× trabajar   × comer   × escribir   × vivir   × estudiar   × leer

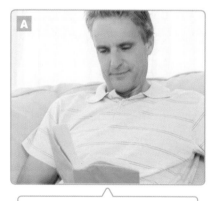

| 1.1. | Clasifica los infinitivos anteriores según su terminación.

Infinitivo en -ar	Infinitivo en -er	Infinitivo en -ir
....	....	....
....	....	....

> | 2 | Relaciona.

1. Trabajar .... *
2. Leer .... *
3. Vivir .... *
4. Comer .... *
5. Escribir .... *
6. Estudiar .... *

* a. en un piso pequeño.
* b. Medicina.
* c. en la cafetería del hospital.
* d. en un bar de camarero.
* e. correos a los amigos.
* f. novelas.

| 2.1. | Mario es un chico español que estudia y trabaja. Esta es su rutina. Lee y comprueba tus respuestas anteriores.

Hola a todos:

Me llamo Mario González. Soy de Bilbao pero **vivo** en Madrid porque **estudio** Medicina en la Universidad Complutense. **Vivo** en un piso pequeño con dos compañeros de la universidad: Cristina y Hugo.

Normalmente, **entramos** a clase a las ocho de la mañana y **terminamos** a las dos de la tarde. Mis compañeros y yo **comemos** en la cafetería y, por la tarde, **hacemos** prácticas en el hospital Clínico, que está cerca de la universidad. De lunes a jueves **llego** a casa y **estudio** hasta las diez o las once. **Ceno** algo, me voy a la cama y **leo** una novela.

Los viernes y los sábados por la noche **trabajo** en un bar de camarero. El domingo por la tarde voy al cine, o **tomo** algo en el bar con mis compañeros de clase y, después, por la noche, **escribo** correos a mis amigos de Bilbao y a mi familia. ■

| 2.2. | Lee la información y escribe el infinitivo correspondiente a cada forma.

El verbo y las conjugaciones

✗ Los verbos en español se dividen en **tres** grupos o **conjugaciones**:
- Infinitivo en **-ar** como *trabajar.*
- Infinitivo en **-er** como *comer.*
- Infinitivo en **-ir** como *vivir.*

✗ Cada conjugación tiene terminaciones diferentes.

✗ Hay verbos regulares e irregulares en cada tiempo y modo verbal.

✗ En muchos verbos irregulares, las personas *nosotros* y *vosotros* no cambian: *tenemos, tenéis, hacemos, hacéis...*

1 vivo ....
2 estudio ....
3 entramos...............
4 terminamos ....

5 comemos................
6 hacemos ....
7 llego..................
8 ceno...................

9 leo ....
10 trabajo...............
11 tomo ....
12 escribo...............

Leed la información y completad la conjugación de los siguientes verbos.

El presente de indicativo regular

	Primera conjugación	Segunda conjugación	Tercera conjugación
	✗ Verbos en –*ar* ✗	✗ Verbos en –*er* ✗	✗ Verbos en –*ir* ✗
	Trabaj**ar**	Com**er**	Viv**ir**
Yo	trabaj**o**	com**o**	viv**o**
Tú	trabaj**as**	com**es**	viv**es**
Él/ella/usted	trabaj**a**	com**e**	viv**e**
Nosotros/as	trabaj**amos**	com**emos**	viv**imos**
Vosotros/as	trabaj**áis**	com**éis**	viv**ís**
Ellos/ellas/ustedes	trabaj**an**	com**en**	viv**en**

	Primera conjugación	Segunda conjugación	Tercera conjugación
	✗ Verbos en –*ar* ✗	✗ Verbos en –*er* ✗	✗ Verbos en –*ir* ✗
	Tom**ar**	Le**er**	Escrib**ir**
Yo	....	....	....
Tú	....	....	....
Él/ella/usted	....	....	....
Nosotros/as	....	....	....
Vosotros/as	....	....	....
Ellos/ellas/ustedes	....	....	....
	Lleg**ar**	Beb**er**	Abr**ir**
Yo	....	....	....
Tú	....	....	....
Él/ella/usted	....	....	....
Nosotros/as	....	....	....
Vosotros/as	....	....	....
Ellos/ellas/ustedes	....	....	....

| 3.1. | Observa las imágenes y completa las frases.

Hugo y Marta ....*leen*........ novelas después de comer.

Yo .... correos a mi familia.

Nosotros .... en grupo.

Tú .... muy tarde.

Vosotros .... en la piscina los lunes.

Malena .... de 9:00 a 15:00h.

|3.2.| 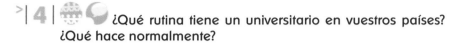 Cada alumno dice, por turnos, una forma en presente de indicativo. El primero que dice el infinitivo, gana un punto.

¡Trabajamos!

Trabajar.
¡Bien!, un punto para mí.

>|4| ¿Qué rutina tiene un universitario en vuestros países? ¿Qué hace normalmente?

>|5| Escribe un texto de cinco líneas sobre tu rutina diaria. Sigue el modelo del texto de la actividad 2.1.

....
....
....
....
....

2 LOS NÚMEROS

>|1| Señala con una ✗ los números que se dicen de la tabla.
|6|

0	☐ cero	14	☐ catorce	28	☐ veintiocho
1	☐ uno	15	☐ quince	29	☐ veintinueve
2	☐ dos	16	☐ dieciséis	30	☐ treinta
3	☐ tres	17	☐ diecisiete	31	☐ treinta y uno
4	☐ cuatro	18	☐ dieciocho	42	☐ cuarenta y dos
5	☐ cinco	19	☐ diecinueve	53	☐ cincuenta y tres
6	☐ seis	20	☐ veinte	66	☐ sesenta y seis
7	☐ siete	21	☐ veintiuno	75	☐ setenta y cinco
8	☐ ocho	22	☐ veintidós	88	☐ ochenta y ocho
9	☐ nueve	23	☐ veintitrés	97	☐ noventa y siete
10	☐ diez	24	☐ veinticuatro	100	☐ cien
11	☐ once	25	☐ veinticinco	101	☐ ciento uno
12	☐ doce	26	☐ veintiséis		
13	☐ trece	27	☐ veintisiete		

| 1.1. | ¿Qué números viven contigo? Elige cuatro números importantes para ti y coméntalo con tus compañeros.

> Ejemplo: –*Yo vivo con el 3, porque es el día de mi cumpleaños.*

| 1.2. | Intercambia tu número de móvil con tu compañero. Gana la pareja más rápida con los dos números escritos correctamente.

¿**Cuál** es tu número de móvil?

Mi número de móvil es seis, tres, dos, uno, cinco, dos, cero, seis, ocho.

> | 2 | Relaciona cada signo matemático con su nombre y completa según el modelo.

1. + ... *
2. = ... *
3. − .... *
4. :, / .... *
5. x .... *

* a. más
* b. menos
* c. por
* d. entre
* e. igual

1 3x5 . . *Tres por cinco: quince* . . . .
2 8−4 . . . .
3 30:10 . . . .
4 46+54 . . . .
5 15x6 . . . .
6 48:24 . . . .
7 33−12 . . . .
8 5+10 . . . .
9 11x2 . . . .
10 36:2 . . . .

| 2.1. | Realiza las operaciones y resuelve el crucigrama. ¿Cuál es el número secreto?

1 Cinco más cinco.
2 Veintiuno entre tres.
3 Tres por cinco.

4 Dos más dos.
5 Cuarenta menos veinte.
6 Quince entre tres.

7 Siete por dos.
8 Doce menos cuatro.
9 Diez más uno.

>| 3 |  Completad estas plantillas con números del 1 al 101. Luego, el profesor va a decir unos números al azar. Marcad los números que tenéis, si los dice el profesor. El que completa el primero, gana.

El juego del bingo

× En España es habitual jugar al bingo en familia. En este contexto, se juega por jugar, sin ninguna recompensa económina para el ganador.

3 ¿QUÉ TIENES?

>| 1 | Relacionad los conceptos. Podéis usar el diccionario.

1. calor.....*   * a. pan
2. sed ......*   * b. agua
3. hambre ..*   * c. abanico
4. sueño ....*   * d. abrigo
5. frío ......*   * e. cama

| 1.1. | Ahora, relacionad las frases con las imágenes correspondientes.

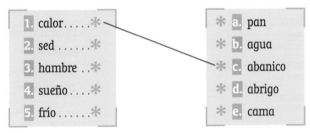

1 ☐ Tengo hambre.   4 ☐ Tengo dos buenos amigos.   7 ☐ Tengo sueño.

2 ☐ Tengo calor.   5 ☐ ¡Tengo 10 años!   8 ☐ Tengo una casa grande.

3 ☐ Tengo sed.   6 ☐ Tengo frío.

| 1.2. | 🙂 🌐 Observa la conjugación del verbo *tener* y completa.

Presente de indicativo del verbo *tener*

Yo	**tengo**	
Tú	tienes	
Él/ella/usted	tiene	
Nosotros/as	tenemos	
Vosotros/as	tenéis	
Ellos/ellas/ustedes	tienen	

- El verbo *tener* es un verbo ☐ **regular**/ ☐ **irregular**. Cambia la:

☐ 1.ª persona singular   ☐ 1.ª persona plural
☐ 2.ª persona singular   ☐ 2.ª persona plural
☐ 3.ª persona singular   ☐ 3.ª persona plural

| 1.3. | 🐟 ✚ Compara los resultados con tu compañero y comentad la siguiente afirmación. ¿Estáis de acuerdo? ¿Por qué?

Fíjate

✗ Encontrar similitudes entre las formas verbales ayuda a recordarlas mejor.

>| 2 | 🙂 🌐 Lee la información y completa.

✗ frío   ✗ 18 años   ✗ un diccionario

Usos del verbo *tener*

✗ Expresar **posesión** y pertenencia:
  – *Javier y Susana* **tienen** *una casa grande.*
  – *Carlos* **tiene** [1] _____.

✗ Expresar **sensaciones** y **sentimientos**:
  – **Tengo** [2] _____.
  – **Tengo** *ilusión.*

✗ Preguntar y decir la **edad**:
  ● *¿Cuántos años* **tiene** *Javier?*
  ○ *Javier* **tiene** [3] _____.
  ● *Y tú, ¿cuántos años tienes?*
  ○ **Tengo** *veinte años.*

| 2.1. | 🌐 ○ Pregunta a tus compañeros si tienen estas cosas, edades y sensaciones y completa la tabla.

María, ¿tienes teléfono móvil?

Sí, claro./No, no tengo.

Cosas/Edad/Sensaciones	Sí	No	Nombre del compañero/a
1 Teléfono fijo.	○	○	
2 Un/a novio/a extranjero/a.	○	○	
3 Un coche deportivo.	○	○	
4 Frío.	○	○	
5 Hambre.	○	○	
6 Sed.	○	○	
7 Menos de 18 años.	○	○	
8 Más de 18 años.	○	○	

| 2.2. | 🌐 ○ Poned en común los resultados. ¿Todos tenéis teléfono fijo? ¿Quién es el más joven de la clase? ¿Y el mayor?

>| 1 | 🎧 |17| Escucha los siguientes pares de palabras y repite. No importa el significado ahora.

- ✗ pero-perro
- ✗ peces-peses
- ✗ manco-mango
- ✗ jara-jarra
- ✗ casa-caza
- ✗ pagar-pajar
- ✗ sepa-cepa
- ✗ quiso-guiso
- ✗ suelo-suero
- ✗ helar-errar
- ✗ churro-chulo
- ✗ mesa-meza

>| 2 | 🎧 |18| Marca las palabras que escuchas. No importa el significado ahora.

- ☐ liga
- ☐ bajo
- ☐ zueco
- ☐ cazo
- ☐ losa
- ☐ perra
- ☐ rama
- ☐ guerra
- ☐ coro
- ☐ mango
- ☐ zeta
- ☐ hora

>| 3 | 🎧 |19| Escucha la canción y marca las palabras que oyes.

- ☐ quinto
- ☐ cuántos
- ☐ Suiza
- ☐ Francia
- ☐ catalán
- ☐ ingeniero
- ☐ café
- ☐ México
- ☐ ¿Qué tal?
- ☐ sueco
- ☐ gallego
- ☐ cinco
- ☐ agua
- ☐ tango
- ☐ Guinea
- ☐ España
- ☐ pagar
- ☐ mesa

¿Qué he aprendido?

1 Recuerda el vocabulario que has aprendido y escribe tres ejemplos en cada lista.

Rutina diaria	Números	Operaciones matemáticas	Sensaciones físicas

2 Completa con la forma correcta del presente de indicativo.

1. Manuel y yo (vivir) .... en Madrid.

2. Tú (trabajar) .... en un hospital.

3. Los niños (comer) .... en el colegio.

4. Vosotras (tener) .... hambre.

5. Usted (escribir) .... por las tardes.

6. Yo (tener) .... muchos amigos.

3 Señala los usos del verbo *tener*.

☐ **1.** Expresar pertenencia y posesión.   ☐ **3.** Expresar sensaciones y sentimientos.   ☐ **5.** Decir el nombre

☐ **2.** Expresar procedencia.   ☐ **4.** Presentar a alguien.   ☐ **6.** Preguntar y decir la edad.

4 ¿Qué verbo utilizas para los otros usos de la actividad anterior?

5 En esta unidad...

	Sí	Bastante	Un poco
1 ...me siento más seguro hablando en español.	○	○	○
2 ...he aprendido a memorizar las formas verbales más fácilmente.	○	○	○
3 ...me he divertido aprendiendo español.	○	○	○
4 ...he necesitado mucho la ayuda del profesor.	○	○	○

5 LA FAMILIA

Contenidos funcionales
- Hablar y preguntar sobre las relaciones personales.
- Pedir y dar información personal.
- Expresar posesión.
- Describir personas: descripción física, de carácter, vestimenta.

Contenidos gramaticales
- Adjetivos posesivos.
- Adjetivos de descripción física y de carácter.
- *Ser, tener, llevar.*

Tipos de texto y léxico
- Blog.
- Texto periodístico.
- Léxico relacionado con la familia y las relaciones sociales.
- El aspecto físico, el carácter.
- La ropa.

El componente estratégico
- Deducción de formas gramaticales por analogía.

Contenidos culturales
- La familia: concepto y estructura.
- Personajes famosos del mundo hispano: Jennifer López, Penélope Cruz, Shakira y Leo Messi.

Ortografía/Fonética

- Contraste /g/, /x/ y /k/.
- Las grafías g/j.

---

1 EN FAMILIA

> | 1 | Daniela viaja mucho y tiene amigos por todo el mundo. Hoy en clase va a presentar a su familia con las fotos.

Daniela

A Mi **hermano** Juan Carlos. Él ahora vive en Medellín.

B Mi hermano mayor Jairo y su **novia** Liliana.

C Mis **padres**, María Eugenia y Manuel.

D Es mi **hermana** Yesenia y su **marido** Luis Fernando con su **hija** Claudia.

E Es mi **prima** Carolina y su novio, David.

F Él es Alexander, el **hijo** de la novia de Jairo.

G Mis **abuelos**, María y Ricardo.

H Ella es mi mejor **amiga**, Andrea.

I Ellos son mis **compañeros de trabajo**, Alejandro y Patricia.

| 1.1. | A continuación, Daniela comenta las fotos de su familia por orden de aparición. Escúchala y comprueba las respuestas anteriores.

| **1.2.** | Con toda la información que conocéis de Daniela, completad el siguiente árbol. Podéis leer la la transcripción del audio anterior.

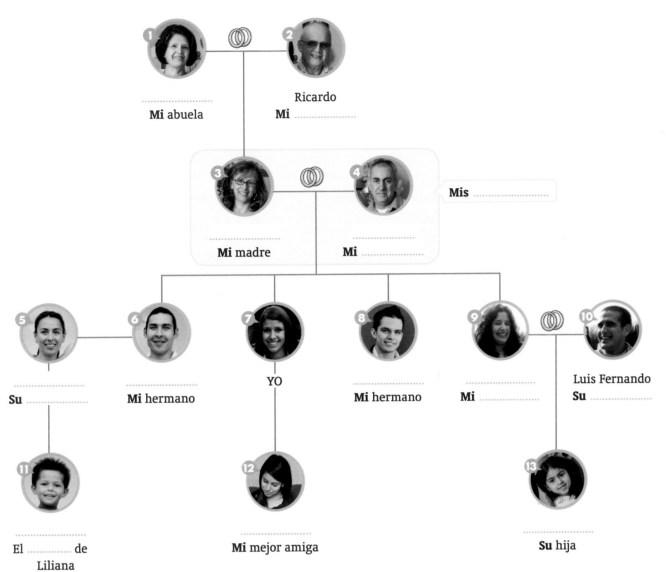

Mi abuela

Ricardo
Mi ....

Mis ....

Mi madre

Mi ....

Su ....

Mi hermano

YO

Mi hermano

Mi ....

Luis Fernando
Su ....

El .... de
Liliana

Mi mejor amiga

Su hija

| **1.3.** | Leed el comentario que hacen Daniela y sus hermanos sobre sus abuelos. Comprobad si la información de los cuadros de la página siguiente es correcta y corregidla en caso necesario.

Daniela

Nuestra foto favorita es la de **nuestros** abuelos, María y Ricardo, en el jardín. Son los padres de **nuestra** madre. María tiene sesenta y cinco años y Ricardo sesenta y seis. **Nuestro** abuelo es español, de un pueblo de Orense y **nuestra** abuela es colombiana, de Medellín, pero los dos viven en Bogotá desde hace más de sesenta años. Son alegres, simpáticos y muy cariñosos. ■

> *María*

× Es la madre de la madre de Silvia.

× Es de Bogotá.

× Tiene ochenta y cinco años.

× Vive en Orense.

> *Ricardo*

× Es el padre del padre de Silvia.

× Es de Medellín.

× Tiene sesenta y cuatro años.

× Vive en Bogotá.

| **1.4.** | Tu profesor te va a explicar un juego. Sigue sus instrucciones.

> | 2 | 👤🌐 ¿A quién se refieren las palabras en negrita? Relaciona las columnas y encontrarás la respuesta.

1. **Sus** hermanos viven en Costa Rica. . . . ✳
2. **Mi** hermana se llama Ana. . . . . ✳
3. **Tu** padre es español. . . . . ✳
4. **Nuestro** abuelo es muy simpático. . . . ✳
5. **Vuestra** nieta tiene diez años. . . . . . . ✳

✳ **a.** tú
✳ **b.** nosotros/nosotras
✳ **c.** él/ella
✳ **d.** yo
✳ **e.** vosotros/vosotras

| 2.1. | 👤🌐 Lee la información y completa los espacios en blanco con el posesivo correspondiente.

Adjetivos posesivos (adjetivo + nombre)

✕ Nombre de objeto o persona en **singular** ✕		✕ Nombre de objeto o persona en **plural** ✕	
Yo	[1] .... padre	[5]	padres
Tú	Tu madre	**Tu**s	hermanos/as
Él/ella/usted	[2] .... hijo/a	**Su**s	hijos/as
Nosotros/as	[3] ..../**nuestra** hijo/a	**Nuestro**s/as	hijos/as
Vosotros/as	**Vuestro**/[4] .... hermano/a	**Vuestro**s/as	hermanos/as
Ellos/ellas/ustedes	**Su** amigo/a	[6]	amigos/as

✕ Los adjetivos posesivos concuerdan en género y número con el nombre que expresa lo poseído y no con la persona poseedora:

Poseedor	Poseído
Yo	– **Mis hermanos** viven en Medellín.

Fíjate

✕ Puedes deducir muchas formas gramaticales por analogía con otras. Solo tienes que observarlas con atencion y ver qué mecanismo de la lengua se repite. Por ejemplo:

mi – mis   tu – tus   su – sus

| 2.2. | 🌐💬 Háblale a tu compañero de tu familia: de tus padres, tus hermanos, tus primos... ¡Puedes traer fotos y enseñárselas! Ahora que tu compañero ya conoce a tu familia, pídele que dibuje tu esquema de relaciones.

✕ Mi **tío/a** es el hermano o la hermana de mi padre/madre.
✕ Mi **sobrino/a** es el hijo o la hija de mi hermano/a.

✕ Mi **primo/a** es el hijo o la hija del hermano o de la hermana de mi padre/madre.

2 FAMOSOS Y FAMILIA

| Cultura |

> | 1 | 🌐💬 ¿Conocéis a Jennifer López? Intentad completar los datos.

Nacionalidad: ....   Estado civil: ....
Profesión: ....   ¿Tiene hijos? ....

| 1.1. | 👤🔊 Thiago es de Puerto Rico y es fanático de Jennifer López. Escucha lo que dice, comprueba si las respuestas anteriores son correctas y corrígelas si es necesario.

| 1.2. | 🔵🔊 Escucha de nuevo y completa la información que falta sobre Jennifer López.

Datos personales	Información familiar	Información personal
Nombre: *Jennifer Lynn López*	Padres: *David y Guadalupe*	Último exmarido: ....
Alias:	Origen:	Origen: *Puerto Rico*
Origen:	Profesión: *David es programador de*	Profesión: ....
Profesión: *actriz,*	*computadora y Guadalupe...*	Número de hijos: ....
....	Hermanas: *Lynda,*	
Lugar de residencia:	Profesión: *Lynda es DJ,*	

>| 2 | ⚓🌱 Seguimos conociendo a más personajes famosos. Tu profesor te va a dar una ficha: A o B. Lee y anota en tu cuaderno la información más relevante. Luego, sigue las instrucciones.

| 2.1. | ⚓🌐 Ahora vas a conocer al personaje famoso de tu compañero. Pregúntale por su edad, su familia (padres y hermanos), su profesión, estado civil, hijos...

Pedir y dar información personal

✗ Para **pedir** información personal:

- ¿*Estás* + estado civil?
  - ¿Estás casado?
  - ¿Estás soltera?

- ¿*Tienes* + nombre masculino plural?
  - ¿Tienes hijos?
  - ¿Tienes hermanos?

- ¿**Cuántos** + nombre masculino plural + *tienes*?
  - ¿Cuántos hijos tienes?

✗ Para **dar** información personal:

- *Sí,/No, no* + *estoy* + estado civil
  - Sí, estoy casado (con Marta).
  - No, no estoy soltera, estoy divorciada (de Luis).
  - No, no estoy casado, pero tengo novia.

- *Sí,/No, no* + *tengo* + nombre masculino plural
  - Sí, tengo dos hijos, un niño y una niña.
  - No, no tengo hermanos, soy hija única.

| 2.2. | 🌍🌐 Escoged a un personaje famoso de origen hispano y escribid una ficha. Seguid los modelos de la actividad 2. Podéis completar su biografía buscando información en libros, revistas o Internet. Luego, presentad a vuestro personaje al resto de la clase.

❸ SOMOS COMO SOMOS

| Intercultura |

>| 1 | 🔵🌱 Leo Messi es uno de los mejores jugadores de fútbol del mundo. Lee su presentación.

El blog de Lionel Messi

El blog de **Lionel Messi**

| Archivos | **Abril** | Marzo | Febrero | Enero |

Sobre mí
16 de abril

Me llamo Lionel Andrés Messi y nací un 24 de junio del año 1987 al sur de Rosario, en la provincia de Santa Fe, Argentina. Actualmente juego como delantero derecho en el Fútbol Club Barcelona y también en la selección de mi país, Argentina.

Perfil personal
4 de abril

Dicen que soy un jugador diferente, muy creativo. Soy baj**ito**, 1,69 m, moreno y delgado. Tengo los ojos negros y llevo el pelo largo. Soy simpático, agradable y **un poco** tímido.

| **1.1.** | 🙂 🌐 Subraya en el texto todas las frases que describen su aspecto físico y su carácter, y clasifícalas.

> Aspecto físico ⟩ ....

> Carácter ⟩ ....

| **1.2.** | 🐦 🌐 Vuestro profesor os va a dar una ficha con léxico sobre el aspecto físico. Seguid sus instrucciones.

| **1.3.** | 🙂 🌐 Estas personas se han inscrito en la página *www.7citas7.com* para conocer gente. Completa su perfil con las palabras del recuadro.

✖ largo   ✖ castaño   ✖ bajita   ✖ pelirrojo   ✖ gafas
✖ claros   ✖ moreno   ✖ bigote   ✖ barba   ✖ delgada

⦿⦿⦿   La web de 7citas7

1 *Hola, me llamo Antonia: soy alta y* [1] ...., *tengo los ojos* [2] .... *Soy rubia y tengo el pelo* [3] .... *y rizado.*

3 *Me llamo Marta, soy de Madrid, soy un poco* [7] .... *Tengo el pelo* [8] .... *Siempre llevo* [9] .... *de colores.*

2 *Soy Jorge, tengo 35 años. Soy* [4] ...., *tengo el pelo corto, llevo* [5] .... *y* [6] ....

4 *Hola a todos, soy Marc. Soy* [10] .... *y llevo el pelo muy corto. Soy alto, tengo gafas y los ojos azules.*

| **1.4.** | 🐦 🌐 Completad la información.

Describir el aspecto físico

✖ Para **describir las características físicas** de una persona usamos:

• **Ser** + [1] ....
  – **Es** bajito.
  – **Es** moreno.
  – **Es** delgado.

• [2] ..../................... + nombre + adjetivo:
  – **Tiene** los ojos negros.
  – **Llevo** el pelo muy corto.
  – **Tengo** los ojos claros.

Presente de indicativo del verbo **llevar**	
Yo	**llevo**
Tú	**llevas**
Él/ella/usted	**lleva**
Nosotros/as	**llevamos**
Vosotros/as	**lleváis**
Ellos/ellas/ustedes	**llevan**

✖ Con el verbo [3] .... indicamos características naturales que cambian o elementos accesorios:
  – *Soy morena pero **llevo** el pelo rubio.*
  – ***Llevo** bigote y barba.*
  – ***Llevo** gafas de colores.*
  – ***Llevo** el pelo largo.*

| 1.5. | ¿Qué significan estas palabras? Preguntad al profesor o usad el diccionario. Luego, clasificad la primera de cada pareja según sea positiva o negativa.

	Positiva	Negativa
1 simpático/a ≠ antipático/a .	☐	☐
2 tranquilo/a ≠ nervioso/a . . .	☐	☐
3 abierto/a ≠ cerrado/a	☐	☐
4 torpe ≠ inteligente	☐	☐
5 aburrido/a ≠ interesante . . .	☐	☐
6 sincero/a ≠ mentiroso/a . . .	☐	☐
7 vago/a ≠ trabajador/ora . . .	☐	☐
8 tacaño/a ≠ generoso/a	☐	☐

Describir el carácter

✗ Para hablar del **carácter** de una persona
usamos el verbo *ser*:
  – **Es** un chico muy simpático.

✗ Para hablar de **aspectos negativos**
también se usa *un poco*:
  – *María es buena persona pero* **un poco** *tacaña.*

> | 2 | Piensa en una persona de la clase, escribe su perfil personal como en la actividad 1. Incluye características físicas y de carácter.

| 2.1. | Lee el perfil que has escrito en voz alta sin decir el nombre de la persona. Tus compañeros deben adivinar de quién se trata.

4 ¡MUÉSTRAME TU ARMARIO Y TE DIRÉ QUIÉN ERES!

> | 1 | Este es el decálogo de ropa para una mujer empresaria, según *El blog de la moda*. Relaciona las imágenes con su frase.

El blog de la moda

EL BLOG DE LA MODA

INICIO | ARCHIVOS | TENDENCIAS | Buscar

LAS DIEZ PRENDAS DE ROPA FAVORITA DE UNA MUJER EMPRESARIA.

1 Una camisa blanca.
2 Un pantalón negro.
3 Un traje de chaqueta pantalón en gris.
4 Una falda recta oscura.
5 Una gabardina marrón.
6 Un jersey de tonos claros.
7 Un par de zapatos negros de tacón.
8 Unos zapatos planos, claros y clásicos.
9 Un vestido azul oscuro.
10 Un collar de perlas, o un broche bonito.

| **1.1.** | Buscad el significado de las siguientes palabras referidas a prendas de ropa en el diccionario. Luego, escribid las palabras en el lugar correspondiente de las fotografías.

> ✕ chándal ✕ zapatillas ✕ botas ✕ cinturón
>
> ✕ camiseta ✕ delantal ✕ vaqueros/tejanos

A   [1] ....   [2] ....   [3] ....

B   [4] ....

C   [5] ....

D   [6] ....   [7] ....

| **1.2.** | [121] Describid la ropa que llevan las personas de las fotografías anteriores, ¿a qué crees que se dedican? Luego, escuchad y comprobad vuestras respuestas.

Describir la ropa

> ✕ Para describir **la ropa** de una persona utilizamos el verbo ***llevar***:
>
> – *Juan **lleva** unos pantalones vaqueros y una camiseta blanca.*

> | **2** | Dividid la clase en grupos de tres y elegid un perfil: un viajero, un estudiante de español, un motorista, un rapero..., y cread un cartel con recortes de revistas u otras imágenes proponiendo un decálogo de ropa para ese perfil. Podéis seguir el modelo del blog de moda de la actividad 1.

| **2.1.** | Presentad vuestro cartel a la clase, justificando vuestra elección. Y tú, ¿con qué perfil te identificas más? ¿Cuáles son tus prendas de vestir favoritas?

> | **3** | Fijaos en las fotos e imaginad el carácter de estas personas razonando las respuestas.

Expresar la opinión

> ✕ Para dar tu opinión puedes usar ***creo que/me parece que***:
>
> – ***Creo que** es una persona amable y tímida porque lleva ropa discreta y sonríe.*

> | **4** | 😊 🌐 Busca, crea o dibuja la imagen de una persona que representa a tu español y descríbelo. ¿Cómo es? ¿Qué personalidad tiene?

Ejemplos: - **Mi español** es un poco **delgado**, no tengo mucho vocabulario.
- Es muy **joven** y **divertido**, estudio hace un mes.

¿Qué he aprendido?

1 **¿Cómo se dice...?**

1. El padre de mi padre: ....
2. La madre de mi padre: ....
3. La hermana de mi madre: ....

4. El hijo de mi tío: ....
5. El hijo de mi hija: ....
6. El hijo de mi madre: ....

2 **Tacha lo que no corresponda. Para describir a una persona usamos:**

- ✗ *ser* + nombre
- ✗ *ser* + adjetivo

- ✗ *tener* + adjetivo
- ✗ *llevar* + nombre + adjetivo

- ✗ *llevar* + prenda de vestir
- ✗ *tener* + nombre + adjetivo

Pon un ejemplo de cada uso: ....
....

3 🔊 Escucha las siguientes palabras y clasifícalas. A continuación, añade dos palabras más a cada categoría.

| 13 |

Descripción física	Descripción de carácter	Ropa

4 **En las audiciones...**

	Sí	Bastante	Un poco
1 ...intento entender todas las palabras.	⭕	⭕	⭕
2 ...primero, leo las instrucciones del ejercicio y escucho la audición. No intento entender todas las palabras, solo lo que me pide el ejercicio.	⭕	⭕	⭕
3 ...escucho, como mínimo, dos veces. La primera audición es para entender el sentido general y la segunda, para resolver el ejercicio.	⭕	⭕	⭕
4 ...a veces hablan un poco rápido pero es importante escucharlas así.	⭕	⭕	⭕

5 **Completa según tu opinión.**
En esta unidad ya puedo...

	Sí	Bastante	Un poco
1 ...describir a una persona y a mí mismo.	⭕	⭕	⭕
2 ...hablar de mi familia y preguntar por las relaciones sociales de mis compañeros.	⭕	⭕	⭕

6 ¿DÓNDE VAMOS?

1 PERDIDO EN BARCELONA

> | 1 | 🎧 📖 Juan Carlos es un médico de Chile que está en Barcelona para trabajar en un hospital. Necesita llegar a su hotel y no conoce la ciudad. Lee los diálogos, relaciónalos con las imágenes y ordénalos.

Diálogo 1

● **¡Muchas gracias por tu ayuda!** ¡Adiós!

○ ¡De nada! ¡Adiós!

Diálogo 2

○ Mira, aquí es. Coge la línea roja, dirección Hospital de Bellvitge. Son cuatro paradas.

● ¿Sabes **cuánto cuesta** el billete?

○ El billete sencillo son dos euros, pero si vas a hacer más viajes, lo mejor es comprar el T-10, **cuesta nueve euros con veinticinco** y puedes hacer diez viajes.

Diálogo 3

● Perdón, ¿**cómo puedo ir** desde aquí a Plaza de España? ¿Está muy lejos?

○ No, no está lejos; pero **lo mejor es coger el metro** aquí, en Plaza Cataluña.

| 1.1. | 🎧 🔊 Ahora, escucha y comprueba si el orden es correcto.
| 14 |

| **1.2.** | ⚙️ 🌐 Leed de nuevo los diálogos anteriores y clasificad las expresiones en negrita en el lugar donde corresponda.

Pedir y dar información

✗ Pedir/dar **instrucciones** para traslados en medios de transporte:

- [1] ....
- **Coge** la línea roja.
- [2] ....

✗ Preguntar/decir **el precio** de algo:

- [3] ....
- El billete **son** dos euros.
- [4] ....

✗ **Agradecer**/responder al agradecimiento:

- [5] ....
- ¡De nada!

| **1.3.** | ⚙️ 🌐 Relacionad los nombres con las fotografías. ¿Qué otros medios de transporte conoces?

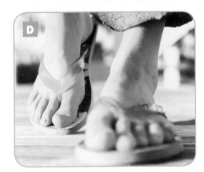

1 ☐ Ir **en** avión.   **3** ☐ Ir **en** coche.

2 ☐ Ir **en** tren.   **4** ☐ Ir **a** pie.

Para hablar del medio de transporte

- ¿Cómo **vas a** + lugar?
- Voy **en** metro/autobús/coche... /**a** pie.

| **1.4.** | 👤 🧭 ¿Cómo vas tú a los siguientes lugares? ¿Utilizas los medios de transporte o vas a pie? Completa el cuadro.

✗ Escuela   ✗ Cine o locales de ocio   ✗ Lugar de vacaciones

✗ Trabajo   ✗ Casa de tus amigos   ✗ Otro: ....

– Yo voy a la escuela a pie.

| **1.5.** | ⚙️ 🌐 Ahora pregunta a tus compañeros de clase cómo se desplazan ellos y anota sus respuestas en tu cuaderno.

| **1.6.** | ⚙️ 🌐 Poned en común los resultados. ¿Cuál es el medio de transporte más utilizado por los miembros de la clase?

> | 2 | 👤 ⚙️ Lee la información y completa.

Usos del verbo *ir*

✗ El verbo *ir* + la preposición [1] .... se usa para expresar la **dirección**:
   – *Voy **al** trabajo esta tarde.*

✗ El verbo *ir* + la preposición [2] .... se usa para expresar el **medio de transporte**, excepto: [3] .... *pie/caballo*:
   – *Voy **en** metro.*
   – *Podemos **ir a** pie.*

Presente de indicativo del verbo *ir*	
Yo	**voy**
Tú	**vas**
Él/ella/usted	**va**
Nosotros/as	**vamos**
Vosotros/as	**vais**
Ellos/ellas/ustedes	**van**

| 2.1. | 🎭 📖 Mirad la siguiente lista de adjetivos. Todos pueden relacionarse con medios de transporte. Buscad en el diccionario los significados que no conocéis y luego clasificadlos en positivos (+) o negativos (–).

1 ecológico ...... ✗ ○   5 caro .... ○ ○   9 práctico .... ○ ○   13 económico ..... ○ ○
2 rápido......... ○ ○   6 peligroso ..... ○ ○   10 interesante .... ○ ○   14 puntual .... ○ ○
3 lento .... ○ ○   7 divertido ..... ○ ○   11 seguro .... ○ ○   15 contaminante.. ○ ○
4 limpio......... ○ ○   8 cansado .... ○ ○   12 cómodo....... ○ ○   16 barato .... ○ ○

| 2.2. | 🗣️ 🌐 Hablad con vuestros compañeros de las ventajas e inconvenientes de los medios de transporte. Para ti, ¿cuál es el mejor medio de transporte? ¿Y el peor? ¿Por qué?

Mejor/peor

✗ **Mejor = más bueno / Peor = más malo**
   ● *El avión es rápido, cómodo y seguro. El avión es **el mejor** medio de transporte.*
   ○ *Pues para mí, es **el peor** medio de transporte. Es peligroso, caro y contaminante.*

2 ▸ VIAJANDO POR LA GRAN CIUDAD

> | 1 | 👤 � Juan Carlos es de Santiago de Chile y Ana de Madrid, pero viven en Barcelona y México D.F., respectivamente. Observa las fotos, lee los correos que se escriben, elige las dos imágenes de los transportes que se mencionan y la ciudad a la que pertenecen.

A   B   C   D

CONTINÚA »

<table>
<tr><td>

○○○   ¡Ya estoy en México D.F.!

ENVIAR | DE: anasuarez@spmail.com | PARA: juancarlosdiaz@spmail.com

Hola, Juan Carlos. ¿Cómo estás?

Yo estoy muy contenta en México D.F. Es una ciudad muy bonita y muy grande. Vivo muy lejos de mi trabajo y todos los días tomo varios autobuses.

Aquí hay muchos medios de transporte: el metro, el tren ligero, el metrobús, el trolebús, el microbús, los camiones y el ecobús, un transporte menos contaminante.

Pero lo más extraño para mí son unos autobuses rosas, solo para mujeres. Pertenecen al "Programa Atenea", y son gratis para las mujeres embarazadas y las de la tercera edad. ¡Qué curioso!, ¿verdad?

¿Y tú? ¿Qué tal en Barcelona?, ¿y en el hospital?

Un abrazo, Ana

</td><td>

○○○   ¡Saludos desde Barcelona!

ENVIAR | DE: juancarlosdiaz@spmail.com | PARA: anasuarez@spmail.com

¡Hola, Ana!

¡Qué curioso el Programa Atenea! Aquí en Barcelona no hay nada similar...

Yo voy al hospital en bicicleta. En Barcelona no tenemos ecobús, pero sí tenemos Bicing, es un medio de transporte público que permite ir por la ciudad en bicicleta. ¡Es genial! No contamina y además es bastante económico. Hay muchas estaciones Bicing por toda la ciudad, la mayoría está muy cerca de las estaciones del metro, de tren y de los aparcamientos públicos.

Increíble, ¿no? ¡Yo practicando deporte! ☺

Bueno, Ana, me despido ya, que me voy al hospital.

Un beso, Juan Carlos

</td></tr>
</table>

Palabra clave

✕ Para entender un texto puedes intentar localizar las palabras clave: aquellas que tienen un significado importante para la comprensión global. Subraya las palabras clave del texto y compara con tus compañeros o consulta con tu profesor.

| 1.1. | Lee las siguientes afirmaciones y di a qué ciudad pertenecen, según la información que acabas de leer.

Ciudad...

1 El ecobús es uno de los transportes menos contaminantes de la ciudad. . . . . [   ]

2 No existe el Programa Atenea ni nada similar. . . . . [   ]

3 Hay muchas estaciones de Bicing por toda la ciudad. . . . . [   ]

4 Hay autobuses solo para mujeres. . . . . [   ]

> | 2 | Juan Carlos quiere solicitar la tarjeta Bicing y va a pedir información. Ordena el diálogo.

A
- Sí, claro, es muy fácil. Usted entra en la página web de Bicing y rellena el formulario.
- ¿Cuál es la página web?
- Es www.bicing.cat.

B
- Hola, buenos días.
- Buenos días, dígame.
- Mire, necesito información sobre la tarjeta Bicing.

C
- ¿En la página web me informan también sobre las tarifas?
- Sí, le informan de todo. La tarifa es anual y cuesta 29,66 euros.
- ¿Y cómo se paga: en efectivo o con tarjeta de crédito?
- Con tarjeta de crédito.
- Ahora mismo voy a solicitar la tarjeta. Muchas gracias por la información.
- De nada.

D
- ¿Qué datos necesito para el formulario?
- Pues, sus datos personales: nombre y apellidos, dirección actual... Es muy sencillo, usted solo debe seguir las indicaciones...

| 2.1. | Escucha y comprueba.
| 15 |

| 2.2. | 🌐 🌀 Con tu compañero, ayuda a Juan Carlos a rellenar el formulario con sus datos.

- ✕ médico
- ✕ *hombre*
- ✕ 05/06/1974
- ✕ 93.221.31.29
- ✕ c/ Urgell, 25
- ✕ 37654764D
- ✕ 08014
- ✕ España
- ✕ Díaz Sepúlveda
- ✕ Jc1974dZ
- ✕ Juan Carlos
- ✕ Jcarlos
- ✕ Barcelona
- ✕ juancarlosdiaz@spmail.com

○○○   www.bicing.cat

bicing formulario de registro

Nombre de usuario
[ ]

Nombre
[ ]

Apellidos
[ ]

Contraseña
[ ]

Sexo
[*Hombre*]

DNI/NIE
[ ]

Teléfono de contacto
[ ]

Repita contraseña
[ ]

Fecha de nacimiento
[ ] / [ ] / [ ]

Profesión
[ ]

Dirección
[ ]

Código postal
[ ]

Ciudad
[ ]

País
[ ]

E-mail
[ ]

✕ El DNI es el documento nacional de identidad.

✕ El NIE es el número de identidad extranjero para las personas de otro país con permiso de residencia en España.

Intercultura

> | 3 | 🌐 🌀 ¿Qué medio de transporte usas normalmente? ¿Cuáles podrías recomendarle a un turista que visita tu ciudad?

---

3 — **¡LLEGAN LAS VACACIONES!**

> | 1 | 🎧 🔊 Elena y Fran quieren ir de vacaciones. Escucha el diálogo y selecciona las actividades que
| 16 | quiere hacer cada uno.

Fran   *Elena*

- ○ . . . . **1** practicar submarinismo . . . . ○
- ○ . . . . . . **2** ir a conciertos. . . . . ○
- ○ . . . . **3** salir de noche. . . . . ○
- ○ . . . . **4** pasear por las calles . . . . ○
- ○ . . . . **5** conocer a mucha gente . . . . ○
- ○ . . . . **6** ver un parque natural. . . . . ○
- ○ . . . . **7** estar en contacto con la naturaleza. . . ○
- ○ . . . . **8** ir a la playa. . . . . ○
- ○ . . . . **9** visitar museos . . . . ○

nuevo PRISMA fusión • Nivel A1 A2

| **1.1.** | 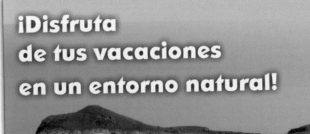 Estos son tres folletos turísticos de tres destinos diferentes en España. Leedlos, observad las fotos y decidid qué destino es mejor para Fran y Elena, según sus preferencias. Luego coméntadlo en clase

¡Disfruta de tus vacaciones en un entorno natural!

¿Quieres disfrutar de unos días de descanso en plena naturaleza?

¿Prefieres las playas grandes o las calas? En Cabo de Gata hay playas grandes para disfrutar del mar, del sol y pasear, además de pequeñas calas de fina arena. **¿Quieres practicar** submarinismo? Cabo de Gata te ofrece la oportunidad de explorar su maravilloso fondo marino.

¡Ven y repetirás!

La alegría del Mediterráneo

¿Quieres pasar unas vacaciones en una ciudad maravillosa a orillas del mar Mediterráneo? Entonces, tu destino es Málaga, Andalucía.

Si te gustan la playa y el mar, la ciudad te ofrece las bonitas playas de La Malagueta y La Caleta donde bañarte y disfrutar del aire libre. Pero si **prefieres un turismo** más cultural, puedes visitar la casa del pintor malagueño Pablo Ruiz Picasso y el museo Picasso de Málaga, entre otros.

En Málaga puedes disfrutar de una corrida de toros o de un espectáculo de flamenco. Si **prefieres disfrutar** de su gastronomía, la ciudad tiene muchos restaurantes y bares donde puedes probar sus ricos platos como el pescadito frito, la cazuela de fideos, el gazpacho... y sus famosos vinos tintos.

El encanto del norte

¿Quieres conocer el paisaje del norte de España?

San Sebastián, en el País Vasco, es una ciudad con muchas posibilidades de ocio y tiempo libre, y a la vez una ciudad tranquila y agradable. Tiene varias playas, la más conocida es La Concha, una de las más famosas de España.

Si **prefieres ir** a los numerosos espectáculos de la ciudad o **disfrutar** de su gastronomía, la ciudad cuenta con una amplia oferta cultural, entre otros, varios festivales de cine y música. Los más famosos son el Festival Internacional de Cine y el Festival de Jazz.

Y si, además, te gusta la buena mesa, ven al barrio viejo de la ciudad y disfruta en sus bares de los famosos "pintxos".

| 1.2. | Lee la información y complétala con ejemplos de la actividad 1.1.

Usos de los verbos *querer* y *preferir*

✗ Los verbos **querer** y **preferir** sirven para expresar deseos y pueden ir acompañados de un **infinitivo** o de un **nombre**.

• **Querer** + infinitivo/nombre
  - *¿Quieres pasar unas vacaciones en una ciudad maravillosa a orillas del mar Mediterráneo?*
  - *Quiero un lugar tranquilo para mis vacaciones.*
  - |_____|
  - |_____|

• **Preferir** + infinitivo/nombre
  - |_____|
  - *¿Prefieres las playas grandes o las calas?*
  - |_____|

Presente de indicativo del verbo *querer*	
quiero	queremos
quieres	queréis
quiere	quieren

Presente de indicativo del verbo *preferir*	
prefiero	preferimos
prefieres	preferís
prefiere	prefieren

| 1.3. | Los verbos *querer* y *preferir* son irregulares en presente. ¿Por qué son irregulares? ¿Qué cambios observas? ¿En qué personas se producen? ¿Tienen la misma irregularidad?

| 1.4. | ¿Qué necesitan Elena y Fran para viajar? Relacionad las imágenes con su palabra correspondiente y, después, elaborad una lista de cosas necesarias para cada uno.

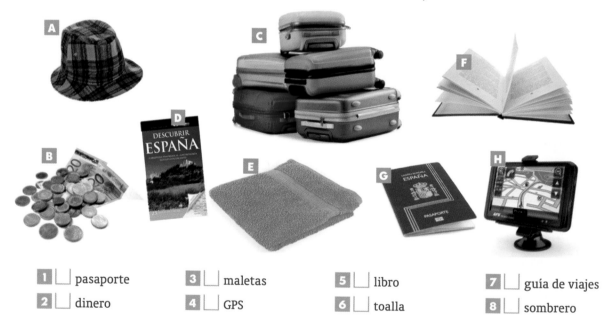

1 ☐ pasaporte		**3** ☐ maletas		**5** ☐ libro		**7** ☐ guía de viajes	
2 ☐ dinero		**4** ☐ GPS		**6** ☐ toalla		**8** ☐ sombrero	

| 1.5. | Comparad las listas con vuestros compañeros. ¿Coincidís?

El verbo *necesitar*

✗ El verbo **necesitar** puede ir acompañado de un **infinitivo** y también de un **nombre**:
  • *Para viajar a Cabo de Gata, Elena **necesita llevar** un libro para leer en la playa.*
  ○ *Yo creo que también **necesita una maleta** grande.*

Grupo cooperativo

> | 2 | 🌐 💬 Vamos a ir de vacaciones. Seguid las pautas.

1. Dividimos la clase en tres grupos. Cada grupo piensa qué quiere hacer durante las vacaciones. Elaborad una lista de preferencias.

2. La lista pasa al grupo de la derecha. Este debe leer la lista y seleccionar un lugar de vacaciones. Una vez elegido el destino, pasa el papel al grupo de la derecha.

3. Este tercer grupo lee el destino y anota las cosas que son necesarias para el viaje, según su opinión.

4. Poned en común lo que habéis escogido e informad a los grupos originales adónde van a ir y qué necesitan llevar.

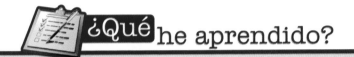 ¿Qué he aprendido?

1 Escribe una lista de medios de transporte.

....

2 Asocia los medios de transporte anteriores con adjetivos positivos o negativos.

....

3 ¿Qué destino de vacaciones prefieres? ¿Por qué?

....

4 Escribe una lista de las cosas que necesitas para viajar.

....

5 Escribe un ejemplo de las expresiones que puedes utilizar para:

1. Pedir/dar instrucciones para traslados en medios de transporte. ....

2. Preguntar/decir el precio de algo. ....

6 Di el nombre de las ciudades que aparecen en la unidad. ¿A qué país pertenecen? ¿Qué información recuerdas de cada una de ellas?

....

....

....

7 Observa los contenidos de la portadilla de la unidad y reflexiona.

1. ¿Qué contenidos han sido los más fáciles de aprender? ....

2. ¿Qué contenidos han sido los más difíciles de asimilar? ....

3. ¿Qué contenidos has visto por primera vez en esta unidad? ....

4. ¿Qué contenidos has repasado en esta unidad? ....

8 Con respecto a los textos de esta unidad...

	Sí	Bastante	Un poco
1 ...son fáciles de entender.	◯	◯	◯
2 ...no he entendido todas las palabras, pero sí la idea general.	◯	◯	◯
3 ...en la primera lectura no he entendido casi nada, pero las actividades me han ayudado a entenderlo todo.	◯	◯	◯

7 ¡HOY ES MI DÍA!

Contenidos funcionales
- Describir acciones y actividades habituales.
- Preguntar y decir la hora.
- Hablar de horarios.
- Expresar cantidad de manera aproximada.
- Expresar la frecuencia con la que se hace algo.
- Localizar temporalmente.

Contenidos gramaticales
- Verbos reflexivos.
- Algunas irregularidades del presente de indicativo:
  - vocálicas: *e > ie, o > ue* y primera persona singular.
- Adverbios y expresiones de cantidad.
- Adverbios y expresiones de frecuencia.

Tipos de texto y léxico
- Horarios de establecimientos comerciales.
- Actividades cotidianas y de ocio.
- Establecimientos y lugares de ocio.
- Establecimientos comerciales.
- Las partes del día.
- Los días de la semana.

El componente estratégico
- Aprender léxico asociando las palabras a un contexto significativo.
- Obtener información de los textos mediante los títulos y subtítulos.

Contenidos culturales
- Actividades de ocio y tiempo libre en Bogotá.
- Horarios de establecimientos comerciales en Bogotá.
- Jordi Labanda: un ilustrador hispano con fama universal.
- Hábitos y costumbres de los españoles.

Ortografía/Fonética
- El seseo.

1 ¿A QUÉ HORA NOS VAMOS?

> | 1 |
| 17 |

Escucha los siguientes diálogos y relaciónalos con las imágenes. ¿Qué imagen no tiene diálogo? Compara con tu compañero. ¿Coincidís?

| 1.1. |  Escucha de nuevo los diálogos y completa.

Diálogo 1

Ana: Oye, ¿sabes .... abre el supermercado?

Marta: *A las nueve y media...*

Ana: ¡Qué tarde! No me da tiempo...

Marta: Pero está abierto .... de la noche y no cierra al mediodía.

Diálogo 3

Miguel: El lunes tengo un examen y en casa no puedo estudiar.

Ana: ¿Por qué no vas a la biblioteca que está al lado de tu casa?

Miguel: *¿Sabes los horarios?*

Ana: Sí, *abre* .... incluidos los fines de semana *desde las ocho de la mañana hasta las diez* ....

Miguel: ¿En serio? Esta tarde voy...

Diálogo 2

Carlos: María, *¿a qué hora sale el avión de Medellín?*

María: *Sale de Medellín a las nueve en punto.*

Carlos: ¿Y a qué hora llega a Bogotá?

María: ....

Carlos: ¡Qué rápido!

Diálogo 4

Adrián: *¿Qué hora es?*

Marta: *Es la una y cuarto.*

Adrián: ¡Oh, no! Tengo que ir al banco y seguro que ya está cerrado.

Marta: ¡Que no, hombre! El banco cierra ....

Diálogo 5

Señor: Disculpe, ¿tiene hora?

Señora: Sí, *son las nueve menos diez.*

Señor: Muchas gracias.

Para hablar de la hora y los horarios

× **Preguntar** la hora:
- ¿Qué hora es?
- **¿Tiene/s** hora?

× Preguntar y responder sobre **horarios**:
- **¿A qué hora** abre/cierra/sale (de)/llega (a)...?
  - ¿A qué hora sale el avión de Medellín?
- Abre/cierra/sale (de)/llega (a) las...
- **¿Sabes los horarios?**
- Abre **desde** las... **hasta** las...
  - Abre desde las ocho de la mañana hasta las diez de la noche.
- **No, no lo sé.**

× **Decir** la hora:

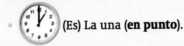 (Es) La una **(en punto)**.

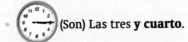 (Son) Las tres **y cuarto**.

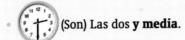 (Son) Las dos **y media**.

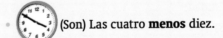 (Son) Las cuatro **menos** diez.

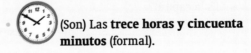 (Son) Las **trece horas y cincuenta minutos** (formal).

> | 2 | 🌐 💬 ¡Concurso de horas! Formad grupos y organizad vuestro equipo. Seguid estas pautas.

1. Cada grupo elige a un delegado.

2. Cada miembro del equipo dibuja varios relojes con sus horas y las escribe debajo.

3. El delegado comprueba si han escrito correctamente las horas y las corrige, si es necesario.

4. El delegado escoge a un miembro del equipo para dibujar en la pizarra los relojes con las horas.

5. ¡Ha llegado la hora de jugar! Cada equipo dibuja en la pizarra los relojes con las horas y el grupo contrario tiene que decirlas lo antes posible. El delegado de cada grupo apunta los minutos que ha tardado el equipo contrario en decir la hora y comprueba si es correcta. Si un equipo comete un error, pasa el turno al otro equipo.

>| **3** | 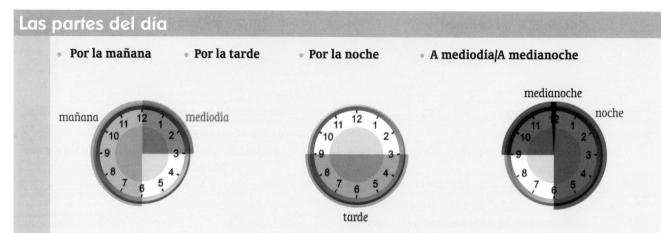 Leed la información del cuadro. ¿Cómo es en vuestros países? ¿Qué espacio de tiempo comprenden las diferentes partes del día? Si todos vivís en el mismo país, ¿conocéis alguno con otros horarios diferentes? ¿Qué país es? ¿Cómo es el horario?

Las partes del día

- Por la mañana
- Por la tarde
- Por la noche
- A mediodía/A medianoche

- ✗ La **mañana** va desde el amanecer hasta las 12 del mediodía.
- ✗ Aunque el **mediodía** corresponde a las 12:00h, en España y en algunos países de Latinoamérica usamos también *al mediodía* para hablar del espacio de tiempo de la comida, entre las 13:00h y 15:00h de la tarde, aproximadamente.
- ✗ La **tarde** va desde las 15:00h hasta la puesta de sol.
- ✗ La **noche** va desde la puesta de sol hasta el amanecer.

>| **4** | 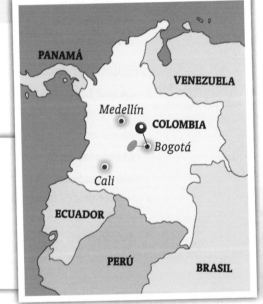 ¿Qué sabéis de Bogotá? Observad el mapa y completad la ficha.

- Ciudad: ....
- País: ....
- ¿Es la capital? ....
  ....

- Dos ciudades del mismo país:
  ....
  ....
- Países fronterizos:
  ....

| **4.1.** | ¡Nos vamos de visita a Bogotá! Os dividís en grupos. El profesor os dará un texto informativo a cada grupo y una tabla para completar. Debéis leerlo y, después, entre todos, completar vuestra tabla.

Los días de la semana

- ✗ el lunes
- ✗ el martes
- ✗ el miércoles
- ✗ el jueves
- ✗ el viernes

Fin de semana
- ✗ el sábado
- ✗ el domingo

Cuando decimos *los lunes*, *los martes*, *los miércoles*, *los jueves*..., nos referimos a todos los lunes, todos los martes, todos los miércoles, todos los jueves...

ENERO

L	M	X	J	V	S	D
			1	2	3	4
5	6	7	8	9	10	11
12	13	14	15	16	17	18
19	20	21	22	23	24	25
26	27	28	29	30	31	

Grupo A	Grupo B
■ Museo Botero ■ Parque Metropolitano Simón Bolívar ■ Zona Rosa ■ Teatro Nacional La Castellana	■ Restaurante El Criollo ■ Planetario de Bogotá ■ Museo Nacional ■ Plaza de Bolívar

| 4.2. | Intercambiad la información preguntando al grupo contrario para completar la otra parte de la tabla.

| 4.3. | Ahora que ya conocéis diferentes lugares para visitar en Bogotá, llegad a un consenso entre todos y escoged cuatro lugares para ir este fin de semana. Fijaos en los horarios y elaborad una agenda.

Recuerda

✗ **¿A qué hora** abre/cierra el/la…?
✗ **¿Qué días** abre?
✗ **¿Qué horario tiene** el/la…?

✗ El museo Botero abre **de**… **a**… / **desde las**… **hasta las**…
✗ **¿Qué lugares conoces/conocéis** en Bogotá?

Intercultura

> | 5 | Observad los horarios comerciales de distintos establecimientos en Colombia y completad una tabla similar para vuestros países. ¿Se parecen o son muy diferentes? ¿Qué es lo más sorprendente? ¿Conocéis más países con horarios parecidos a los de Colombia?

	En Colombia			En tu país	
	Días de la semana	Horarios		Días de la semana	Horarios
Bancos	de lunes a viernes	De 8:00 a 12:00 y de 14:00 a 18:00	→		
Correos	de lunes a viernes los sábados	De 8:00 a 12:00 y de 14:00 a 18:00 De 8:00 a 12:00	→		
Farmacias	de lunes a viernes los sábados	De 8:00 a 18:00 De 8:00 a 13:00	→		
Supermercados	de lunes a viernes los sábados	De 8:00 a 12:30 y de 14:30 a 18:30 De 7:30 a 13:30	→		
Tiendas de ropa	de lunes a sábado	De 9:00 a 12:30 y de 14:30 a 18:30	→		

2 EL SESEO

> | 1 | Escucha y repite.
| 18 |

| 1.1. | Ahora marca el orden en el que se dicen las siguientes palabras.
| 19 |

☐ pazo ☐ poso ☐ loza ☐ losa ☐ paso

☐ asar ☐ pozo ☐ caso ☐ azar ☐ cazo

| 1.2. | Lee las palabras de 1.1. ¿Cómo las pronuncias tú normalmente? ¿Te parece que lo haces bien? ¿Te sientes más seguro ahora al pronunciar los sonidos /s/ y /θ/? ¿Te gustaría pronunciar la diferencia entre estos sonidos o prefieres sesear? Háblalo con tus compañeros.

El seseo

x En algunas zonas de España así como en Hispanoamérica se produce **el seseo**. **El seseo** consiste en pronunciar las letras *c* (ante *e, i*) y *z* (ante *a, o, u*) con el sonido que corresponde a la letra *s* (/**s**/).

3 UN DÍA CON JORDI LABANDA

> | 1 | ¿Qué hacen las personas de las fotos? Observadlas con atención y escribid cada acción en su lugar correspondiente. Luego, comparad los resultados con otra pareja.

x ducharse	x lavarse los dientes	x ir al gimnasio	x *desayunar*
x acostarse	x trabajar	x despertarse	x dormir la siesta
x comer	x ver la televisión	x levantarse	x estudiar

..... *desayunar* .....

Fíjate

× Para aprender y recordar el vocabulario nuevo, piensa en esas palabras dentro de un contexto que te sea familiar o que tenga sentido para ti:

Ver → Veo la televisión; Veo una película.
Dormir → Duermo la siesta los domingos por la tarde.

| 1.1. | Elige uno de los verbos anteriores y representa la acción con gestos. Tus compañeros tienen que decir qué haces.

> | 2 | Los reporteros de la revista digital *En línea* han pasado un día con Jordi Labanda, un famoso ilustrador español. Escucha el audio y señala qué actividades realiza Jordi Labanda en un día normal.

| 20 |

Jordi Labanda...   Sí   No

1 se levanta muy tarde. . . . . ☐ . . ☐
2 va al gimnasio por la mañana. . . . . ☐ . . ☐
3 se ducha por la mañana. . . . . ☐ . . ☐
4 empieza a trabajar a las ocho. . . . . ☐ . . ☐
5 trabaja en su casa. . . . . ☐ . . ☐
6 come a las 14:30 h. . . . . ☐ . . ☐
7 duerme la siesta. . . . . ☐ . . ☐
8 por la tarde dibuja en su despacho. . . . . ☐ . . ☐
9 escucha música y ve la televisión por la noche. . . . . ☐ . . ☐
10 cena en casa de amigos. . . . . ☐ . . ☐
11 se acuesta a las doce de la noche. . . . . ☐ . . ☐

| 2.1. | ¿Y tú? ¿Cómo es tu día normal? ¿Se parece al de Jordi Labanda? Explícale a tu compañero qué haces. Utiliza estas expresiones de frecuencia.

Ejemplo: - *Normalmente me levanto a las ocho de la mañana para ir a la universidad.*

Expresar la frecuencia con que se hace algo

☐☐☐☐☐☐ siempre/todos los días/todas las noches…
☐☐☐☐☐☐ normalmente/a menudo/habitualmente
☐☐☐☐☐☐ muchas veces
☐☐☐☐☐☐ algunas veces/a veces

☐☐☐☐☐☐ pocas veces
☐☐☐☐☐☐ muy pocas veces/casi nunca
☐☐☐☐☐☐ nunca

> | 3 | Fijaos en las formas verbales de la actividad 2 y en su audición, y completad el cuadro.

El presente de indicativo

× Verbos reflexivos:

	× Ducharse ×	× Levantarse ×	× Otros ×
Yo	**me** duch**o**	[2]	*llamarse*
Tú	**te** duch**as**	**te** levant**as**	*apellidarse*
Él/ella/usted	[1] ...... duch......	[3]	*lavarse*
Nosotros/as	**nos** duch**amos**	[4]	[7] ....
Vosotros/as	**os** duch**áis**	[5]	
Ellos/ellas/ustedes	**se** duch**an**	[6]	

nuevo PRISMA fusión • Unidad 7   [sesenta y tres] | **63** |

El presente de indicativo

x Verbos irregulares (irregularidad vocálica):

E > IE	O > UE	Otros verbos que conozco son:
x **Empezar** x	x **Dormir** x	**E > IE:** [10] ...., *comenzar, preferir, querer...*

E > IE		O > UE	
emp**ie**zo	empezamos	d**ue**rmo	dormimos
emp**ie**zas	empezáis	d**ue**rmes	dormís
[8]	emp**ie**zan	[9]	d**ue**rmen

O > UE: [11] ...., [12] ...., *encontrar...*

• En los verbos con irregularidad vocálica las personas [13] .... y [14] .... no cambian.

x Verbos que tienen la primera persona irregular:

• Salir ➜ **salgo**   Tener ➜ [15] ....   Estar ➜ [16] ....   Hacer ➜ [17] ....

|3.1.| Observa en el cuadro cómo se señalan las formas irregulares de los verbos *empezar* y *dormir*. ¿A cuál de estos dibujos se parece más?

Fíjate

x Utiliza tu **memoria visual** para recordar las formas irregulares de los verbos. Si imaginas un objeto y lo asocias mentalmente con los verbos irregulares, cuando lo visualices en tu mente, podrás recordar si el verbo es regular o irregular. ¡Compruébalo!

"Para recordar las formas de presente de los verbos con irregularidades vocálicas, voy a visualizar ....".

>|4| Este es el titular de un pequeño artículo que vais a leer a continuación, ¿de qué creéis que trata el artículo?

LOS ESPAÑOLES Y SU DÍA A DÍA

Fíjate

x Concéntrate, al leer, en los datos que aportan más información para desarrollar la tarea. Muchas veces los títulos y subtítulos de los textos dan información sobre el contenido.

|4.1.| Ahora, leed atentamente los datos de la encuesta sobre algunos aspectos de la vida cotidiana de los españoles; primero, escribid los porcentajes y, en una segunda lectura, marcad el adverbio o expresión de cantidad apropiado, según vuestra opinión.

	%	La mayoría	Muchos	Pocos	Muy pocos	(Casi) nadie
1 Se levanta temprano.		○	○	○	○	○
2 Sale de noche todos los días.		○	○	○	○	○
3 Va a los toros.		○	○	○	○	○
4 Ve la televisión por la noche.		○	○	○	○	○
5 Va todas las semanas al cine.		○	○	○	○	○
6 Duerme todos los días la siesta.		○	○	○	○	○
7 Viaja todos los fines de semana.		○	○	○	○	○
8 Practica a menudo deporte.		○	○	○	○	○
9 Cena antes de las 8 de la tarde.		○	○	○	○	○

Los españoles y su día a día

Según una encuesta del Centro Superior de Sociología, el 56% de los españoles se levanta pronto por la mañana. Solo un 32% sale de noche todos los días. Muy pocos españoles van a los toros, el 14%. El 62% ve la televisión por la noche.

Un 34% de los españoles va todas las semanas al cine. La siesta se practica en España, pero pocos españoles duermen todos los días la siesta, solo un 22%. Los españoles viajan bastante todos los fines de semana, un 58%, y un porcentaje similar practica algún deporte. Eso sí, nadie cena muy pronto, nunca antes de las ocho de la tarde, en eso no han cambiado las costumbres.

> | 5 | 😊🌐 Escribe en un papel una lista de lo que haces en un día normal y a qué hora. Dale la lista al profesor.

| 5.1. | 👥 😊 Tu profesor mezclará las listas y repartirá una a cada estudiante. Lee en voz alta la que te ha tocado, el resto de la clase deberá adivinar de quién es y justificar por qué.

Intercultura

> | 6 | 👥 😊 Ya conoces algunos hábitos de los españoles. ¿Hay algún aspecto que te llama especialmente la atención? ¿Crees que en tu país sucede lo mismo que en España? Coméntalo con la clase.

¿Qué he aprendido?

1 ¿Qué verbos irregulares has aprendido en esta unidad? ¿Qué tipo de irregularidad tienen?

....

2 Señala los usos del presente de indicativo que has trabajado en esta unidad.

☐ Expresar acciones que hacemos habitualmente.

☐ Expresar acciones que vamos a hacer durante el día.

☐ Expresar acciones referidas al momento actual e inmediato.

3 Responde según tu opinión.

	Sí	Bastante	Un poco
1 Conocer la conjugación de los verbos y sus características gramaticales es muy útil porque puedo comunicarme con mayor corrección.	○	○	○
2 Me gusta asociar reglas gramaticales a imágenes porque las puedo recordar fácilmente.	○	○	○
3 Las tareas en pareja o en grupos para aprender reglas gramaticales de forma deductiva son muy interesantes. Si yo tengo dudas, mi compañero me puede ayudar.	○	○	○

4 ¿Dónde está Bogotá? Cita tres lugares que conozcas allí para visitar.

....

5 Escribe un pequeño texto indicando las actividades que haces en un día normal.

....

6 ¿Qué te ha resultado más fácil en esta unidad? ¿Y más difícil?

....
....

Contenidos funcionales

- Expresar gustos y preferencias.
- Preguntar por gustos y preferencias.
- Expresar acuerdo y desacuerdo.
- Expresar dolor y malestar.
- Expresar grados de intensidad.

Contenidos gramaticales

- Verbos *gustar, encantar*…
- Verbo *doler* y *tener dolor de*…
- Pronombres de objeto indirecto.
- Adjetivos y adverbios de cantidad: *nada, poco, demasiado, bastante, mucho*…
- *También/tampoco*.

Tipos de texto y léxico

- Elaboración de un cuadro estadístico.
- Actividades de ocio y tiempo libre.
- Léxico relacionado con los hábitos alimentarios.
- Comidas y alimentos.
- Partes del cuerpo humano.
- Remedios para los dolores.

El componente estratégico

- Estrategias para solventar dificultades de aprendizaje del español.

Contenidos culturales

- Hábitos alimentarios en España e Hispanoamérica.
- La dieta mediterránea.

Ortografía/Fonética

- Contraste /l/, /r/ y /rr/.
- Las grafías *r/rr*.

---

1 DISFRUTA DE TU TIEMPO LIBRE

> | 1 | Observad las imágenes. ¿Qué tienen en común? Fijaos en lo que hacen las personas para responder.

A .... al fútbol/ al baloncesto/a la pelota.

B .... un café/ unas copas.

C .... una película/ una obra de teatro.

D .... el sol.

E ..../.......... de compras/ de tapas/a un concierto.

F .... la guitarra/ el piano.

G ..../............... de vaca- ciones/al campo/a comer.

H .... a las cartas/al ajedrez.

| 1.1. | Completad las frases de las imágenes anteriores con los verbos del recuadro.

> ✕ tomar   ✕ ver   ✕ ir   ✕ jugar   ✕ tocar   ✕ salir

| 1.2. | Ahora, colocad las actividades anteriores en el lugar adecuado de la tabla y, luego, añadid dos ejemplos más a cada columna.

TOMAR	VER	IR/SALIR	TOCAR	JUGAR
1	1	1	1	1 ....
2 unas copas.	2	2	2	2 ....
3 el sol.	3	3	3	3 ....
4	4	4	4	4 ....
5		5		5 ....
		6		6 ....
		7		7 ....
		8		

Recuerda

✗ Pueden usarse otros verbos para hablar de actividades de ocio: *escuchar música, leer un libro/periódico, hacer deporte, navegar por Internet/la Red…*

| Grupo cooperativo |

1 Dividimos la clase en tres grupos.

2 Pensad en ocho actividades de ocio y escribidlas.

3 De esa lista, elegid las cinco actividades que más os gusten y que realicéis habitualmente.

4 Nombrad un delegado. Este sale a la pizarra y escribe sus cinco propuestas. Los otros delegados le dictan sus propuestas y las anota en la pizarra eliminando las repetidas.

5 Contestad a estas preguntas: *¿Qué tipo de actividades son? ¿Hay actividades que pueden estar en más de una columna? ¿Cuáles son?* Cada grupo debe completar la tabla que va a entregar el profesor, después de llegar a un acuerdo.

6 El profesor va a proyectar la tabla en la pizarra. El delegado del grupo 1 se levanta y escribe la primera actividad de la lista en una columna. Luego, le toca el turno al delegado del grupo 2 y así sucesivamente hasta completar todo el cuadro. Debéis llegar a una clasificación común. Si no estáis de acuerdo, decid por qué.

Recuerda

● *El viernes por la tarde, ¿vamos al cine?*
○ *Sí, buena idea./No, mejor, ¿vamos al teatro?*
● *Vale, perfecto.*

> | 2 | Este fin de semana vais a pasarlo juntos. En grupos, decidid qué vais a hacer. Elaborad una agenda de actividades de ocio y tiempo libre.

	Mañana	Tarde	Noche
Viernes			
Sábado			
Domingo			

| 2.1. | Comentad entre todos vuestra agenda de actividades para el fin de semana. ¿Cuáles son las actividades preferidas por todos? ¿Cuáles no?

>| 1 | Ana es española y su novio es colombiano. Llevan un tiempo saliendo y los dos tienen gustos diferentes. Lee su comentario en el foro, fíjate en las fotos y coloca las frases del recuadro en su lugar correspondiente.

> ✕ le gusta la tortilla de patatas   ✕ No nos gusta nada el gazpacho
>
> ✕ le gustan las arepas   ✕ me gustan

○○○ Parejas de diferente nacionalidad él y ella. ¿Es fácil o difícil?

www.gustosycolores.blog.net

Ana dice...

Me llamo Ana, soy española y llevo un tiempo saliendo con un chico colombiano. Nos llevamos muy bien y nos reímos mucho juntos pero… venimos de culturas muy distintas y nuestros gustos son muchas veces opuestos. A Luis Felipe le gusta el fútbol y navegar por Internet horas y horas. A mí, en cambio, [1] .... las series en televisión y las películas en 3D. A los dos nos gusta muchísimo salir a bailar los sábados por la noche, así que ahí no tenemos problemas. Lo más difícil es con la comida. A Luis Felipe [2] .... y la comida colombiana en general. A mí, en cambio, me resulta un poco pesada. De todos modos, los dos nos adaptamos: a él [3] .... y a mí me encanta la bandeja paisa. [4] .... y no lo tomamos nunca. Bueno…, como veis, somos muy diferentes, pero lo que hay entre nosotros es muy bonito y creo que los dos aprendemos de la cultura del otro.

El verbo *gustar*

Observa de nuevo las frases que has colocado en el comentario de Ana y relaciona los elementos de las tres columnas. ¿Cuántas formas se usan del verbo *gustar*? ¿Es igual en tu lengua?

1. *Le gusta* . . . . ✕	✕ **a.** + nombre singular . . . ✕	✕ **A.** *navegar por Internet.*
2. *Le gustan* . . ✕	✕ **b.** + verbo en infinitivo . ✕	✕ **B.** *las series.*
	✕ **c.** + nombre en plural . . ✕	✕ **C.** *el fútbol.*

Amo/Adoro los dulces.		●●●●●●
(A mí) me	**encanta** viajar al extranjero.	●●●●●○
(A ti) te	gusta **muchísimo** el cine.	●●●●●○
(A él/ella/usted) le	gusta **mucho** bailar.	●●●●○○
(A nosotros/as) nos	gustan **bastante** los pasteles.	●●●○○○
(A vosotros/as) **no** os	gusta **demasiado** ver el fútbol.	●●○○○○
(A ellos/as/ustedes) **no** les	gusta **nada** viajar en coche.	●○○○○○
Odio hacer deporte.		○○○○○○

Recuerda

× Para construir el verbo *gustar* necesitamos los pronombres *me, te, le, nos, os, les*.

× Para enfatizar o distinguir a la persona necesitamos usar las formas: *a mí, a ti, a él/ella/usted, a nosotros/as, a vosotros/as, a ellos/ellas/ustedes*.

× El verbo *encantar* se conjuga igual que el verbo *gustar*.

| 1.1. | Escribe una entrada en el foro anterior contestando a Ana. Si quieres, puedes comentar alguna experiencia personal.

>| 2 | Ahora, vas a escuchar un programa de radio donde se habla sobre las actividades de tiempo libre que más les gustan a los jóvenes universitarios madrileños. Escucha y completa la tabla con las actividades de ocio que se dicen.

	Actividades de ocio	Porcentaje
1	Ir a conciertos de música moderna.	74%
2		
3		
4		
5		
6		
7		
8		
9	Escuchar la radio para informarse.	

| 2.1. | Ahora, escucha de nuevo y apunta el porcentaje al lado de cada actividad.

| 2.2. | Comparad la información de la encuesta y elaborad un cuadro estadístico sobre los gustos de ocio de los universitarios madrileños, teniendo en cuenta la escala de intensidad.

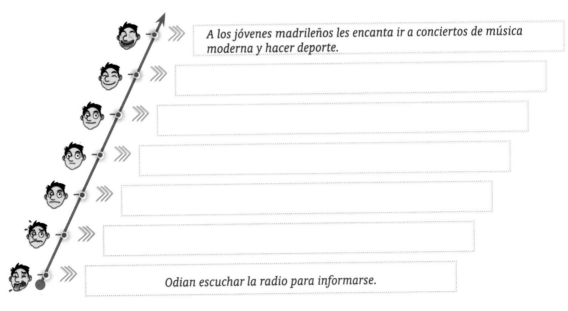

A los jóvenes madrileños les encanta ir a conciertos de música moderna y hacer deporte.

Odian escuchar la radio para informarse.

| **2.3.** | En grupos y por nacionalidades, elaborad un cuadro sobre los gustos de los jóvenes en vuestro país. ¿Hay gustos muy diferentes a los de los jóvenes universitarios madrileños? Justificad vuestra respuesta.

>| **3** | Fíjate en el cuadro, piensa en las actividades de tiempo libre que te gustan a ti, a alguna persona de tu familia o a tus amigos y coméntaselo a tu compañero para que reaccione. Sigue el ejemplo.

Preguntar/responder sobre gustos

✕ Para preguntar por los gustos de otra persona puedes usar:

  • A mí me gusta..., **¿y a ti?/¿a ti también te gusta?**

✕ Para responder:

  • Mismos gustos

  • Gustos diferentes

  – No me gustan nada los deportes de riesgo, la verdad...
  – ¿No? A mí, sí. Me encantan. Especialmente el puenting.

3 ¿SOMOS LO QUE COMEMOS?

>| **1** | ¿Conocéis la dieta mediterránea? ¿En qué países se sigue? ¿Qué alimentos son más característicos? Escoged qué países y qué alimentos están relacionados con la dieta mediterránea.

> **Países**

| ✕ Portugal | ✕ España | ✕ México | ✕ Italia | ✕ Gran Bretaña |
| ✕ Francia | ✕ Grecia | ✕ Malta | ✕ Bélgica | ✕ Sudáfrica |

> **Alimentos**

bollería   fruta   carne   legumbre

pescado   verdura   aceite de oliva   refrescos   lácteos

| **1.1.** | 🌐🌍 Con las palabras y países elegidos, escribid una pequeña definición de qué es la dieta mediterránea, según vuestra opinión.

....

....

> | **2** | 🌐🌍 Mantener una dieta equilibrada es fundamental para tener buena salud. Clasificad los alimentos que os va a dar vuestro profesor en una lista de más a menos sanos, según vuestra opinión.

Ejemplo: - ***Para mí*** *el pescado es muy sano; yo como bastante pescado, cuatro veces a la semana.* ***Yo creo que*** *beber un poco de vino es sano y comer muchos dulces es malo.*

Adjetivos y adverbios de cantidad

- ✕ ***Poco-a/mucho-a/bastante/demasiado-a*** + nombre (no contable) singular:
  – *demasiado café; bastante agua; demasiada grasa…*

- ✕ ***Pocos-as/muchos-as/bastantes/demasiados-as*** + nombre (contable) plural:
  – *muchas hamburguesas; bastantes yogures; pocos espaguetis…*

- ✕ Verbo + ***poco/mucho/bastante/demasiado***:
  – *bebo poco; como demasiado…*

- ✕ ***Demasiado*** tiene sentido negativo, significa "en exceso":
  – *Me gusta mucho la bollería, pero tiene demasiada grasa, no se debe comer.*

| **2.1.** | 🌐🌍 Poned en común vuestra clasificación de alimentos, llegad a un acuerdo entre todos y elaborad una tabla final de alimentos más sanos y menos sanos. Justificad vuestra respuesta.

||Intercultura||

> | **3** | 🎧📖 Lee el texto sobre los hábitos alimentarios de los españoles y completa el cuadro con la información.

En España la primera comida del día –*el desayuno*– no es muy abundante. La mayoría de la gente toma café con leche, tostadas, algún bollo o galletas. El horario depende de la hora de levantarse: puede ir desde las seis hasta las nueve de la mañana. En cambio, en muchos países de Latinoamérica el desayuno es la comida más importante y abundante del día.

El almuerzo es la comida entre el desayuno y la comida del mediodía. Aproximadamente a las 10:30h, muchas personas suelen tomar otra vez un café con leche, un pequeño bocadillo, una pieza de fruta, etc. En muchos países hispanoamericanos y en algunas zonas de España, se utiliza la palabra *almorzar* para hablar de la comida del mediodía.

La comida, en España, es la comida principal del día. Se toma un primer plato: verduras, legumbres, arroz… y un segundo plato: carne o pescado. A continuación se toma el postre: algo de fruta o algún dulce. Es costumbre acompañar la comida con vino y tomar café después del postre. El horario de la comida suele ser entre las 14:00h y las 16:00h. Para los españoles es muy importante disfrutar de la comida y lo usual es utilizar una hora para comer.

La merienda es a media tarde, pero muy pocas personas meriendan. Entre los niños es frecuente tomar un bocadillo, un bollo o zumo de fruta al salir de la escuela. La hora de la merienda suele ser entre las 17:00h y las 18:00h.

La última comida del día es ***la cena***. Se toma algo ligero como sopa, verduras, huevos, queso, fruta… El horario depende de la hora de salida del trabajo. Algunas personas cenan sobre las 20:30h, pero lo más habitual es después de las 21:00h y los fines de semana, más tarde. ■

CONTINÚA »

Horario	Nombre	Verbo	Alimentos
- .... - Por la mañana.	Desayuno.		
- .... - Por...........................		Almorzar.	
- De las 14:00h hasta las 16:00h - Al mediodía		Comer.	
- .... - Por...........................			Bocadillo pequeño, bollo, zumo.
- Desde las 20:30h - Por...........................			

Intercultura

| 3.1. | Escribe un texto sobre los hábitos alimentarios de tu país, sigue el modelo anterior.

| 3.2. | Ahora coméntalo con el resto de la clase. ¿Son tan diferentes las costumbres alimentarias españolas y las de tu país? ¿Se sigue en tu país una dieta mediterránea?

4 HOY TENGO MAL CUERPO

>| 1 | ¿Sabes cómo se llaman en español las partes del cuerpo? El profesor os dará una ficha a cada uno. Observad vuestros respectivos dibujos y preguntadle a vuestro compañero por la información que os falta, hasta completar la ficha.

>| 2 | Te presentamos a María: es muy simpática pero muy hipocondriaca, siempre le duele algo o no se siente bien. Relaciona las frases con los dibujos para descubrir qué síntomas tiene o qué le duele.

 A
 B
 C
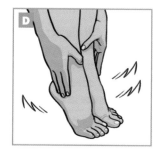 D

1 ☐ Me duele la cabeza. **2** ☐ Me duelen los pies. **3** ☐ Tengo fiebre. **4** ☐ Estoy mareada.

Fíjate

✗ El verbo *doler* se conjuga como el verbo *gustar*. También se puede usar la expresión *tener dolor de*:
   – *Tengo dolor de garganta.* ➜ – *Me duele la garganta.*

✗ Cuando hablamos de una parte de nuestro cuerpo con el verbo *doler*, utilizamos el artículo, no el posesivo:
   – *Me duele la cabeza.* / ~~*Me duele mi cabeza.*~~   **¿Cómo es en vuestra lengua?**

> | 3 | 🌐💬 ¿Conocéis remedios contra los dolores? Aquí tenéis algunos remedios caseros. Decide con tu compañero para qué sirven.

- ✗ agua fría
- ✗ un té
- ✗ agua con sal
- ✗ dormir mucho
- ✗ hacer ejercicio
- ✗ un masaje
- ✗ hacer yoga
- ✗ leche con miel

Ejemplo: - *Tomar una infusión relajante y dormir mucho es un remedio contra el dolor de cabeza.*

Sensaciones

> | 4 | 🙂🌐 Piensa que tu español es como tu cuerpo, ¿qué parte te duele? Escribe una lista.

Ejemplo: - *A mí me duele el vocabulario, es muy difícil recordar las palabras.*

| 4.1. | 🌐➕ Intercambia tu lista con un compañero y pensad qué remedios (estrategias) hay para vuestros dolores.

Ejemplo: - *Para recordar el vocabulario es recomendable hacer familias de palabras…*

¿Qué he aprendido?

1 Escribe tres actividades de ocio que no te gustan.

2 Los pronombres que acompañan al verbo *gustar* son: ....

3 Señala de la lista los verbos que utilizamos igual que *gustar*:

☐ encantar ☐ importar ☐ jugar ☐ doler ☐ interesar ☐ comer ☐ necesitar ☐ preferir

4 Escribe una frase para expresar acuerdo con la siguiente afirmación, y otra para indicar desacuerdo.

Me encanta el café. ➜ ..../...

5 Escribe una lista con tus alimentos preferidos.

6 ¿Cuántas comidas haces al día? Descríbelas brevemente.

7 Completa la ficha con la información de un plato típico de tu país.

Nombre del plato: .... País: .... Región: ....

Ingredientes: ....

8 Escribe tres hábitos alimentarios necesarios para una vida saludable.

9 Escribe los verbos o estructuras que utilizamos para expresar dolor o malestar. Pon ejemplos.

....

10 Completa según tu opinión.

En esta unidad ya puedo...	Sí	Bastante	Un poco
1 ...hablar sobre mis gustos y aficiones.	○	○	○
2 ...expresar mismos gustos y gustos diferentes.	○	○	○
3 ...hablar sobre mis hábitos alimentarios.	○	○	○
4 ...describir las costumbres y comidas típicas de mi país.	○	○	○
5 ...expresar dolor o malestar físico.	○	○	○

9 NOS VAMOS DE TAPAS

Contenidos funcionales
- Proponer un plan, aceptarlo o rechazarlo.
- Concertar una cita.
- Hablar de acciones en curso.
- Hablar de planes e intenciones.
- Expresar la manera de hacer algo.
- Pedir en un bar.
- Dar consejos.

Contenidos gramaticales
- Gerundio, formas y usos.
- *Estar* + gerundio.
- Verbo *quedar*.
- *Poder* + infinitivo con valor de sugerencia o proposición.
- *Ir* + *a* + infinitivo.

Tipos de texto y léxico
- Texto informativo.
- Cuestionario.
- Las comidas y bebidas en un bar de España.
- Léxico relacionado con el aprendizaje de una lengua.

El componente estratégico
- Pautas para definir objetivos y metas de aprendizaje.
- Recursos para establecer y comparar diferentes métodos de aprendizaje.
- Atenuación (rechazo).

Contenidos culturales
- De bares y tapas en España.
- Gestualidad.

Ortografía/Fonética
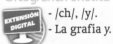
- /ch/, /y/.
- La grafía y.

---

1 ¿QUÉ VAIS A TOMAR?

| Cultura |

> | 1 | Fíjate en la foto. ¿Sabes dónde están estas personas? ¿Qué hacen? ¿Cómo se llama este lugar? ¿En qué país crees que están? Coméntalo con tus compañeros.

>| **2** | ¿Has oído alguna vez la palabra *tapear*? Marca la opción correcta, según tu opinión, y luego lee el texto para confirmar tu respuesta.

■ *Tapear* es una actividad de ocio típica de España que consiste en:
- ○ a. comer en un restaurante y cenar en un bar.
- ○ b. probar diferentes aperitivos, acompañados de una bebida en distintos bares y locales.
- ○ c. preparar aperitivos en casa e invitar a tus amigos para probarlos.

Una **tapa** en España es un aperitivo que se sirve en la mayoría de los bares o restaurantes acompañando a la bebida (alcohólica o no). En algunos lugares de España, como Madrid o Andalucía, las tapas son gratis, si se pide una bebida. Existe la costumbre de salir a comer o a cenar probando las tapas de distintos bares y locales. A esta costumbre se le llama *tapeo*, *tapear* o *ir de tapas*. ■

| **2.1.** | Tu profesor te va a dar una ficha: relacionad las distintas tapas que se mencionan con las fotos del texto. Podéis usar el diccionario. ¿Las habéis probado alguna vez? ¿Hay alguna que os resulte extraña?

>| **3** | ¡Nos vamos de tapas! Estamos en un bar español y tú eres el camarero o la camarera. Escucha | 22 | y anota lo que piden los clientes.

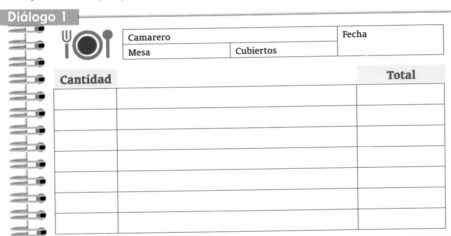

Diálogo 1

Camarero			Fecha
Mesa		Cubiertos	

Cantidad		Total

Diálogo 2

Camarero			Fecha
Mesa		Cubiertos	

Cantidad		Total

Fíjate

✗ El camarero pregunta: *¿Qué van a tomar?* La estructura **ir** + **a** + **infinitivo** sirve para expresar planes o intenciones de futuro inmediato:
- — Este fin de semana **voy a salir** al campo, para relajarme.
- — Mañana **vamos a comer** a un restaurante para celebrar el cumpleaños de mi marido.

| 3.1. | Vuelve a escuchar los diálogos y responde a las preguntas.

1 ¿Qué se pide primero en España, la bebida, la comida o todo junto?

2 ¿Qué verbo utilizan los camareros para hablar de forma general de la bebida y la comida?

3 ¿Qué forma de tratamiento utilizan los camareros y clientes?

4 ¿Estos diálogos son parecidos a los que hay en un bar o restaurante de tu país? ¿Por qué?

| 3.2. | Teniendo en cuenta los diálogos anteriores, completad la información siguiente. Podéis volver a escucharlos, si es necesario.

En el bar

✕ **Saludar:**
  • Hola, [1] .... / buenas tardes. / buenas noches.

✕ **Preguntar** por la bebida y la comida:
  • ¿Qué quiere/n **tomar**?   • ¿Qué van/vais a tomar?
  • ¿Algo de comer?   • [2] ¿Van/..................... **algo**?

✕ **Pedir** algo para beber o comer:
  • **Me pone un poco de...**   • [3] .... • Yo...

✕ Pedir **la cuenta**:
  • [4] ....   • ¿Cuánto es?

| Intercultura |

| 4 | Observa el gesto que se hace en España para decir al camarero que quieres la cuenta. ¿Lo puedes describir? ¿Es igual en tu país o tiene otro significado? ¿Existe otro gesto? Muéstrale a tus compañeros cómo es.

| 4.1. | ¿Cómo son los aperitivos en tu país o región? ¿Hay alguna costumbre similar a tapear? Describe un aperitivo típico, di cómo se llama, cuándo y cómo se come y cuáles son sus ingredientes.

Fíjate

✕ En Hispanoamérica las tapas se llaman *botanas*, *antojitos* o *bocaditos*, y también son pequeñas porciones de comida para acompañar a la bebida.

|Grupo cooperativo|

>| 5 | Vamos a transformar la clase en un bar. Para ello, necesitamos: clientes, camareros, barra, mesas y sillas. La clase se divide en dos grupos: A y B. El grupo A serán los clientes, el grupo B los camareros.

1 La primera tarea es la decoración del bar, decidid en qué lugar debe estar la barra y la distribución de mesas y sillas en el bar, y decoradlo.

2 La segunda tarea es preparar los diálogos.

Grupo A: los clientes piensan en las tapas, pinchos y bebidas para tomar y elaboran una lista.

Grupo B: los camareros hacen dos cartas para ofrecer a los clientes: una de pinchos y tapas, y otra de bebidas.

3 La tercera tarea es la representación de los diálogos. Los clientes se sientan en las mesas y los camareros les atienden, ofreciéndoles las cartas para formular las peticiones. Podéis tomar como modelo los diálogos de la actividad 3.

¿QUEDAMOS?

>| 1 | Este fin de semana es el concierto de Calle 13 en Bilbao, y dos amigos se ponen de acuerdo por mensajes de móvil para ir juntos. Lee con atención los mensajes y ordénalos. Luego, compara el resultado con tu compañero.

A ☐ ¡Marta, viene Calle 13 a Bilbao! ¿Qué tal si hablas con tu familia y le dices que no puedes ir?

B ☐ Marta, el sábado hay un concierto de Calle 13 en Bilbao. ¿Te apetece ir?

C ☐ A las 21:00h delante del auditorio.

D ☐ OK. Nos vemos allí.

E ☐ Vale... el concierto es a las 22:30h, ¿no? ¿A qué hora y dónde quedamos?

F ☐ Es que el sábado tengo cena familiar, no puedo ir. ¿Y si vamos el domingo al cine?

nuevo PRISMA fusión • Unidad 9   [setenta y siete] | **77** |

| **1.1.** | Leed la información y completadla con los mensajes de la actividad anterior.

Proponer un plan, aceptarlo o rechazarlo. Concertar una cita

✗ Para **proponer** algo:

- ¿**Vamos a...**?
- [1] ¿...?
- ¿**Qué te parece si...**?
- [2] ¿...?
- [3] ¿...?
- **Poder** + infinitivo
  — Podemos ir al cine.

✗ Para **rechazar** una invitación:

- **Es que** + excusa
  — Es que el sábado tengo cena familiar y no puedo ir. ¿Y si vamos el domingo al cine?

✗ Para **concretar** una cita:

- [4] ¿...?
- ¿**Qué día** | quedamos?
- ¿**Cuándo**

✗ Para **decir la hora y el lugar** de una cita:

- **A las** ocho **en** la esquina del teatro.
- [5] ....

  ● Vale, perfecto. Entonces, ¿qué día quedamos?
  ○ ¿Te parece bien el domingo a las doce de la mañana?
  ● Muy bien, el domingo a las doce de la mañana en el parque. Nos vemos.

Fíjate

✗ En español, cuando no aceptamos una proposición, es muy importante explicar el motivo y/o proponer otro día u otra oferta para atenuar el rechazo. Si no, el rechazo puede entenderse como una ofensa.

| **1.2.** | Completa el siguiente diálogo con alguna de las expresiones del cuadro anterior.

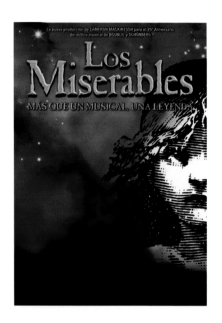

María: Oye, Juan, ¿ (1) .... ver Los Miserables al teatro Lope de Vega?

Juan: Sí, tengo muchas ganas de ver este musical. Dicen que está muy bien. ¿(2) .... vamos el sábado?

M.: ¿(3) .... vamos el viernes? (4) .... el sábado no puedo, me voy a Sevilla.

J.: Vale, ¿(5) .... ir a la función de las diez?

M.: Por mí, perfecto. ¿(6) .... y (7) .... quedamos?

J.: (8) .... nueve, enfrente del teatro.

M.: Muy bien, nos vemos allí. ¡Hasta el viernes!

J.: ¡Hasta el viernes!

> | **2** | Fijaos en las propuestas de ocio que os va a mostrar el profesor. Leedlas con atención y escoged la que más os gusta. Luego, proponed a vuestros compañeros una de las actividades y, después de poneros de acuerdo, decidid qué día vais a ir y a qué hora.

3 · APRENDER APRENDIENDO

| 1 | 🎧➕ ¿Qué objetivos y metas tienes como estudiante de español? Completa este cuestionario con tus necesidades, intereses y expectativas.

> **Fíjate**
>
> ✕ Es necesario conocer de forma clara los objetivos y las expectativas que tienes como estudiante de español para planificar tu proceso de aprendizaje y sentirte motivado.

Marca y completa las frases, si es necesario.

Finalidad. ¿Para qué estudias español?
- ☐ Para pasar un examen en ....
- ☐ Para estudiar en ....
- ☐ Para trabajar en ....
- ☐ Para viajar por ....
- ☐ Para conocer gente que habla español.
- • Para hablar con:
  - ☐ amigos   ☐ mi familia
  - ☐ mi novio/a   ☐ mi pareja
  - ☐ clientes   ☐ compañeros/as de trabajo
- • Para entender:
  - ☐ las películas   ☐ la televisión
  - ☐ la radio   ☐ la letra de las canciones
- • Para leer:
  - ☐ libros   ☐ revistas
  - ☐ páginas de Internet
- ☐ Para chatear en Internet.
- ☐ Otro (especificar) ....

Nivel. ¿A qué nivel quieres llegar?
(Niveles según el *Marco común europeo de referencia para las lenguas*)
☐ A1   ☐ A2   ☐ B1   ☐ B2   ☐ C1   ☐ C2

Duración. ¿Cuánto tiempo quieres estudiar?
- ☐ Menos de 1 mes.   ☐ Entre 1 y 3 meses.
- ☐ Entre 3 y 6 meses.   ☐ Entre 6 y 12 meses.
- ☐ 1-2 años.   ☐ 3 años.
- ☐ Más de 3 años.

Motivación e intereses. ¿Por qué quieres estudiar español?
- ☐ Tengo amigos que hablan español.
- ☐ Es una lengua muy hablada en el mundo.
- ☐ Necesito el español en mi currículo.
- ☐ Me parece que es un idioma divertido.
- ☐ Me gusta la cultura hispana.
- ☐ Me interesa la literatura en español.
- ☐ Quiero viajar a: ....
- ☐ Otro (especificar) ....

| Sensaciones |

| 1.1. | Comenta con tus compañeros el resultado del cuestionario. ¿Coincidís en algunos objetivos, metas y gustos? ¿Hay algún dato sorprendente? ¿Tienes más claras tus metas después de compartir tus inquietudes con tus compañeros?

| 2 | 🎧🔊 [23] Los siguientes estudiantes hablan sobre los métodos que utilizan para aprender una lengua extranjera. Escucha y relaciona los diálogos con esta información.

> ■ *¿Cómo aprenden español?*
> 1. Para aprender de verdad, paso más tiempo **hablando** que **escribiendo**.
> 2. Para practicar, veo películas y series. Ahora **estoy viendo** una telenovela.
> 3. **Grabándo**me y **escuchándo**me hablar puedo conocer mis errores y corregirlos.
> 4. Yo realmente aprendo **conociendo** gente del país de la lengua que estudio.
> 5. **Leyendo** libros adaptados a mi nivel.
> 6. **Estudiando** con un libro. En estos momentos, **estoy estudiando** con un libro con traducciones en mi lengua, es mucho más fácil para mí.

| 2.1. | Y tú, ¿qué métodos utilizas para estudiar y mejorar tu español? Lee la ficha, señala la opción mejor para ti y completa la frase si es necesario. Luego, coméntalo con tus compañeros.

■ *Aprendo español*…

☐ …**haciendo** un curso en…

☐ …**viajando** a un país hispano.

☐ …**estudiando** solo/a.

☐ Otros:

☐ …**haciendo** ejercicios gramaticales.

☐ …**intentando** hablar con nativos.

☐ …**trabajando** en un país hispano.

| 2.2. | Observad las formas en negrita de las actividades 2 y 2.1. y completad el cuadro con la información que falta.

Formas y usos del gerundio

✗ –ar ➜ –ando ✗	✗ –er ➜ –iendo ✗	✗ –ir ➜ –iendo ✗
hablar ➜ habl**ando**	comer ➜ com**iendo**	vivir ➜ viv**iendo**
cantar ➜ cant**ando**	beber ➜ [2]	subir ➜ [4]
[1] ➜	[3] ➜	[5] ➜

✗ **Gerundios irregulares** ✗

dormir ➜ **durmiendo**   leer ➜ [6]   decir ➜ **diciendo**   oír ➜ **oyendo**

✗ El gerundio es una forma **personal** ☐ / **impersonal** ☐ del verbo.

✗ Si el verbo es pronominal (*levantarse*), los pronombres se ponen **antes** ☐ / **después** ☐ del verbo y forman **una** ☐ / **dos** ☐ **palabra/s**: [7] *grabándo*.

✗ El gerundio se usa para hablar de la manera de hacer algo:
  – *Aprendo español conociendo gente hispana.*
  – *Aprendo español viajando a un país hispano.*
  – *Aprendo español haciendo ejercicios gramaticales.*
  – *Aprendo español trabajando en un país hispano.*

✗ [8] + gerundio, se usa para hablar del **desarrollo** de una acción:
  – *Ahora estoy viendo una telenovela.*
  – *Estoy estudiando con un libro de traducciones.*

| 2.3. | ¿Qué forma o estructura utilizas en tu lengua para expresar los usos del gerundio? ¿Es igual o muy diferente? Escribe algún ejemplo.

Sensaciones

> | 3 | ¿Qué aspectos crees que debes mejorar en tu aprendizaje de español? Piénsalo con detenimiento y escríbelos en un papel siguiendo el esquema que te presentamos. ¿Sientes estrés al pensar en ello?

	Debo mejorar
Con respecto a la expresión oral…	
Con respecto a la expresión escrita…	
Con respecto a la comprensión lectora…	
Con respecto a la comprensión auditiva…	

| 3.1. | Intercambia tu lista con tu compañero. ¿Coincidís? ¿Qué consejos os podéis dar para solucionar vuestros problemas? ¿Y para no sentir estrés o preocupación?

Dar consejos

✘ Para dar consejos se puede utilizar la estructura *poder* + **infinitivo**:

- *Es muy difícil para mí practicar español después de clase porque donde vivo no hay hispanos.*
- ○ *Puedes hablar con españoles en un chat.*

Presente de indicativo del verbo *poder*	
pue do	podemos
pue des	podéis
pue de	pue den

| 3.2. | Poned en común vuestros propósitos y necesidades con respecto al español. Escribid en la pizarra una lista con los aspectos a mejorar que son más comunes. Intercambiad las propuestas y estrategias que habéis decidido en parejas. ¿Cuál creéis que es la mejor para cada uno?

¿Qué he aprendido?

1 Define en una frase qué es *tapear*.

....

2 Escribe el nombre correspondiente al lado de cada definición.

1. Plato pequeño, con poca cantidad de comida: ....
2. Plato más grande, con más cantidad de comida: ....
3. Rebanada de pan con una ración de comida: ....

3 ¿Qué has aprendido en esta unidad? Escribe dos ejemplos de cada.

- Contenidos funcionales: ....
- Contenidos gramaticales: ....
- Léxico: ....
- Contenidos culturales: ....

4 ¿Para qué utilizamos *estar* + gerundio? Escribe un ejemplo.

Para .... Ejemplo: ....

5 Escribe dos gerundios regulares y dos irregulares.

....

6 ¡Aprendiendo español! Lee las frases y clasifícalas en la fila correspondiente. Luego, añade una frase más para cada una de ellas.

1. Porque es una lengua que se habla en todo el mundo.
2. Estudiando solo.
3. Para entender las películas en español.
4. Haciendo un curso.
5. Porque quiero trabajar en Uruguay.
6. Para pasar un examen.

Finalidad: ....
Motivos e intereses: ....
Método: ....

10 YA HEMOS LLEGADO

Contenidos funcionales
- Hablar de acciones terminadas en un tiempo relacionado con el presente.
- Acciones habituales en contraste con acciones terminadas en un tiempo relacionado con el presente.
- Hablar de la realización o no de las acciones previstas.

Contenidos gramaticales
- Morfología del pretérito perfecto: regulares e irregulares.
- Marcadores temporales:
  - hoy
  - esta mañana, esta tarde...
  - este mes, este año...
  - ya/todavía no

Tipos de texto y léxico
- La entrevista periodística.
- Léxico relacionado con las acciones habituales.

El componente estratégico
- Deducción del uso de un tiempo verbal a partir de un contexto.
- Estrategias para aprender de los errores en producción escrita.

Contenidos culturales
- Escritores hispanos: Isabel Allende, Pablo Neruda, Gabriela Mistral, Gabriel García Márquez.
- Madrid: lugares de interés turístico y cultural.

Fonética
 EXTENSIÓN DIGITAL - La tilde diacrítica.

---

1 ¿QUÉ HAS HECHO HOY?

> | 1 | Lucía tiene veintiocho años, trabaja, y vive en un piso en el centro de la ciudad. Es viernes por la noche y estas imágenes representan lo que ha hecho durante el día. Mirad las imágenes, y relacionadlas con las frases que están en la página siguiente. Hay dos frases de más. Localizadlas.

CONTINÚA »

1		**Ha comido** en su casa.		6		**Ha comido** con su madre.
2		Durante la mañana, **ha trabajado** mucho en la oficina.		7		**Ha ido** en coche a la oficina.
3		**Se ha levantado** muy temprano y **se ha lavado** los dientes.		8		**Ha hecho** gimnasia.
4		**Ha preparado** la cena para su hijo.		9		Por la tarde, **ha tenido** una reunión.
5		**Ha llevado** a su hijo al colegio.		10		**Ha salido** a cenar con unos amigos.

| 1.1. | Ahora, ordenad las acciones cronológicamente.

> | 2 | Fijaos en la forma verbal marcada en negrita de las frases anteriores. Es un tiempo verbal nuevo que se llama pretérito perfecto. ¿Sabéis cómo se forma? Leed la información y completadla.

El pretérito perfecto

x Verbos **regulares**:

- El pretérito perfecto se forma con el presente del verbo *haber* y el participio del verbo principal.

	Presente del verbo *haber*	+ Participio		
		x Verbos en *–ar* x	x Verbos en *–er* x	x Verbos en *–ir* x
Yo	he	jug**ado**	ten**ido**	[4] ....
Tú	has	[2]	ten**ido**	sal**ido**
Él/ella/usted	[1]	jug**ado**	ten**ido**	sal**ido**
Nosotros/as	hemos	jug**ado**	[3]	sal**ido**
Vosotros/as	habéis	jug**ado**	ten**ido**	sal**ido**
Ellos/ellas/ustedes	han	jug**ado**	ten**ido**	sal**ido**

- Formación del participio regular:
  - Verbos que terminan en *–ar* → *–ado*: *jugar* → *jugado*.
  - Verbos que terminan en *–er/ir* → *–ido*: *tener* → *tenido, salir* → *salido*.

- En los verbos pronominales (*levantarse, acostarse…*) el pronombre aparece siempre antes del verbo auxiliar *haber*:
  - *Lucía **se ha levantado** temprano.*

x Verbos **irregulares**:

- Algunos participios irregulares comunes son:

  hacer → [5] ....   romper → **roto**   ver → **visto**   escribir → **escrito**

  volver → **vuelto**   poner → **puesto**   decir → **dicho**   abrir → **abierto**

| 2.1. | Leed de nuevo el enunciado de la actividad 1 y las frases. Marcad la opción correcta.

1 Las acciones…
- ○ a. están terminadas.
- ○ b. se están produciendo.
- ○ c. no están terminadas.

2 El contexto temporal en que se producen se refiere…
- ○ a. al pasado.
- ○ b. al futuro.
- ○ c. al presente.

| **2.2.** | Ahora, leed la información del cuadro sobre los usos del pretérito perfecto y confirmad o rectificad vuestras hipótesis anteriores.

Usos del pretérito perfecto

✗ Usamos el pretérito perfecto para referirnos a **acciones terminadas** en **presente** o en un periodo de **tiempo no terminado:**

– *Hoy ha sido un día horrible.*

– *Esta mañana he ido a la comisaría.*

– *Esta tarde he visto a Luis.*

– *Este año he estado en París de vacaciones.*

✗ Por su significado, el pretérito perfecto aparece acompañado habitualmente por estos marcadores temporales que indican un tiempo no terminado:

• Hoy

| • Hace | cinco minutos
una hora
un rato | • Esta | mañana
tarde
noche
semana | • Este | mes
año
fin de semana
verano |

• Últimamente

| **2.3.** | En parejas. Piensa en cinco cosas que has hecho esta semana y escríbelas en infinitivo. Tu compañero tiene que averiguar al menos tres informaciones más (a qué hora, con quién, etc...).

Ejemplo: Ir al cine

● *¿Con quién has ido?*   ○ *¿Qué película has visto?*

> **| 3 |** Lee y ordena este diálogo en el que una pareja habla de cómo les ha ido el día.

A [ ] ● ¿Y por qué no has ido en taxi?

B [ ] ● ¿Tú en metro? ¡Pero si siempre me has dicho que odias el metro...!

C [1] ○ ¡Qué tarde! ¿Qué te ha pasado?

D [ ] ● Sí, la verdad es que sí... Tener el trabajo cerca de casa es una suerte, y en esta ciudad, más.

E [ ] ○ Pues porque con la huelga todo el mundo ha usado su coche y había un atasco monumental. Tú no tienes problemas, vas y vuelves andando. ¡Qué suerte!

F [ ] ● Es que hemos tenido una reunión larguísima en el trabajo y no te he podido llamar. Ha venido el gran jefe hoy, ¿sabes? Y tú, ¿qué has hecho hoy?

G [ ] ○ Ya, pero es que esta mañana antes de salir he oído en la radio que los autobuses están de huelga.

H [ ] ○ Nada, he ido a trabajar como siempre; bueno, esta mañana no he podido ir en el coche y he tenido que ir en metro. ■

| **3.1.** | Ahora, escucha y comprueba.
| 24 |

| **3.2.** | Imagina que es de noche y acabas de llegar a casa. Escribe un correo a un amigo contándole cómo te ha ido el día.

>| 4 | 👤🔊 Escucha lo que hace Mario habitualmente de lunes a viernes. Completa su agenda de los días
|25| laborables.

De lunes a viernes		De lunes a viernes	
6:00		15:00	Trabaja en la oficina.
7:00		16:00	
8:00		17:00	
9:00		18:00	
10:00		19:00	
11:00		20:00	
12:00		21:00	
13:00		22:00	
14:00		23:00	

| 4.1. | 👤⏱ Consulta tus anotaciones y completa la tabla.

Mario, habitualmente:

1. *Se levanta a las seis de la mañana.* 6. ....

2. .... 7. ....

3. .... 8. ....

4. .... 9. ....

5. .... 10. *Cena y se acuesta sobre las once de la noche.*

Fíjate

✗ Las acciones habituales se expresan en presente:
—Normalmente los domingos juego al fútbol por la mañana.

| 4.2. | 👤🔊 Vuelve a escuchar y anota qué ha hecho hoy Mario de diferente.
|25|

Mario, hoy:

1. ....

2. *Ha pedido permiso y ha ido al médico.*

3. ....

4. ....

5. ....

| 4.3. | 👥💬 Hablad de vuestro horario habitual en un día laborable. ¿Qué habéis hecho hoy de
diferente?

● Y tú, normalmente, ¿a qué hora te levantas?
○ Pues yo normalmente me levanto a las siete de la mañana, pero hoy me he levantado a las siete y
media porque me he dormido.

2 ¿LO HAS VISTO YA?

> | 1 | 🔊 **Este fin de semana, Mario ha visitado Madrid. Allí se ha encontrado con Mónica, una compañera de trabajo. Escucha y señala los lugares que han visitado cada uno o los dos.**
| 26 |

1	El Rastro.	4	El Retiro.	7	La plaza de Cibeles.
2	El museo Reina Sofía.	5	La Puerta de Alcalá.	8	La Gran Vía.
3	El museo del Prado.	6	La Plaza Mayor.	9	El zoo.

| 1.1. | 🔊 **Vuelve a escuchar y completa las frases.**
| 26 |

1. Pues... .... hemos estado en el museo del Prado, en la plaza de Cibeles, en la Gran Vía...

2. No, ... hemos ido, ¿y tú?

3. Bueno, ... hemos visitado el Retiro y nos ha encantado, ¡es precioso!

4. No, ... hemos ido de marcha.

| 1.2. | **Con las palabras que has escrito completa la información y pon un ejemplo.**

Fíjate

× [1] .... + **pretérito perfecto** sirve para hablar de acciones previstas que han sucedido:
  –

× [2] .... + **pretérito perfecto** sirve para hablar de una acción prevista que no se ha realizado en el momento en que se habla:
  –

> | 2 | **Escribe seis acciones que tenías previstas para este año. Marca tres que has realizado. Luego, pregúntale a tu compañero y anota sus respuestas.**

Yo

| | Asistir a clase.
| | Conectarme por Skype para hablar con mi familia.
| | Hacer la compra.
| | Estudiar las formas de pretérito perfecto.
| | Ir al gimnasio.
| | Cocinar para el fin de semana.
| | Escribir en mi blog.
| | Cenar con mis compañeros de clase.

Mi compañero

> | 3 | **Haced una lista de las actividades que se pueden hacer en el lugar donde vivís. Después explicad qué habéis hecho ya y qué no habéis hecho todavía.**

>| 1 | 🔲 🔵 **¿Conoces estos libros? ¿Has oído hablar de estos escritores?**

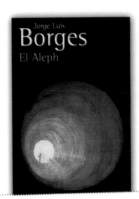 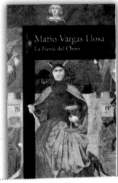   

| Intercultura |

| 1.1. | 🔲 🔵 **¿Hay algún escritor hispanoamericano que sea famoso en tu país? ¿Quién es? ¿Has leído alguna de sus obras? ¿Cuál es el escritor más famoso de tu país y su libro más importante?**

>| 2 | 👤 🔊 **Escucha esta presentación y contesta a las siguientes preguntas.**
| 27 |

1 ¿Quién es?
- ○ a. Una compositora.
- ○ b. Una escritora.
- ○ c. Una científica.

2 ¿Qué parentesco tiene con un político importante del país que murió hace años?
- ○ a. Es su hermana.
- ○ b. Es su madre.
- ○ c. Es su sobrina.

3 ¿De qué país es?
- ○ a. México.
- ○ b. Chile.
- ○ c. Argentina.

4 *La casa de los espíritus* es...
- ○ a. un premio internacional.
- ○ b. la primera novela que escribió.
- ○ c. un diario de su infancia.

5 *Paula* es un libro dedicado a...
- ○ a. su hija.
- ○ b. su madre.
- ○ c. su hermana.

6 Actualmente vive en...
- ○ a. California.
- ○ b. Florida.
- ○ c. Nevada.

7 Escribe con un lenguaje...
- ○ a. sencillo.
- ○ b. complicado.
- ○ c. metafórico.

8 Su novela más personal es...
- ○ a. *Eva Luna*.
- ○ b. *De amor y de sombra*.
- ○ c. *Paula*.

| 2.1. | 🔲 🔵 **Comparad vuestras respuestas y, si no coincidís, justificadlas.**

| 2.2. | 🔲 🔊 **Escuchad de nuevo la audición para comprobar si lo habéis hecho bien.**
| 27 |

Grupo cooperativo

> **3** Ahora tenéis la oportunidad de conocer mejor a un escritor hispano famoso. Leed los datos de estos tres autores. Podéis ampliar la información sobre ellos en Internet, o buscar información sobre otros autores hispanos que os interesen.

Gabriel García Márquez

- Gabriel José de la Concordia García Márquez.
- Nacido el 6 de marzo de 1927.
- Aracataca, Colombia.
- En 1982, recibe el premio Nobel de Literatura.
- Inscrito en la corriente literaria denominada *realismo mágico*.
- Amistad con Fidel Castro.
- Vida dedicada a la literatura y al periodismo.
- Su obra más famosa es *Cien años de soledad*.

Gabriela Mistral

- Nacida en Chile en 1889.
- Poeta, diplomática, feminista y pedagoga.
- Naturaleza enfermiza.
- Su formación es completamente autodidacta.
- Destaca por su vocación docente.
- A los 16, publica su artículo: *La instrucción de la mujer* que exige educación igualitaria.
- Sus obras están marcadas por experiencias de amor y muerte.
- En 1945, recibe el Nobel de Literatura.

Pablo Neruda

- Nombre verdadero: Ricardo Reyes.
- Poeta, nacido en Chile, en 1904.
- En 1971, recibe el Nobel de Literatura.
- Oxford, Doctor Honoris Causa.
- Cónsul en Birmania, Sri Lanka, Barcelona y Madrid.
- Conoce a Alberti y a Lorca, y tiene mucha amistad con Gabriela Mistral.
- Influenciado por el surrealismo.
- El *Canto general* es una obra monumental que pretende ser una crónica de toda Hispanoamérica.

1 En grupos de tres, elegid a uno de los escritores de la actividad anterior e imaginad que vais a entrevistarlo. Confeccionad las preguntas de la entrevista siguiendo las pautas que se dan a continuación.

La entrevista

✖ Para preparar una entrevista es fundamental tener un **conocimiento previo del personaje** y saber qué preguntarle. Debemos evitar las preguntas cerradas, es decir, las que tienen como respuesta *sí/no*.

✖ A continuación, aparecen algunos temas que os pueden ayudar a confeccionar las preguntas de la entrevista:
- Fecha y lugar de nacimiento: *¿De dónde eres? ¿Cuál es tu fecha de nacimiento?*
- Nombre completo: ....
- Género de escritura: ....
- Sobre qué temas escribe: ....
- Quiénes son sus amigos: ....
- Qué tipo de formación tiene: ....
- Qué premios tiene: ....
- Otras profesiones: ....
- Títulos de sus obras: ....

 CONTINÚA

2 Dos miembros de cada grupo vais a otro grupo para realizar la entrevista. Uno hace la entrevista, otro responde adoptando el papel del escritor, y el tercero toma nota de las respuestas.

Fíjate

> ✕ Una entrevista de estas características empieza generalmente con un párrafo con los datos personales del entrevistado, el lugar donde se realiza la entrevista… Normalmente se toman notas y, si el entrevistado lo permite, se puede grabar la conversación.

3 Ahora debéis volver a vuestro grupo y redactar la entrevista. Uno de vosotros escribe, otro comprueba el contenido y el tercero, la forma. Seguid estas pautas.

Redactar una entrevista

> ✕ Una entrevista se compone de los siguientes elementos:
> * Título: puede ser una frase que ha dicho el entrevistado.
> * Entrada: breve introducción del personaje:
>   –*Isabel Allende, escritora chilena nacida en 1942. Sobrina del presidente Salvador Allende. Ha cultivado el periodismo, la novela, los cuentos infantiles y el teatro.*
> * Serie de preguntas-respuestas.
> * Fin de la entrevista: suele ser la última respuesta del entrevistado o una breve despedida:
>   –*Dejamos a Isabel que tiene que volver a la ciudad de San Rafael, donde actualmente reside.*
>
> ✕ Recordad que no es obligatorio seguir el orden estrictamente cronológico en el que se han ofrecido las respuestas, pero es importante ser fiel a las palabras del entrevistado.

4 Cada grupo entrega la entrevista al profesor para corregirla.

5 Corregid el texto según las indicaciones del profesor y, después, publicad la entrevista.

> | 4 | Cuando el profesor te da un texto corregido, ¿qué haces? Coméntalo con tus compañeros.

☐ Lees la redacción de nuevo con las correcciones.

☐ Cuentas el número de errores.

☐ Escribes una lista con tus errores.

☐ Seleccionas los errores que repites con frecuencia.

☐ Haces una nueva redacción y comparas resultados.

☐ Comparas la última redacción con otras anteriores.

☐ Otro: ....

¿Qué he aprendido?

1 ¿Para qué usamos el pretérito perfecto? ....

2 El pretérito perfecto se forma con el presente del verbo *haber* más el participio del verbo correspondiente. Escribe cinco participios irregulares.

* .... * .... * .... * .... * ....

3 ¿Qué es un marcador temporal? ....

4 Escribe cuatro marcadores temporales de pretérito perfecto.

* .... * .... * .... * ....

5 Ahora que conoces el pretérito perfecto, llevar un diario de clase puede ayudarte a controlar tu proceso de aprendizaje.

* ¿Qué he hecho en clase?
* He tenido dificultades en...
* He mejorado en...

Contenidos funcionales

- Dar/Pedir opinión.
- Expresar acuerdo y desacuerdo.
- Dar instrucciones.
- Formas para expresar la negación.

Contenidos gramaticales

- *Creo que/Pienso que/Para mí* + opinión.
- Verbo *parecer*.
- *Yo estoy de acuerdo con/No estoy de acuerdo con* + opinión.
- La negación.
- Imperativo afirmativo: regulares y algunos irregulares.

Tipos de texto y léxico

- Artículos de opinión.
- Mensajes y opiniones en un foro.

El componente estratégico

- Recursos para reflexionar sobre los hábitos de aprendizaje de la lengua.
- Identificación de herramientas y estrategias que faciliten el aprendizaje.

Contenidos culturales

- Días festivos y vacaciones en España.
- Días internacionales dedicados a causas concretas.

Fonética

- Variedades del español.

---

1 · DÍAS DE FIESTA

>|1| Lee la siguiente entrevista que hace una periodista sobre los días de fiesta en España. Fíjate en las palabras que están resaltadas en naranja.

Sara, 32 años

¿Qué opina de los días festivos?

A mí me gustan los días festivos porque puedo disfrutar con mi hijo. Pero no me gustan las vacaciones escolares, porque si mi hijo tiene fiesta y mi marido y yo no, es un problema… ■

¿Cree que los niños tienen muchos días de fiesta?

Sí… Yo pienso que los niños en la escuela tienen muchas fiestas. Yo no estoy de acuerdo con este sistema… A ver… Me encanta estar con mi hijo, pero tantos días de fiesta…, ¿quién cuida del niño? ■

Marisol, 14 años

¿Qué te parecen los días de fiesta?

Para mí, los días festivos son los mejores del año. Puedes levantarte tarde, ver la tele, salir con los amigos… ¿Sabes qué piensa mi madre? Pues todo lo contrario. Ella opina que lo mejor son los días laborables… ¡Qué horror! ¿Qué te parece? ■

Juan, 69 años

¿Y usted, ¿qué piensa de los días festivos?

Yo no sé si en España tenemos muchos días festivos o pocos. A mí me parece que no están mal… Bueno, como ahora no trabajo, para mí todos los días son festivos… ■

Ángel, 41 años

¿Qué piensas de los días festivos?

Bueno… Todos mis amigos dicen que en España están muy mal repartidos los días festivos… Eh, eh, creo que tienen razón, pero mi pareja y yo somos profesores y tenemos las mismas fiestas que los niños… ¡Para nosotros es fantástico!, ¿verdad? ■

| 1.1. | Ahora, leed el cuadro y completadlo con las expresiones resaltadas del texto anterior.

Para pedir y dar una opinión

✗ Para **pedir** una opinión:
- ¿Qué opina/opinas de
- ¿[1] ....
- ¿[2] ....
- ¿Qué te parece/parecen

+ tema?

✗ Para **dar** una opinión:
- (Yo) [3] ....
- (Yo) Creo que
- A mí me parece que
- [4] ....
- Opino/Opina que

+ opinión

✗ Para **mostrar acuerdo** respecto a la opinión:
- **Estoy** (totalmente) **de acuerdo** (**con** este sistema/contigo/con usted...).
  – Estoy totalmente de acuerdo contigo.

✗ Para **mostrar acuerdo parcial**:
- [5] ..../tiene .... pero...

✗ Para **mostrar desacuerdo** con las opiniones de otros:
- (Yo) [6] .... (**con** este sistema/contigo/con usted...) porque...
- ¡Ni hablar!

Fíjate

✗ El verbo *parecer* se construye igual que el verbo *gustar*:
  – (A mí) **me parece** una buena idea./(A mí) **me gusta** la idea.
  – (A nosotros) **nos parece** una buena idea./ (A nosotros) **nos gusta** la idea.
  – (A mí) **me parecen** unas medidas muy razonables./(A mí) **me gustan** estas medidas.

| 1.2. | En equipos de cuatro, elegid uno de estos temas o incluid un tema que os interese a todos para preparar un debate. Una parte del grupo argumenta a favor y otro en contra. Realizad el debate delante de los otros grupos.

✗ Descarga de música y películas por Internet.
✗ Fumar en espacios públicos.
✗ Libro en papel o digital.

✗ Redes sociales.
✗ . . . .
✗ . . . .

| 1.3. | Votad a los equipos y elegid el debate que más os ha gustado. Escribid un texto de 100 palabras con vuestra opinión personal.

¡NI HABLAR!

> | 1 | Escucha los siguientes diálogos y anota a qué situación corresponden. ¿Sabes lo que tienen en común?
| 28 |

Diálogo

1 Marta y Sergio son novios y están enfadados. . . . . ○
2 Ernesto está en casa de su abuela. . . . . ○
3 Tania y Marta hablan sobre las vacaciones de sus hijos. . . . . ○
4 Ana se ha enfadado con su mejor amiga y se lo cuenta a su madre. . . . . ○

| **Intercultura** |

Fíjate

✗ En español existen diferentes formas de decir **no**. Normalmente es muy difícil escuchar a un hablante de español decir solamente **no**. **¿Pasa lo mismo en tu país?**

| 1.1. |  Ahora, leed los diálogos y subrayad las palabras o expresiones que indican negación.

A Ana se ha enfadado con su mejor amiga y se lo cuenta a su madre.

● ¡María es insoportable! Siempre se ríe de mí.

○ Bueno, bueno, no lo creo. Ya sabes que ella es muy bromista y le encanta divertirse. Tienes que hablar con ella y decirle que estás molesta.

● ¡Ni hablar! No quiero ni verla.

B Marta y Sergio son novios y están enfadados.

● ¿Por qué te enfadas ahora, Sergio?

○ ¿Que por qué me enfado? No, por nada… Solamente que en media hora quedamos con María y Miguel para ir al cine, y ahora me dices que no puedes ir.

● Lo siento…

○ Siempre es lo mismo. ¡Nunca se pueden hacer planes contigo!

● ¡Anda! ¡Solo es hoy, que no puedo!

○ ¡Que no! Que ni hoy ni nunca.

C Ernesto está en casa de su abuela.

● ¿Quieres comer algo más?

○ No, gracias, abuela, no tengo hambre.

● Pero si no comes nada. ¿De verdad que no tienes hambre?

○ Que no, abuela, que no quiero nada.

D Tania y Marta hablan sobre las vacaciones de sus hijos.

● Este año mis hijos van a pasar las vacaciones de verano con sus abuelos… ¿Y los tuyos?

○ No lo sé. El año pasado fueron a un campamento y lo pasaron muy mal, así que no los vuelvo a llevar nunca jamás. ¡Fue horrible!

| 1.2. | Leed la información del cuadro y comprobad el resultado del ejercicio anterior. Luego
| 28 | escuchad de nuevo los diálogos y fijaos en la entonación.

Expresar negación

✗ Negación **débil o neutra**:	✗ Negación **fuerte**:	✗ **Doble** negación:
• Bueno, bueno, no…	• ¡Ni hablar!	• No + verbo + nada.
• No + información.	• No quiero ni + infinitivo.	• Nunca jamás.
• Nunca + información.	• ¡Que no!	• Ni… ni…

Fíjate

✗ Al escuchar, presta especial atención a la intensidad en la entonación de la negación, así puedes saber si la negación es débil, neutra o fuerte.

| Intercultura |

| 1.3. | Comparad los tipos de negación que se dan en español con los de vuestra lengua. ¿Qué diferencias hay? Luego escribe en este cuadro las conclusiones.

En español	En tu lengua
Negación débil o neutra →	
Negación fuerte →	
Doble negación →	

Grupo cooperativo

> | 2 | Vamos a decidir qué días deben ser festivos en todo el mundo.

1 Dividid la clase en tres grupos: A, B y C.

2 El profesor os va a entregar una ficha con catorce días internacionales dedicados a una causa. Leed las explicaciones que se dan.

3 Una vez leída la ficha, escoged siete fechas para proponer como festivos en todo el mundo. Hay que pensar en las razones de por qué deben ser festivos y ponerse de acuerdo entre los miembros del grupo.

4 Un delegado de cada equipo escribe en la pizarra las propuestas de su grupo.

5 Una vez escritas las tres listas, haced una lista única escribiendo, en primer lugar, las fechas en las que coincidís todos los grupos, y discutiendo y llegando a un acuerdo final sobre el resto de fechas. Argumentad vuestras explicaciones e intentad convencer a los otros grupos de que los días que habéis escogido son más importantes.

Yo pienso que el Día Internacional de la Lengua Materna tiene que ser festivo, porque la lengua es muy importante para comunicarnos...

Yo no estoy de acuerdo, creo que es más importante el Día de los Docentes porque ellos nos enseñan mucho.

Sí, yo estoy de acuerdo con Ana./No, yo no, ¡ni hablar!

RECORRE SUDAMÉRICA

> | 1 | | 29 | La página web *www.saltamontes.es* propone unos consejos para viajar a Sudamérica. Escucha y relaciona los mensajes con los consejos.

Recorre Sudamérica

Recorre Sudamérica

La aventura llamada Sudamérica, todo lo que buscas y más

Muchos turistas viajan a Sudamérica desde Argentina hasta Colombia, descubriendo los Andes, la belleza de sus playas, la alegría de su gente, su música y gastronomía, sus costumbres y lo mejor de su folclore y forma de vida. El idioma más hablado es el español, seguido del portugués, muy poco del inglés y, por supuesto, de las lenguas indígenas. No lo pienses más, presta atención a los siguientes consejos y lánzate a la aventura sudamericana.

Adaptado de http://www.saltamontes.es/10-tips-para-recorrer-sudamerica

Mensajes

1 Planea tu ruta.............................. ☐

2 Piensa en cuánto tiempo necesitas para el viaje.. ☐

3 Haz el presupuesto del dinero que vas a gastar. .. ☐

4 Calcula el dinero en dólares. .... ☐

5 Vacúnate. .... ☐

Mensajes

6 Crea tu propio blog. .... ☐

7 Controla tus visados. .... ☐

8 Viaja ligero de equipaje. .... ☐

9 Toma precauciones para viajar seguro. .... ☐

10 Haz amigos durante el viaje. .... ☐

El imperativo

✕ Las palabras en negrita son una nueva forma verbal que se llama **imperativo**. Lo utilizamos en español, entre otros usos, para dar instrucciones, órdenes y consejos.

| **1.1.** | ¿Qué consejos os parecen más útiles? ¿Cuáles son los más importantes para viajar a Sudamérica? ¿Se os ocurren otros?

| **1.2.** | Observa con atención el cuadro sobre el imperativo afirmativo y completa con alguna de las formas anteriores.

El imperativo afirmativo

	x Verbos en **–ar** x	x Verbos en **–er** x	x Verbos en **–ir** x
Tú	[1]	com**e**	sub**e**
Usted	viaj**e**	com**a**	sub**a**
Vosotros/as	viaj**ad**	com**ed**	sub**id**
Ustedes	viaj**en**	com**an**	sub**an**

x **Formas irregulares**

- Los verbos que tienen una irregularidad vocálica en **presente** de indicativo mantienen el cambio vocálico en imperativo: *cierra, pide, cuenta, empieza,* [2] ...., *sirve...*
- En el **imperativo afirmativo** los pronombres siempre van después del verbo y forman una sola palabra: *siéntate, sígueme, sírvanse,* [3] ...., *cuéntaselo...*

| **1.3.** | A continuación tienes algunos verbos irregulares en imperativo afirmativo que son de uso frecuente. Completa la tabla con las formas del recuadro.

x tened	x venid	x haz	x ve	x ponga	x sal

Otros verbos irregulares frecuentes de imperativo

x Ir x	x Venir x	x Poner x	x Hacer x	x Tener x	x Salir x
[1]	ven	pon	[4]	ten	[6] ....
vaya	venga	[3]	haga	tenga	salga
id	[2]	poned	haced	[5]	salid
vayan	vengan	pongan	hagan	tengan	salgan

Intercultura

| **1.4.** | Dad consejos para viajar a vuestros países. ¿Son diferentes a los que habéis leído antes? Comentádselo al resto de la clase y comparadlos.

> **| 2 |** Si quieres darte de baja o eliminar tu cuenta de Facebook, debes seguir los siguientes pasos. Observa la forma para dar instrucciones y subraya todas las formas verbales que se usan.

- Inicia sesión en la cuenta de Facebook que quieres dar de baja.
- Haz clic en la pequeña flecha al lado de *Inicio* (arriba a la derecha) y selecciona *Configuración de la cuenta*.
- En la columna de la izquierda, haz clic en *Seguridad*, y en la parte inferior del panel de la derecha *Desactivar cuenta*.
- En la ventana que se abre, marca una de las casillas para indicar el motivo por el que quieres desactivar tu cuenta. Luego pulsa *Confirmar*.
- En la ventana que se abre, escribe tu contraseña y haz clic en *Desactivar*.
- Va a aparecer un mensaje indicando que tu cuenta ha sido desactivada. Si algún día quieres reactivarla, simplemente inicia sesión utilizando tu correo electrónico y tu antigua contraseña.

| 2.1. | Ahora, tomando como modelo el texto anterior, escribid las instrucciones para hacer lo que os proponemos.

- ✗ Enviar un mensaje SMS.
- ✗ Abrir un paraguas.
- ✗ Comer un helado.
- ✗ Cortar el pelo.
- ✗ Otras de vuestra elección:
  ....
  ....

Intercultura

> | 3 | ¿Dónde podemos leer instrucciones? ¿Cómo se dan órdenes o instrucciones en tu lengua? ¿Existe en tu lengua un tiempo verbal equivalente al imperativo?

¿QUÉ TIPO DE ESTUDIANTE ERES?

> | 1 | Un profesor de español como lengua extranjera ha escrito este artículo sobre los diferentes tipos de aprendizaje de los estudiantes que tiene en su clase. Léelo con atención y escribe el tipo de estudiante que está comentando, en el lugar que corresponda según el texto.

- ✗ traductor
- ✗ gramático
- ✗ cooperativo
- ✗ memorista
- ✗ comunicativo

No todos los estudiantes son iguales

Cuando uno estudia y habla una lengua extranjera, realiza una inmersión en su cultura, se convierte en plurilingüe y desarrolla habilidades interculturales. Aprender una lengua es salir a descubrir a otros, conocer su manera de vivir, de pensar, de expresarse. Todos sabemos que hay muchas y diferentes formas de aprender una segunda lengua, ya que cada persona tiene una manera de estudiar, unas costumbres, unas habilidades y unos objetivos diferentes.

En un aula, tenemos alumnos que prefieren aprender a través de un estudio basado en el aprendizaje y aplicación de las reglas gramaticales. Estos estudiantes suelen hacer muchos ejercicios para aplicar las reglas, estudian muchas estructuras y también mucho vocabulario. Aprenden la lengua con el objetivo de adquirir una buena competencia lingüística (el ....).

Hay otros estudiantes que prefieren aprender a partir de la traducción. Su interés se centra en la comparación entre su lengua materna y la que están estudiando. El estudio de la gramática comparada les ayuda a avanzar y mejorar su aprendizaje. Para estos estudiantes, el diccionario se convierte en una estrategia muy importante para aprender y suelen hacer un buen uso de él (el ....).

Otros alumnos tienen como objetivo la comunicación; su interés se centra en el aprendizaje de estructuras que sirven para comunicarse (funcionales) pero también están interesados en aprender el sistema de la lengua. Buscan adquirir conocimientos suficientes para comunicarse de manera competente con hablantes nativos (el ....).

También encontramos a estudiantes que disfrutan con las actividades en grupo. Les gusta la interacción, las relaciones afectivas con sus compañeros, la colaboración en las tareas... Quieren aprender de sus compañeros y el resultado de su trabajo es colectivo porque requiere la responsabilidad, el trabajo y la ayuda de todos los estudiantes del grupo (el ....).

Algunos estudiantes aplican la técnica de la memorización. Memorizar de manera automatizada no es muy útil. Sin embargo, estos alumnos suelen sintetizar la materia de manera ordenada y hacer resúmenes. También recuerdan ideas específicas, imágenes, hacen asociaciones..., y, a partir de ahí, pueden recordar otros detalles que por sí solos tal vez no recordarían. Trucos para agilizar la memoria que a muchos les dan muy buen resultado (el ....). ∎

| 1.1. | Comparad vuestras respuestas y, entre todos, responded a las siguientes preguntas.

1 ¿Qué tipo de estudiante creéis que puede aprender más?

2 ¿Creéis que el estudiante cooperativo aprende menos que el estudiante que trabaja individualmente? ¿Por qué?

3 ¿Alguno sabrá más gramática? ¿Cuál/es?

4 ¿Qué pensáis sobre aprender de memoria? ¿Alguna vez lo habéis practicado? ¿Os acordáis de lo que aprendisteis? ¿Por qué?

| **Sensaciones** |

| 1.2. | Ahora, escribe un texto breve sobre ti mismo, sobre tu manera de aprender español: tus hábitos, tus estrategias, tus características... Te servirá de muestra el artículo del profesor de español. No debes poner título a tu texto.

| 1.3. | Intercambia tu descripción con un compañero. Lee su descripción y ponle un título.

| 1.4. | Leed en voz alta los perfiles y entre todos decidid qué perfil es más común en la clase. ¿Cómo sería el perfil del estudiante perfecto?

>| 2 | Vamos a elaborar un decálogo de instrucciones para un estudiante de español. Decid qué estrategias, herramientas, hábitos o actitudes son necesarias para estudiar una segunda lengua. Os damos algunas sugerencias pero hay muchas más.

- Busco y hago ejercicios en Internet.
- Utilizo un diccionario electrónico para traducir los textos antes de ir a clase.
- Tengo un perfil en una red social para hablar con amigos en español.
- Tengo un amigo de Ecuador y hablo con él en español.
- Para practicar la fonética veo una serie de televisión y repito en voz alta todos los diálogos.
- Estudio con un manual de gramática con traducciones a mi lengua.

(...)

| 2.1. | Compartid las conclusiones de cada grupo y elaborad un cartel para la clase con los diez mejores consejos que se han mencionado en la conversación.

Ejemplo: –***Utiliza*** *Internet para completar tu formación de clase.*

5 VARIEDADES DEL ESPAÑOL

>| 1 | La pronunciación del español varía según el origen del hablante. Vas a escuchar una serie de palabras pronunciadas dos veces: una vez por un español y la otra por una persona de otro país. ¿Cuál es la principal diferencia que observas? Escúchalas con atención.

[30]

x azúcar   x pesadilla   x hacer   x ceniza   x cereza   x gracias

Recuerda

x El seseo alcanza a todas las regiones de Hispanoamérica, el centro-sur de España y las islas Canarias. Consiste en pronunciar el sonido /s/ en lugar del correspondiente sonido /θ/.

> | **2** | 🎧 🔊 Vas a escuchar tres textos diferentes. Presta atención y marca las palabras que escuchas.
| 31 |

| **1** | ☐ casa | ☐ cocina | ☐ yo | ☐ almorzar | ☐ cena | ☐ azul |

| **2** | ☐ nubes | ☐ principio | ☐ razón | ☐ vastas | ☐ desaprobaba | ☐ volar |

| **3** | ☐ mañana | ☐ tarde | ☐ remota | ☐ hielo | ☐ renuncié | ☐ señalarlas |

> | **3** | ☻ 💭 ¿Podríais identificar de dónde son las personas que habéis escuchado anteriormente? ¿Qué os lleva a esa conclusión?

> | **4** | 🌐 🔊 Volved a escuchar la audición y, en grupos, haced un listado de las principales diferencias que
| 31 | habéis observado entre los distintos hablantes de español. Tened en cuenta los siguientes puntos:

A La pronunciación: reconocimiento del seseo.

B El vocabulario: palabras que os llaman la atención.

C Entonación: si la curva melódica es más o menos acentuada (exagerada) que en la variedad de España.

¿Qué he aprendido?

1 Clasifica las siguientes estructuras en la columna correspondiente.

> ✗ Sí, claro, pero…   ✗ ¿(Tú) qué dices?   ✗ Ni hablar.   ✗ (Yo) creo que…
> ✗ (Yo) no estoy de acuerdo con…   ✗ ¿A ti qué te parecen?   ✗ Yo estoy de acuerdo con…   ✗ Para mí,…

Dar una opinión	Pedir una opinión	Mostrar acuerdo o acuerdo parcial	Mostrar desacuerdo o desacuerdo parcial

2 Escribe los usos del imperativo que has aprendido en esta unidad.

3 Escribe las instrucciones para poner en marcha una lavadora.

4 Completa este diálogo según la situación que se describe.

Estás en casa de tu amiga, te ofrece comida pero tú no tienes hambre.
Tu amiga: *¿Quieres comer algo?*
      Tú: ....
Tu amiga: *Nunca quieres comer nada. ¿De verdad que no tienes hambre?*
      Tú: ....

5 Reflexionar sobre el tipo de estudiante que soy cuando estudio español me ayuda a…:

	Mucho	**Bastante**	**Un poco**
1 …tomar conciencia sobre mis hábitos de aprendizaje.	○	○	○
2 …saber qué ámbito de la lengua valoro más: gramatical, comunicativo…	○	○	○
3 …encontrar recursos que me faciliten el aprendizaje.	○	○	○
4 …intercambiar opiniones con mis compañeros de estudios y conocer sus estrategias y recursos para aprender la lengua.	○	○	○

6 Utiliza las formas de opinión que has aprendido para valorar tu aprendizaje a lo largo de este curso. ¿Qué es lo más fácil para ti? ¿Y lo más difícil?

Contenidos funcionales

- Pedir y dar información sobre motivos y razones de aprendizaje.
- Expresar opiniones, actitudes y conocimientos con respecto al aprendizaje.
- Hacer recomendaciones con respecto al aprendizaje.
- Preguntar preferencias y expresar gustos. Valorar.
- Pedir y dar información personal.
- Organizar el discurso.

Contenidos gramaticales

- Revisión del presente de indicativo: verbos regulares e irregulares.
- *Es útil/bueno/necesario* + infinitivo.
- *Tener que* + infinitivo.
- *Poder* + infinitivo.
- Revisión de construcciones valorativas: *gustar*, *preocupar*, *molestar*...
- Nexos para la coherencia y cohesión textuales.

Tipos de texto y léxico

- Presentaciones públicas.
- Conversaciones cara a cara informales sobre actividades cotidianas, tiempo libre, gustos e intereses.
- Entrevista de radio.
- Artículo de prensa.
- Léxico relacionado con el transporte.
- Léxico relacionado con el aprendizaje de una lengua.

El componente estratégico

- Motivación del aprendizaje del español a través de la identificación y descripción de situaciones en las que el español se emplea como vehículo de comunicación en el mundo.
- Observación sistemática en relación con el modo de afrontar el aprendizaje.
- Aplicación de diversas estrategias para aprender español de manera eficaz.

Contenidos culturales

- El tiempo de ocio de jóvenes y adultos en España.
- La contaminación en las grandes ciudades hispanoamericanas.

Ortografía/Fonética

- Fonemas vocálicos del español.
- Diptongos y triptongos.

---

1 ¿CÓMO APRENDES ESPAÑOL?

> | 1 | 👥 🌐 **Todas estas personas están aprendiendo español. Habla con tu compañero y describid cómo lo están haciendo.**

1 ....

2 ....

3 ....

4 ....

5 ....

6 ....

| **1.1.** | 🌀 ⚙️ Fijaos en el siguiente cuadro y completadlo.

Expresar opiniones, actitudes y conocimientos. Hacer recomendaciones

✗ Para **expresar opiniones y actitudes** sobre **el aprendizaje** puedes usar:

• **Para mí** es	(muy) útil		*chatear con amigos españoles.*
• **En mi opinión** es	(muy) bueno	+	....
• **Pienso que** es	necesario		....

✗ Para **hacer recomendaciones** sobre **el aprendizaje** puedes usar:

• **Tienes que**	+ infinitivo + *para* + infinitivo.
• **Puedes**	

  – **Tienes que** *leer textos para aprender vocabulario.*
  – **Puedes** *cantar canciones para practicar la pronunciación.*
  – **Tienes que** *tener un cuaderno de ejercicios para practicar.*

| **1.2.** | 🌀 ✚ Vamos a conocer la opinión de la clase. Haz las preguntas de este test a un compañe-ro y marca sus respuestas en las casillas correspondientes. Luego, anota qué estrategias utiliza para aprender eficazmente.

Y tú, ¿cómo aprendes?		Sí	No	No sé / No estoy segura/o
1 ¿Para ti es útil escuchar la radio, ver la televisión...?		☐	☐	☐
2 ¿En tu opinión es necesario utilizar un diccionario bilingüe?		☐	☐	☐
3 ¿Piensas que es bueno hacer intercambios con estudiantes españoles?		☐	☐	☐
4 Sus estrategias:				

....
....
....
....

| **1.3.** | 🌀 ✚ Poned en común los resultados de las preguntas del ejercicio anterior y preparad entre todos un póster para colgar en la clase con las diez mejores recomendaciones para aprender español.

El decálogo del estudiante de español

....
....
....
....
....
....
....
....

> | 2 |  **Vamos a conocernos mejor. Formad equipos, leed la presentación personal de esta profesora y seguid las pautas.**

Me llamo Marta Egido Savater y soy la profesora de español de nivel A2. Tengo 27 años y vivo en un piso muy pequeño en el centro de la ciudad, cerca de la Plaza Mayor. Me gustan mucho las mascotas y tengo una gata que se llama Nimi y un perro que se llama Yako. Vivo con mi pareja, Arturo, que es ingeniero informático. Los martes y los jueves vengo a la escuela en autobús y, cuando salgo de clase, suelo hacer algo de deporte, unos días voy a nadar y otros voy al gimnasio. También hago yoga los fines de semana. Entre semana, Arturo y yo salimos poco porque nos levantamos muy pronto para trabajar y no podemos acostarnos tarde, pero los fines de semana damos una vuelta con amigos, vemos una película en el cine o salimos a cenar a un restaurante asiático donde tienen una comida exquisita que nos encanta, así que el sábado por la noche duermo poco. El domingo por la mañana hago muchas cosas en casa y por la tarde prefiero descansar. Por la noche pedimos una pizza y nos sentamos tranquilamente a ver nuestra serie de televisión favorita que empieza a las diez.

1 Vuestro profesor os dará unas tarjetas en las que debéis completar las formas correctas del presente de indicativo regular. ¡Vamos a ver qué equipo es el primero en tenerlas todas!

2 Subrayad todos los verbos en presente de indicativo del texto y separadlos en regulares e irregulares.

Verbos regulares	Verbos irregulares

3 Comprobad si tenéis los mismos verbos y clasificad los irregulares en la columna correspondiente. Un estudiante de cada equipo revisará los resultados y otro los escribirá en la pizarra. Comprobad si el resultado es el mismo en todos los equipos.

Irregularidades vocálicas E>IE, O>UE, E>I	Irregularidades en 1.ª persona	Más de una irregularidad	Otras irregularidades
suelo (soler)	salgo (salir)	tengo (tener)	soy (ser)

Fíjate

Los verbos como *pedir*, *servir*, *despedir*, *repetir*, *vestirse*, *reírse*... tienen una irregularidad vocálica que consiste en transformar la **e** del infinitivo en **i**:

Pedir

Yo	pido	Nosotros/as	pedimos
Tú	pides	Vosotros/as	pedís
Él/ella/usted	pide	Ellos/ellas/ustedes	piden

4 Formad parejas y escribid una presentación de vuestro compañero como la de Marta. No olvidéis añadir a la información personal, los motivos y razones por los que estudia español y sus recomendaciones para aprender mejor una lengua.

5 Mezclad las presentaciones, elegid una al azar y leedla al resto de la clase. ¿Podéis adivinar de quién es?

> | 3 | Observa a estos alumnos, ¿quién dice qué? Hay dos frases de más. Localízalas y, después, comprueba tu respuesta con tus compañeros.

1 ☐ Más tranquila. Ahora domino la conjugación del presente de los verbos en español.

2 ☐ ¡Uf, muy nerviosa! ¡Hay tantos verbos irregulares!

3 ☐ ¡Bua, aburrida! Todo esto ya lo conozco.

4 ☐ ¡Aterrorizado! No voy a aprender esto en la vida.

5 ☐ ¡Genial! ¡Ahora puedo hablar mucho mejor!

6 ☐ Frustrado. Creo que el presente de indicativo es muy difícil de aprender.

¿CÓMO TE DIVIERTES?

> | 1 | Observad las fotos, ¿qué hacen estas personas?

| 1.1. | ¿Qué opináis de estas afirmaciones sobre el tiempo de ocio de los españoles? Decidid entre todos si son verdaderas o falsas.

	verdadero	falso
1 Todos los españoles se divierten de la misma manera, no importa su edad.	V	F
2 Los jóvenes españoles prefieren cenar fuera de casa.	V	F
3 Los jóvenes y los adultos lo primero que hacen cuando salen es ir a cenar a un restaurante.	V	F
4 Todos los españoles van en coche cuando salen los fines de semana.	V	F

>|2| Lee el resultado de una encuesta sobre el ocio de los españoles. ¿Te sorprende? Comenta con tu compañero la información que aparece.

Según los datos proporcionados por la empresa PREGUNTEL, sobre una encuesta realizada en varias ciudades españolas, la forma de divertirse de los jóvenes y de los adultos es muy diferente.

Tanto unos **como** otros prefieren, generalmente, salir a quedarse en casa. La diferencia está en la hora de volver. Los adultos suelen retirarse sobre las dos o tres de la mañana, **en cambio**, muchos jóvenes optan por quedarse hasta mucho más tarde, **así que** la mayoría suele cenar en casa y salir después para gastar menos en comida y poder ir a varios sitios a tomar algo.

Los de treinta en adelante prefieren ir a cenar con los amigos a un restaurante, o bien tapear en diferentes bares. **En primer lugar**, porque son independientes económicamente y, **en segundo lugar**, porque buscan la tranquilidad y la diversión de una buena conversación con sus amigos de siempre. **Por esta razón**, suelen reunirse a eso de las nueve, tomar algo en un bar y después ir al sitio donde van a cenar.

En invierno, en las ciudades, nos encontramos, **por un lado**, a los jóvenes, en locales de zonas peatonales que permiten ir de bar en bar sin andar mucho y, **por otro lado**, a los adultos, a los que no les importa ir en coche y que prefieren estar en un solo sitio más tranquilo, **es decir**, un lugar para poder charlar y pasar una noche agradable.

También hay muchos jóvenes y adultos que optan por el cine o quedarse en casa, **aunque** casi siempre hay un día del fin de semana para salir.

En definitiva, jóvenes y adultos pasan su tiempo de ocio de distinta manera, **pero** lo que sí es cierto es que la mayoría de los españoles sale a la calle a divertirse. ◼

|2.1.| Hay palabras que sirven para organizar y unir el discurso. Se llaman *nexos* o *conectores*. En la encuesta anterior aparecen en negrita. Fíjate en su clasificación y añade los nexos que están debajo en su lugar correspondiente.

Organizar el discurso

⌧ Para **comenzar el discurso** o **texto escrito**:

Según,

⌧ Para **añadir información**:

También,

⌧ Para **introducir** una **idea contraria** o una **objeción**:

Aunque, pero,

⌧ Para **argumentar** nuestras ideas o añadir una **consecuencia**:

Por esta razón, así que,

⌧ Para **aclarar información**:

Es decir,

⌧ Para **ordenar** las **ideas**:

En primer lugar…, en segundo lugar…; por un lado…, por otro lado…;

⌧ Para **comparar ideas**:

Tanto… como, en cambio,

⌧ Para **finalizar** el **discurso** o **texto escrito**:

En definitiva,

⌧ por una parte… por otra parte

⌧ de esta manera

⌧ asimismo

⌧ o sea

⌧ por el contrario

⌧ finalmente

⌧ en resumen

⌧ por tanto

⌧ sin embargo

⌧ para empezar

⌧ además

> | 3 |  Yasuko y Marcus están hablando sobre el resultado de la encuesta anterior, pero hay cosas que no han entendido bien. ¿Podéis corregirlas con la información del texto?

> Los españoles prefieren quedarse en casa en su tiempo libre.

> Todos los españoles salen a cenar fuera de casa.

> Los jóvenes en España salen hasta las dos o las tres de la mañana y los adultos vuelven a casa mucho más tarde.

> Los mayores de treinta prefieren cenar en casa y después salir con sus amigos.

| Intercultura |

> | 4 | Escribe una breve redacción (100-150 palabras) sobre lo que hace la gente en tu país para divertirse utilizando los conectores que has aprendido. Tu profesor la corregirá y después podrás leerla al resto de la clase.

3 ¿QUÉ TE GUSTA?

> | 1 | ¡Dime qué coche prefieres y te diré quién eres! Fíjate en las personas de las fotos. A todas les encanta conducir cada día para ir a su trabajo. Mirad las fotos y decidid qué tipo de coche prefiere cada una de ellas. Luego escribid una justificación de vuestra elección para cada personaje.

Ejemplo:
- El primero es deportista y a los deportistas les encantan los coches muy caros.
- No, seguro que prefiere uno sencillo y práctico.

> Es deportista y seguro que le gustan los coches caros. Su coche es el número 2 porque...

> | 2 | 👥 🔊
|32|
Escucha esta entrevista de radio en la que estas cuatro personas hablan sobre sus preferencias para ir a su trabajo. Completa los cuadros y comprueba los resultados de la actividad anterior.

¿Quién es?
1 ....
2 ....
3 ....
4 ....

¿A qué se dedica?
1 ....
2 ....
3 ....
4 ....

| 2.1. | 👥 🔊
|32|
Vuelve a escuchar y completa la tabla con la información que han dado los personajes de la entrevista.

	Mario	Benito	Carla	Sonja
¿Le gusta su trabajo?				
¿Cuántas horas trabaja?				
¿Dónde trabaja?				
¿Cómo va cada día a trabajar?				

| 2.2. | 🎲 🌐
Ahora que ya sabéis quién conduce estos coches, ¿os han sorprendido los resultados? ¿Qué os parecen las respuestas de los cuatro personajes? Preparad una presentación de un minuto explicando con quién os identificáis y por qué. Comentadla con el resto de la clase.

> | 3 | 👥 🎲
¿Recuerdas la forma del verbo *gustar*? Es un verbo especial que, generalmente, se conjuga en tercera persona. Hay bastantes verbos que tienen la misma estructura: *encantar, apetecer, interesar, molestar, preocupar*... Fíjate en los ejemplos, analízalos y completa el cuadro.

Los verbos como *gustar*

(A mí)		....	**gusta**	• infinitivo
(A ti)		te	**preocupa** +	• nombre en ....
(A él/ella/.............)	(no)		**molesta**	
(A nosotros/as)		nos	**gustan**	
(A ....)		os	**preocupan** +	• nombre en ....
(A ellos/ellas/ustedes)		les	**molestan**	

– *A usted le gusta el transporte público.*

– *A vosotras os preocupa mucho el cambio climático.*

– *Me molestan los ruidos.*

| 3.1. | 👥 🎲
Forma frases con las siguientes palabras.

1 Yo/preocupar/la contaminación . . . .

2 Ellos/gustar/el transporte público . . . .

3 Ustedes/encantar/ir en metro . . . .

4 Nosotros/no interesar/los coches . . . .

5 ¿Tú/apetecer/dar un paseo/bici?. . . . .

> | 4 | Lee el siguiente artículo sobre la calidad del aire en América Latina. Luego, escribe tu opinión personal sobre el tema de la contaminación y el transporte. ¿Qué situación hay en tu ciudad? Puedes utilizar los verbos del cuadro de la actividad anterior.

Según el Departamento de Salud Pública y Medioambiente de la Organización Mundial de la Salud (OMS), el 75 por ciento de la población de América Latina y el Caribe vive en áreas urbanas con serios problemas de calidad del aire, lo que aumenta los índices de mortalidad. Conducir en México D.F. es una pesadilla, mientras que hacerlo en Montreal puede resultar un placer. El principal problema es que la gente prefiere viajar en coche a utilizar los medios de transporte públicos y, como sabemos, los vehículos son una de las principales causas de contaminación en las ciudades, y uno de los principales culpables de las emisiones de gases de efecto invernadero que causan el calentamiento global.

Analizadas 17 ciudades hispanoamericanas, la mayoría iguala el máximo de contaminación aconsejado por la OMS, y hay 8 ciudades que están por encima de ese máximo. En algunas ciudades estos problemas se agravan por la geografía de su región, bien porque están rodeadas de montañas como Santiago de Chile, o en una depresión del terreno como Ciudad de México. Por eso, hay veces que es difícil mejorar la calidad del aire cuando la geografía y el clima están en contra. No obstante, el principal problema es el tráfico de coches. Obviamente, uno, como usuario, puede contribuir utilizando el transporte público, pero sin políticas de los gobiernos y conciencia global no sirve de mucho, ya que hay ciudades en las que el transporte público no es suficiente para todos sus ciudadanos. Claramente, los gobiernos tienen que tomar cartas en el asunto. ■

| 4.1. | ¿Qué podéis hacer vosotros? Pensad en recomendaciones para mejorar la calidad del aire en una gran ciudad. Escribidlas en la pizarra y votad las cinco mejores.

> | 5 | Ahora que ya conoces a tus compañeros, presenta a uno de ellos: por qué y para qué estudia español, cómo aprende, cómo se divierte, cómo se mueve por su ciudad, qué le gusta...

¿Qué he aprendido?

1 Describe brevemente tus razones para aprender español utilizando los conectores que conoces.

....

....

2 Escribe, según tu opinión personal, tres cosas que crees que debes mejorar para aprender español.

....

....

....

3 Contesta a las siguientes cuestiones sobre la unidad.

	Sí	Bastante	Un poco
1. He conocido nuevos aspectos de la gramática, pero sobre todo me ha ayudado a consolidar mis conocimientos gramaticales.	◯	◯	◯
2. He aprendido palabras nuevas que me han ayudado a expresarme de una manera más fluida y me permitirán hablar de más temas.	◯	◯	◯
3. He conocido algunos aspectos socioculturales que desconocía de España y de Hispanoamérica.	◯	◯	◯
4. He trabajado en grupo con mis compañeros y me ha ayudado bastante a intercambiar conocimientos y experiencias.	◯	◯	◯

12 VIAJA CON NOSOTROS

Contenidos funcionales
- Narrar acciones en el pasado.
- Describir lugares geográficamente.
- Hablar del tiempo atmosférico.

Contenidos gramaticales
- Pretérito indefinido: morfología (formas regulares y algunas irregulares: *ser, ir, dar, estar, tener y hacer*) y uso.
- Marcadores temporales: *ayer, anoche, anteayer, el otro día, la semana pasada, el mes pasado, el año pasado.*
- Los verbos *llover* y *nevar.*
- Preposiciones *a, en* y *de.*

Tipos de texto y léxico
- El reportaje.
- El blog de viaje.
- Léxico de viajes.
- Léxico de geografía.
- El tiempo atmosférico.
- Los meses del año.
- Las estaciones del año.

El componente estratégico
- Técnicas para memorizar vocabulario a través de las sensaciones.
- Estrategias para realizar una presentación oral.
- Recursos para contar acciones en pasado.

Contenidos culturales
- Un viaje por Andalucía: Sevilla, Córdoba y Granada.
- Lanzarote (España), Guanajuato (México), Honduras y Uruguay.

Fonética

- Contraste /n/ y /ñ/.

1 CUÉNTAME QUÉ HICISTE

> | 1 | ¿Qué sabéis de las redes sociales? ¿Son útiles? ¿Cuál o cuáles utilizáis vosotros?

| 1.1. | Vas a escuchar una información estadística sobre el uso de las diferentes redes sociales en el mundo. Escucha y completa la tabla. Luego, comprueba tus respuestas con tus compañeros. ¿Cuál es el uso de estas redes en tu país?

RED SOCIAL				
Número de usuarios en el mundo				
Número de usuarios en España				

| 1.2. | Con tu compañero, elabora una lista con las posibilidades que tienen las redes sociales para aprender español, compártela con el resto de compañeros y haced una lista en común.

x ....   x ....

x ....   x ....

x ....   x ....

x ....   x ....

>| 2 | Ricardo tiene una cuenta en Facebook y colgó esta foto en su muro después de sus vacaciones en la nieve. Leed los comentarios de sus amigos y, después, fijaos en los verbos en negrita. ¿A qué tiempo hacen referencia: presente, pasado o futuro?

○○○   Facebook

facebook   Busca personas, lugares y cosas   🔍

 Ricardo ha añadido una fotografía a su biografía
Fin de semana de esquí en Baqueira (Lleida).

Me gusta · Comentar · Compartir · 1 de noviembre, 23:25

 Ana ¡Qué vista tan bonita! Eh, ¿cuándo **hiciste** esa foto? ¿Con quién **fuiste**? Cuenta, cuenta…
Me gusta · Compartir · 2 de noviembre, 09:12

 Ricardo jejejeje…¡ Te lo perdisteeee! **Fui** con Elena, Javi y Lucía hace ya dos semanas. **Hizo** un día estupendo, pero el viaje fue largoooo. Ya sabes cómo es el coche de Javi y su sentido de la orientación. **Pudimos** esquiar los cuatro días :-) ¡**Estuvo** genial, Ana!
Me gusta · Compartir · 2 de noviembre, 13:09

 Javi Ana, ¡te lo **perdiste**! Esquiamos, nos **bañamos** en la piscina del hotel y **salimos** de copas.
Me gusta · Compartir · 3 de noviembre, 10:36

 Elena La verdad es que lo **pasamos** de maravilla. Nos perdimos por culpa de Javi. **Dimos** una vuelta por los alrededores. Ricardo **quiso** ver el palacio de hielo… ¡Ah!, y **comimos** en un restaurante la típica olla aranesa. **Hicimos** un montón de cosas. ¡**Fue** estupendo!
Me gusta · Compartir · 3 de noviembre, 11:03

 Ana Pues yo **estuve** en Córdoba con mi familia. Por cierto, que mi hermano Pedro se **puso** enfermo y se **pasó** los tres días en el hotel.
Me gusta · Compartir · 3 de noviembre, 13:18

 Ricardo ¡Vaya! ¡Qué mala suerte! La próxima vez tienes que venir con nosotros. Te **echamos** de menos.
Me gusta · Compartir · 3 de noviembre, 16:22

 Ana ¡Síííííííí! La próxima vez no me lo pierdo. ¡Seguro! ¡Qué envidia! ;-)
Me gusta · Compartir · 3 de noviembre, 17:01

| 2.1. | Vuelve a leer el texto, fíjate en los ejemplos y elige las palabras adecuadas para completar el cuadro.

Uso del pretérito indefinido

× Con el pretérito indefinido el hablante se refiere al ☐ **pasado** / ☐ **presente**. Estas acciones están ☐ **terminadas** / ☐ **no terminadas**.

× Marcadores temporales que se pueden usar con pretérito indefinido:

- Anoche/Ayer/El otro día…
- Hace dos meses/dos días/semanas…
- El fin de semana/mes/año/verano… pasado/La semana pasada.
- En el año…

  − *El año pasado* nevó mucho todo el invierno.
  − *El mes pasado* fui cuatro veces a la peluquería.
  − *Ayer* estuve con ella y me lo contó todo.
  − Volvimos a España *en el año 2000*.

| 2.2. | Ahora, escribe las formas verbales que están en negrita en el texto en la columna que corresponda. Piensa si el verbo en pretérito indefinido es regular o irregular.

Verbos regulares

Forma verbal →	Infinitivo
pasamos → pasar	

Verbos irregulares

Forma verbal →	Infinitivo
hiciste → hacer	

| 2.3. | Ahora lee la información y completa las formas que faltan del indefinido irregular. Puedes utilizar algunos de los verbos de la actividad anterior. Después, compara los resultados con tu compañero.

Pretérito indefinido: verbos regulares e irregulares

× Verbos **regulares**:

	× Verbos en –ar×	× Verbos en –er ×	× Verbos en –ir ×
	Pasar	Comer	Salir
Yo	pasé	comí	salí
Tú	pasaste	comiste	saliste
Él/ella/usted	pasó	comió	salió
Nosotros/as	pasamos	comimos	salimos
Vosotros/as	pasasteis	comisteis	salisteis
Ellos/ellas/ustedes	pasaron	comieron	salieron

- Los verbos en –er / –ir tienen las mismas terminaciones.

- La forma *nosotros/as* de los verbos regulares en –**ar** e –**ir** coincide con el presente de indicativo correspondiente:
  - – *Nosotros* **trabajamos** *todos los días hasta las 18:00h.*
  - – *La semana pasada* **trabajamos** *hasta las 20:00h.*
  - – *Todos los fines de semana* **salimos** *al campo.*
  - – *Ayer* **salimos** *a cenar y fuimos a la discoteca.*

× Verbos **irregulares**:

	× Ser / Ir ×	× Estar ×	× Querer ×	× Venir ×	× Tener ×
Yo	fui	estuve	quise	vine	tuve
Tú	fuiste	estuviste	quisiste	[4]	tuviste
Él/ella/usted	fue	estuvo	quiso	vino	tuvo
Nosotros/as	[1]	estuvimos	quisimos	vinimos	[5] ....
Vosotros/as	fuisteis	[2]	quisisteis	vinisteis	tuvisteis
Ellos/ellas/ustedes	fueron	estuvieron	[3]	vinieron	tuvieron

	× Poder ×	× Poner ×	× Dar ×	× Hacer ×	× Ver ×
Yo	pude	puse	di	hice	vi
Tú	pudiste	pusiste	[8]	hiciste	viste
Él/ella/usted	[6]	[7]	dio	[9]	vio
Nosotros/as	pudimos	pusimos	dimos	hicimos	vimos
Vosotros/as	pudisteis	pusisteis	disteis	hicisteis	visteis
Ellos/ellas/ustedes	pudieron	pusieron	dieron	hicieron	[10] ....

Fíjate

× Los verbos [11] .... e [12] .... comparten las mismas formas en el pretérito indefinido.

× La forma **hay** del presente del indicativo del verbo *haber* es **hubo** en pretérito indefinido.

| 2.4. | 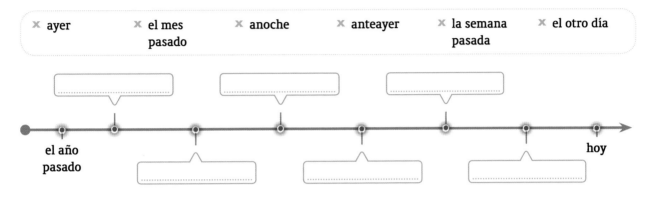 Las siguientes palabras y expresiones son marcadores temporales de pretérito indefinido. Ordenadlos cronológicamente teniendo en cuenta la fecha de hoy. Podéis usar el diccionario.

> × ayer   × el mes pasado   × anoche   × anteayer   × la semana pasada   × el otro día

| 2.5. | Completa el texto con el verbo más adecuado en la forma correcta de pretérito indefinido.

> × ser   × *estar* (2)   × encantar   × bañar   × alquilar   × poder
>
> × pasar   × dar   × salir   × llegar   × poner   × ir

Una vez mis amigos y yo ....*estuvimos*....... en una isla paradisiaca. El viaje en avión [1] .... interminable, ¡12 horas!, pero valió la pena. [2] .... de Madrid con 3 ºC y lloviendo, y durante los siete días que [3] .... en la isla el tiempo fue maravilloso. Nada más llegar, [4] .... un coche y [5] .... una vuelta por la isla. Nos [6] .... : tranquilidad, vegetación, mar, playa... Una vez que [7] .... al hotel, nos [8] .... el bañador y nos [9] .... en la piscina. Ese primer día no [10] .... ir a la playa, era muy tarde, pero después [11].................... todas las mañanas. ¡ [12] .... unos días maravillosos! ■

| 2.6. | ¿Recuerdas las últimas vacaciones? Escribe tres frases usando el pretérito indefinido y tres marcadores temporales.

1 ....
2 ....
3 ....

>| 3 | 🏊 🌐 Pregúntale a tu compañero por un viaje especial que ha hecho en su vida. Antes, completa el cuestionario con las preguntas adecuadas según el dato que aparece señalado en la columna de la izquierda. Luego preguntaos y contestad por turnos, tomando notas.

1 (Destino del viaje: adónde)

¿Adónde fuiste?

....

2 (Fecha)

....

3 (Medio de transporte)

....

4 (Duración del viaje)

....

5 (Miembros del viaje, acompañantes)

¿Con quién fuiste?

....

6 (Alojamiento)

....

7 (Comidas)

....

8 (Itinerario del viaje)

¿Qué ciudades o pueblos visitaste?

....

9 (Lugares turísticos o de interés)

....

10 (Valoración del viaje)

¿Cómo lo pasaste?

....

Recuerda

✕ La preposición **a** indica destino, dirección, movimiento hacia un lugar:
— Ayer fui **a** casa de mi madre y estuvimos juntos toda la tarde.

✕ La preposición **en** indica lugar (sin movimiento) o medio de transporte:
— Mis hijos están **en** el instituto.
— Vine de Sevilla **en** tren, **en** el AVE, una maravilla, solo dos horas y media.

✕ La preposición **de** indica el origen de un movimiento:
— Salimos **de** casa después de desayunar.

| 3.1. | 👤 🕐 Ahora que tienes toda la información sobre el viaje que hizo tu compañero, debes contarlo en un máximo de 100 palabras. Después, él lo leerá para comprobar que su historia es correcta.

>| 1 | Iria tiene un blog de viajes. Hoy ha colgado unas fotos y unos comentarios sobre un viaje que hizo por Andalucía la primavera pasada. Por un problema informático, las fotos y los textos se han desordenado. Relacionad los grupos de fotos con sus textos correspondientes.

1 En Sevilla, estuve cuatro días e hice muchas cosas. Una tarde vi una corrida de toros en La Maestranza, la plaza de toros de Sevilla; también subí a la Giralda, la torre más alta de la catedral. El último día salí por la noche con unos amigos y vimos iluminado el puente más moderno de la ciudad, construido para la Expo del 92.

2 En Córdoba, visité los barrios de Santa Marina, San Agustín y San Lorenzo. Un día, me levanté muy temprano y fui con un grupo a visitar la Mezquita. El último día, antes de viajar a Granada, di una vuelta y pasé por el puente romano o Puente Viejo. Tuve mucha suerte porque hizo un tiempo estupendo.

3 En Granada, estuvimos dos días. El primer día visitamos La Alhambra. Allí paseamos por los jardines del Generalife. Recuerdo que pensé que es el lugar más maravilloso del mundo. El Patio de los Leones me gustó muchísimo. El segundo día, fuimos de tapas por el barrio del Albaicín. Comí unas cosas muy ricas y todo fue bastante barato.

| Grupo cooperativo |

> | 2 | 🌐 💬 Aquí tenéis información sobre algunos lugares hispanos de interés. Cada grupo tiene que escribir un blog de viaje explicando lo que hizo, como en la actividad 1.

1 Leed los textos y poneos de acuerdo para elegir un lugar. Podéis buscar en el diccionario las palabras desconocidas o preguntar al profesor. También podéis consultar en Internet.

2 Buscad fotos para el blog.

3 Preparad una ficha con los siguientes datos: país y ciudad o lugar, lugares de interés para visitar, clima, comidas y bebidas...

4 Decidid de dónde salisteis, cómo viajasteis, adónde fuisteis, qué visitasteis, qué comisteis, etc.

5 Escribid el blog. No olvidéis añadir las fotos que habéis seleccionado.

6 Comprobad la información con el texto original, la ortografía, los elementos gramaticales y el léxico, antes de publicarlo.

LANZAROTE, islas Canarias. España

Lanzarote está ubicada a 130 km de la costa de África. Es la isla más oriental de las islas Canarias. El clima de Lanzarote es muy suave. Su temperatura media anual es de 22 °C, las lluvias son escasas y caen en invierno principalmente. Entre los lugares de interés nos encontramos con el Parque Nacional de Timanfaya donde se puede observar una gran variedad de fenómenos geológicos relacionados con su naturaleza volcánica; la Laguna Verde, una laguna de color verde debido a las algas que hay en su superficie, que está situada en el cráter conocido como "El Golfo" y que se encuentra a nivel del mar. Otro lugar muy interesante es El Jardín de Cactus, creado por el arquitecto César Manrique, y que cuenta con una extensa variedad de cactus. Es obligada la visita a la ciudad de Teguise, que fue la capital de Lanzarote hasta 1852. La costa de Tinajo es una de las mejores zonas de Europa para la práctica del surf.

En cuanto a la gastronomía, los platos típicos son el sancocho, el gofio, las papas arrugás y el queso canario.

Como medio de transporte se recomienda alquilar un coche porque son muy baratos en la isla, así como los precios del combustible. También podemos usar el medio de transporte típico de las islas Canarias: las guaguas. ■

Adaptado de http://www.lanzarote.com/es/

ISLAS CANARIAS — Lanzarote

Timanfaya

Gofio

Ciudad de GUANAJUATO, Guanajuato. México

MÉXICO

Guanajuato

Nuestra Sra. de Guanajuato

La ciudad de Guanajuato es una ciudad histórica y pintoresca con plazas pequeñas, calles empedradas y casas de fachadas color pastel. Está situada a cinco horas de Ciudad de México. En 1988, la UNESCO declaró a Guanajuato "Patrimonio de la Humanidad". Algunos lugares de interés para visitar son: la basílica colegiata de Nuestra Señora de Guanajuato; el mercado Hidalgo, que es el principal de la ciudad; la casa-museo de Diego Rivera, donde nació el pintor; el museo de las Momias, que fue el cementerio de Guanajuato hasta 1865; las minas de Guanajuato, donde se descubrieron vetas de oro y plata... El Festival Internacional Cervantino (FIC) es un festival cultural, musical y teatral muy prestigioso que se celebra todos los años en el mes de octubre. Guanajuato tiene un clima agradable con temperaturas que oscilan entre los 12 y 24 grados durante todo el año. En su gastronomía destacan las carnitas de cerdo estilo Jalisco (rojas), los chicharrones, el pan de maíz, las enchiladas, las frutas en vinagre de piña y manzana, y el mole rojo. ■

Adaptado de http://www.donquijote.org/spanish/la/city.guanajuato.asp

HONDURAS. América Central

Honduras es el único país de América Central que no tiene volcanes. La capital de Honduras, Tegucigalpa, es la ciudad más poblada del país. Allí podemos disfrutar de numerosas actividades culturales y de ocio, así como de actividades de aventura y naturaleza… Entre los edificios de interés, están el antiguo Paraninfo Universitario, que ahora es un museo de arte; el moderno Palacio Legislativo y la Casa Presidencial; la Iglesia de San Francisco, del siglo XVI, la más antigua de Tegucigalpa… Otras ciudades importantes de Honduras son: Copán, antigua ciudad maya; Ceiba que es una ciudad joven y dinámica; San Pedro Sula, la capital industrial de Honduras; Tela, ciudad portuaria… En gastronomía, destacan platos como la sopa de caracol y la sopa de mondongo, los tamales, la carne asada, las baleadas y el pan de coco. El pinol es una bebida elaborada con leche y maíz; es costumbre tomar café a todas horas. El clima hondureño es tropical, de altas temperaturas, pero en las montañas el clima es más templado. La estación seca va de noviembre a abril, mientras que la húmeda va de mayo a octubre. ■

Adaptado de http://visitehonduras.com/

Uruguay

Uruguay, con poco más de tres millones de habitantes, es un país pequeño en comparación con sus vecinos, Brasil y Argentina. La ciudad más importante del país es Montevideo, su capital, que tiene la mitad de los habitantes de todo el país; el resto de la población se reparte en ciudades más pequeñas como Melo y Salto. Los caballos, la ganadería y el trabajo de los míticos gauchos es un rasgo de la identidad uruguaya. Los uruguayos se consideran excelentes parrilleros y, sin lugar a dudas, el asado de carne es el plato más famoso y tradicional de todo el país. Uruguay es una gran llanura, no tiene montañas ni desiertos. Su entorno natural lo forman más de 600 kilómetros de playas de arenas limpias y aguas cristalinas, ríos como el río Uruguay y el río de la Plata que cruzan también Argentina. El río de la Plata es, en su desembocadura, el río más ancho del mundo y es excelente para practicar deportes acuáticos. Cualquier época del año es buena para visitar Uruguay, no nos podemos perder el barrio antiguo de Montevideo, la ciudad de playa por excelencia, Punta del Este y Colonia de Sacramento, con su rico pasado colonial reflejado en sus calles y edificios.

¡QUÉ TIEMPO HACE!

> | 1 | Estos son los meses del año. Clasifícalos en su estación correspondiente según el clima de tu país.

- ✗ enero
- ✗ febrero
- ✗ marzo
- ✗ abril
- ✗ mayo
- ✗ junio
- ✗ julio
- ✗ agosto
- ✗ septiembre
- ✗ octubre
- ✗ noviembre
- ✗ diciembre

PRIMAVERA	VERANO	OTOÑO	INVIERNO

| 1.1. | |34| Ahora vas a escuchar a un uruguayo explicar el clima de su país. Completa la información.

1 El clima de Uruguay es . . . .

2 En verano la temperatura es de . . . .

3 Los meses de verano son. . . . .

4 En invierno la temperatura es de. . . . .

5 Los meses de invierno son . . . .

6 La primavera es . . . .

| 1.2. | ¿Coinciden las estaciones con Uruguay? ¿Es igual para todos los estudiantes de la clase? ¿Conocéis otros países con meses diferentes en las estaciones del año? ¿Cuáles?

>| 2 | ¿Sabéis que significan estas palabras? Decid con qué imagen se pueden relacionar. Podéis usar el diccionario. Luego, completad el cuadro seleccionando las palabras de esta lista.

> × nieve   × fresco   × viento   × nublado   × frío   × aire   × tormenta   × calor   × sol

El tiempo atmosférico

× Para **describir el tiempo atmosférico** podemos usar:
  • **Hace** calor, sol, [1] ...., aire, [2] ...., viento, buen tiempo, mal tiempo...
  • **Llueve/Está lloviendo.**
  • **Nieva/Está nevando.**
  • **Hay** [3] ...., tormenta, niebla, relámpagos, nubes...
  • **Está** [4] ...., despejado, soleado...
  • La temperatura **es** alta, baja, de X grados (centígrados)...
  • El clima/tiempo **es** cálido, frío, templado, seco, suave, húmedo...

× Los verbos *llover* y *nevar* solo se usan con el verbo en **tercera persona de singular**.

× Recuerda:
  • Usamos **muy** delante de adjetivo y adverbio: – *Hace* **muy** *buen tiempo.*
  • Usamos **mucho, mucha, muchos, muchas** delante de nombre: – *Hace* **mucho** *calor.*
  • Usamos **mucho** después del verbo: – *Llueve* **mucho.**

| Intercultura |

>| 3 | Escucha esta conversación que transcurre en un ascensor. ¿Por qué hablan del tiempo? Señala la opción correcta.
| 35 |

1 ☐ Uno de los interlocutores necesita información sobre el tiempo para salir de viaje.

2 ☐ Los interlocutores hablan del tiempo para mantener una conversación durante el trayecto en ascensor.

3 ☐ Los interlocutores se saludan e intercambian sus experiencias sobre el tiempo atmosférico.

Fíjate

× En España es normal hablar del tiempo que hace para no estar en silencio con personas desconocidas en algunas situaciones: durante un trayecto en ascensor, en la sala de espera de un médico, cuando se hace cola en algún establecimiento... Estar en silencio produce incomodidad. **¿Es igual en tu país?**

> | **4** |  Asocia las estaciones del año con palabras significativas para ti y explica el porqué.

INVIERNO	OTOÑO	PRIMAVERA	VERANO
taza de chocolate			
nieve			

Mi estación preferida es el invierno, yo asocio el invierno con una **taza de chocolate** caliente, porque, en mi casa, mi abuela siempre prepara un chocolate caliente cuando **nieva**.

Fíjate

x Asociar el vocabulario nuevo con palabras o conceptos que son significativos para ti te ayuda a recordarlo.

¿Qué he aprendido?

1 En esta unidad has aprendido un nuevo tiempo verbal. ¿Cómo se llama? ¿Para qué lo usamos?

2 Lee los siguientes marcadores, señala el intruso y justifica tu elección. Luego, ordénalos cronológicamente, desde el más lejano en el tiempo al más cercano.

ayer • el año pasado • hoy • la semana pasada • el otro día • anoche • anteayer • el mes pasado

3 Conjuga dos verbos con formas regulares en el pretérito indefinido y dos con formas irregulares, y conjúgalos.

4 Escribe cinco palabras relacionadas con las vacaciones y los viajes.

5 ¿Qué estrategias de aprendizaje me proporciona esta unidad?

V   F

1 Hago asociaciones entre mi experiencia y el vocabulario nuevo que aprendo para recordarlo. . . . . ◯ . . . . ◯

2 Utilizo listas de palabras que luego traduzco. . . . . ◯ . . . . ◯

3 Hago definiciones en español de las palabras nuevas que aprendo. . . . . ◯ . . . . ◯

6 ¿Qué apartado de esta unidad te ha resultado más fácil? ¿Y el más difícil? ¿Por qué?

Contenidos funcionales
- Identificar y definir.
- Describir personas, objetos, lugares.
- Hacer comparaciones.
- Expresar obligación, permiso y prohibición.
- Hablar de novedades.
- Hablar de normas sociales.

Contenidos gramaticales
- *Ser/estar*: usos generales.
- Oraciones de relativo con indicativo: *que/donde*.
- Comparativos de igualdad, inferioridad y superioridad.
- Comparativos irregulares.
- *Poder*, *deber* + infinitivo.
- *Se puede*, *se debe* + infinitivo.
- *Está permitido/prohibido* + infinitivo.

Tipos de texto y léxico
- Artículo de revista de ocio.
- Texto descriptivo.
- Texto normativo.
- Léxico relacionado con las bodas y celebraciones.
- Léxico para descripciones de novedades tecnológicas.
- Léxico para comunicar sentimientos referidos al aprendizaje.

El componente estratégico
- Deducción de léxico a través de ilustraciones.
- Activar la conciencia auditiva a través de preguntas específicas y discriminar información.
- Reflexionar sobre los beneficios del trabajo cooperativo en el aprendizaje.

Contenidos culturales
- Bodas en España e Hispanoamérica.
- Preparar una despedida de soltero.
- Normas sociales en España.
- Nuevas tecnologías: *Google Glass*.

Ortografía/Fonética

- Contraste de los sonidos /t/ y /d/.

---

1 ¡ES MUY INTERESANTE!

> | 1 | ¿Te gusta la tecnología? ¿Cada cuánto tiempo cambias de móvil o de ordenador? ¿Eres goloso? ¿Cuándo comes chucherías? ¿Te gusta el calor o prefieres el frío? ¿Pasas mucho tiempo en la playa en verano? Coméntalo con tus compañeros.

| 1.1. | Lee los siguientes textos extraídos de periódicos y revistas de ocio y elige el más interesante según tu respuesta anterior. Luego, comparte tu opinión con tu compañero.

Google desvela las características de *Google Glass*

Google es una de las empresas más conocidas a nivel internacional. Es estadounidense (su sede está en California) y ha presentado un prototipo de su nueva creación: *Google Glass*. Las *Google Glass* son unas gafas de diseño futurista que llevan incorporada una minipantalla de 25 pulgadas con funciones como: grabadora de vídeo, cámara de fotos, micrófono, reconocimiento de voz y conexiones inalámbricas. Tiene una memoria flash de 16 Gb y una batería con una autonomía de un día. Las personas que las han probado dicen que están muy bien y que van a cambiar totalmente el concepto de gafas que tenemos en la actualidad. ■

Texto adaptado de http://www.abc.es/tecnologia/informatica-hardware/20130416/abci-google-glass-caracteristicas-201304161035.html

CONTINÚA ❯❯

El secreto de los Peta Zetas

Sus ingredientes son los mismos que los de las chucherías tradicionales: azúcar, saborizantes, colorantes y aromas. Sin embargo, hay algo que los hace muy especiales: los Peta Zetas "explotan" cuando te los comes, a diferencia de los caramelos tradicionales. El secreto: burbujas de CO_2. ¡Ahora sí están listos para comer!

Creados por William Mitchell (que fue científico gastronómico) en 1956 y vendidos por todo el mundo por Zeta Espacial. La empresa que los fabrica es española y está en Barcelona.

En los últimos años, la cocina de vanguardia ha sabido aprovechar este tipo de caramelo para renovarse. Tanto es así, que Ferrán Adriá está desarrollando recetas para incorporar los Peta Zetas en sus platos. ∎

Texto adaptado de http://www.muyinteresante.es/innovacion/alimentacion/articulo/el-secreto-de-los-peta-zetas-es-el-co2

Tres razones para tomar el sol

Estamos en verano y no hay nada mejor que hacer que irnos a la playa a tomar el sol. ¿Por qué? A continuación vas a conocer tres beneficios que te van a hacer pasar más tiempo al sol:

- El sol es la principal fuente para la producción de vitamina D, que combate la somnolencia diurna, reduce los síntomas de la depresión, fortalece los músculos y ayuda a absorber el calcio.
- Tomar el sol reduce las probabilidades de padecer cáncer.
- El sol a mediodía es bueno para la salud. Lo ideal, según los investigadores, es tomar el sol sin protección, durante un máximo de ocho minutos, si son las doce del mediodía y el cielo está despejado. ∎

Texto adaptado de http://www.muyinteresante.es/salud/articulo/cuatro-razones-saludables-para-tomar-el-sol-911366202013

| 1.2. | 🙂 🚫 Di si las siguientes afirmaciones son verdaderas o falsas y rectifica las falsas.

1 Con las nuevas gafas de Google se puede grabar la voz. . . . . V F

....

2 Las nuevas *Google Glass* no se diferencian aparentemente de unas gafas tradicionales.. . . . . . V F

....

3 El secreto de los Peta Zetas es la adecuada combinación de azúcar y saborizantes. . . . . V F

....

4 La cocina de vanguardia está incorporando los Peta Zetas a sus platos. . . . . V F

....

5 Si tomamos el sol, nuestro cuerpo fabrica vitamina D. . . . . V F

....

6 Tomar el sol a las 15:00h, durante un mínimo de 8 minutos es muy bueno para la salud. . . . . V F

....

>| 2 | ⚓ ⚙ Vuelve a leer los textos y fíjate en las frases con *ser* y *estar* que aparecen resaltadas en diferentes colores. Analízalas con atención y, luego, completa la información del cuadro. Compara tu respuesta con tu compañero.

Usos de *ser* y *estar*

✗ El verbo *ser* sirve para:

- **Identificar:**
  - Soy Manuel.
  - [1] _____
  _____

- Decir la **nacionalidad:**
  - [2] Es estadounidense.
  - [3] _____

- Decir la **profesión:**
  - Es profesor.
  - [...] [4] _____

- Hablar de la propiedad o **pertenencia:**
  - Esta casa es de mis padres.

- Hablar de **características inherentes** (propias) a una cosa, lugar, persona:
  - La nieve es blanca.

- **Valorar** un hecho, una cosa o una persona:
  - [5] _____

- Decir la **hora** y la **fecha:**
  - [6] _____
  - Hoy es sábado.

- Decir el **material** de una cosa:
  - La mesa es de madera.

- Referirse a la **celebración** de un acontecimiento o suceso (fecha, lugar):
  - Nuestra boda es el próximo verano.
  - La conferencia es en el Palacio de Congresos.

✗ El verbo *estar* sirve para:

- Ubicar o **localizar** cosas, lugares y personas:
  - [7] Su sede está en California.
  - [8] _____

- Hablar del **estado físico** y de **ánimo:**
  - Está fuerte por la gimnasia.
  - ¡Estoy contento!

- Marcar el **resultado de una acción** o el fin de un proceso:
  - [9] _____

- Hablar de **características no inherentes** (no propias) a una cosa, lugar o persona:
  - [10] El cielo está despejado.
  - Los niños están muy tranquilos hoy.

- Para **valorar**, delante de *bien* y *mal*:
  - [11] _____
  - Decir mentiras está mal.

- Referido a personas, con la preposición *de*, acción o **trabajo temporal:**
  - Ricardo es profesor pero está de cocinero.

- En primera persona del plural se usa para situarnos en el **tiempo:**
  - [12] _____
  - Estamos a 8 de enero.

- *Estar* + gerundio indica una **acción en desarrollo:**
  - [13] _____

Fíjate

✗ En español estos verbos sirven para hablar de las características de personas, animales, cosas, lugares, acontecimientos... Cuando esas características son propias del sujeto y forman parte de su naturaleza, entonces es normal utilizar el verbo *ser*:
  - La nieve **es** blanca.
  - Mi padre **es** muy simpático.

✗ En cambio, cuando esas características no forman parte de la naturaleza del sujeto, habitualmente se usa el verbo *estar*:
  - **Estoy de** profesora en un colegio de niños pero soy bióloga.
  - Mis padres **están** muy enfadados porque no hago los deberes.

| 2.1. | 🎲 🌍 Vamos a hacer un juego. A continuación, tu profesor te va a dar una ficha. Sigue sus instrucciones.

> | 3 | |361| Elige si quieres ser alumno A o alumno B. Lee las preguntas que te corresponden según la elección. Luego, escucha la audición y responde.

ALUMNO A

Diálogo 1

1 ¿Quiénes son las personas que aparecen en la audición?

2 ¿Dónde están?

3 ¿Quiénes son los que ven a lo lejos?

4 ¿Cómo es la mujer que ven? ¿De dónde es? ¿Cuál es su profesión?

5 ¿Qué están haciendo?

6 ¿Cómo es el lugar donde están?

7 ¿Cómo están en ese lugar?

ALUMNO B

Diálogo 2

1 ¿Cuáles son las novedades tecnológicas que ven?

2 ¿Cómo son estas novedades?

3 ¿De qué material es el pequeño robot?

4 La feria, según María, ¿está bien o no?

5 ¿Cuál es la profesión temporal de Juan?

6 ¿Dónde tiene que estar María a las tres?

7 ¿A qué hora se van? ¿Por qué?

| 3.1. | ¿Puedes responder a las preguntas del alumno contrario sin escuchar la audición otra vez? ¿Por qué? Coméntalo con tus compañeros.

Grupo cooperativo

| 3.2. | Sois periodistas y tenéis que escribir una crónica describiendo las novedades tecnológicas de la feria. Seguid estos pasos.

1 Formad dos equipos, juntando alumnos A y B, según la actividad 3.

2 Compartid la información que tenéis según el audio anterior.

3 Haced una relación de las novedades que Juan y María ven en la feria, añadid otras novedades tecnológicas que os llamen la atención y repartidlas entre los dos equipos.

4 Un miembro del equipo se encarga de escribir una introducción sobre la feria. El resto de miembros del grupo se reparte las novedades y cada uno, individualmente, escribe una descripción del objeto que le ha tocado, aportando, si es posible, alguna imagen. Para escribir la descripción, podéis seguir los modelos de la actividad 1.1.

5 Haced una puesta en común de vuestros escritos. Intercambiadlos para corregirlos y aportar información nueva, si la tenéis.

6 Una vez que son definitivos, el encargado de escribir la introducción los ordena y escribe una conclusión.

7 Al final, cada equipo presenta al resto de la clase su trabajo. Se hace una versión definitiva de la introducción y conclusión ya escritas.

8 Por último, uno de vosotros escribe el artículo en limpio con los escritos de ambos equipos, mientras los demás observan, corrigen y hacen sugerencias para colocar las imágenes.

Oraciones de relativo con indicativo

× Cuando queremos referirnos a un nombre que ya hemos dicho en la frase para añadir información sobre él, usamos **que** o **donde**:

* Nombre + **que** + frase:
  – *Es un pequeño **robot que** ayuda a los niños a hacer los deberes.*

* Nombre + **donde** + frase:
  – *La feria está en un **lugar donde** hay metro y pasan muchos autobuses.*

| 3.3. | Analiza la actividad que acabas de realizar y elige una de las opciones, según tu experiencia.

1 [1] Me ha gustado mucho / [2] Me ha gustado / [3] No me ha gustado nada cuando mis compañeros han corregido mi texto porque ....
....

2 [1] Me ha sido útil / [2] No me ha sido útil cuando mis compañeros han corregido mi texto porque
....
....

3 [1] Me ha gustado mucho / [2] Me ha gustado / [3] No me ha gustado nada corregir los textos de mis compañeros porque ....
....

4 [1] Me ha sido útil / [2] No me ha sido útil corregir los textos de mis compañeros porque...............
....

5 [1] Me ha sido útil / [2] No me ha sido útil trabajar con un borrador antes de hacer el texto definitivo porque..
....

6 Con esta actividad me he dado cuenta de que trabajar en equipo [1] puede ayudarme / [2] no puede ayudarme a aprender más eficazmente porque..
....

2 ...Y COMIERON PERDICES

> | 1 | Relacionad estas fotografías con las siguientes palabras y expresiones. ¿A qué acontecimiento se refieren?

| × ramo | × pétalos y arroz | × arras | × tarta nupcial | × anillos |

A .... **B** .... **C** .... **D** .... **E** ....

| 1.1 | 🎧 🔊 Joaquín, español, va a casarse dentro de poco. Su amigo Ignacio, mexicano del esta-
| 37 | do de Morelos, va a asistir a la boda. Escucha la conversación y ordena los pasos.

☐ Establecimiento de la fecha de la boda.
☐ Entrega de regalos y anillos.
1 Informar a los padres de los novios.
☐ Celebración en casa del novio.
4 Segunda visita a la casa de la novia.
☐ Ceremonia de casamiento.
6 Comida con café y tamales.
☐ Fiesta en casa de la novia.
8 Ceremonia de velación.
☐ Visita a casa de la familia de la novia para obtener permiso para casarse.

| 1.2. | 🎧 ⚙️ Lee las siguientes frases que se dicen en la conversación anterior. ¿Cuáles expresan una comparación? Señálalas.

1 ☐ Eso es igual que en España.

2 ☐ Yo creo que nos lo pasaremos muy bien.

3 ☐ He oído que en la región de Morelos casarse es especial.

4 ☐ Es menos formal que allí.

5 ☐ No es tan diferente.

6 ☐ ¿Eso qué es?

7 ☐ ¡No lo sabía! ¡Qué curioso!

8 ☐ Eso es tan importante como en España.

9 ☐ Es completamente diferente a lo que ocurre en España.

10 ☐ Es como aquí.

11 ☐ Es raro que se celebre en casa.

12 ☐ En Morelos es más tradicional que aquí.

13 ☐ No lo sabía, qué curioso.

14 ☐ Es parecido.

15 ☐ Aquí se celebra en un salón de bodas.

16 ☐ Es similar a la de aquí.

| 1.3. | 🎧 ⚙️ Comprueba el resultado de la actividad anterior con la siguiente información.

Hacer comparaciones

✘ Cuando se comparan dos elementos que son **iguales** o **parecidos**:
- *Tan* + adjetivo/adverbio + *como*:
  – *Eso es **tan** importante **como** en España.*
- *Tanto/tanta/tantos/tantas* + nombre + *como*:
  – *Tiene **tanto** dinero **como** tú.*

✘ Cuando se comparan dos elementos en el que uno es **inferior** o **menor** que otro:
- *Menos* + nombre/adjetivo/adverbio + *que*:
  – *Es **menos** formal **que** allí.*

✘ Cuando se comparan dos elementos en el que uno es **superior** o **mayor** que otro:
- *Más* + nombre/adjetivo/adverbio + *que*:
  – *Es **más** tradicional **que** aquí.*

✘ Hay varios **comparativos irregulares**:
- malo ➔ peor
- bueno ➔ mejor
- grande/viejo ➔ mayor
- pequeño/joven ➔ menor

  – *Mi móvil es **mejor** que el de mi hermano.*

✘ Cuando se comparan situaciones en general, se pueden usar estas expresiones:
- Es **igual/similar/parecido** (a…):
  – *Es **similar a** la de aquí.*
- Es **distinto**/(completamente) **diferente** (a…):
  – *Es completamente **diferente a** lo que ocurre en España.*

| 1.4. | En el siguiente texto se explican algunas diferencias entre las bodas de España e Hispanoamérica. Con la información anterior y las palabras del cuadro, completa el texto adecuadamente.

- ✗ más
- ✗ tan
- ✗ como
- ✗ que

Una boda tiene tantas tradiciones [1] .... países existen. Por ejemplo, en Chile, los prometidos llevan los anillos en la mano derecha hasta la boda, que es cuando los cambian a la mano izquierda. En el resto de países hispanos es lo contrario.

En las ceremonias católicas de España, México y Panamá, el cortejo también lleva las arras. Las arras son trece monedas bendecidas que el novio entrega a la novia. El número 13 traerá la prosperidad económica a la futura familia.

En Guatemala, las parejas se "atan" con un lazo plateado en un momento de la ceremonia. En México, los novios colocan un rosario o una cinta blanca alrededor de sus hombros, en forma de ocho, simbolizando la unión eterna.

También, como has visto, existen diferencias entre España e Hispanoamérica.

Los bailes en las bodas españolas son más clásicos [2] .... en las hispanoamericanas. La comida es también un poco diferente. En España la comida es [3] .... sencilla que en Hispanoamérica, aunque no por ello es de mala calidad. En Hispanoamérica la comida es más casera que en España. La bebida también varía. Los españoles beben más vino que los hispanoamericanos. Pero hay una cosa común, los españoles se lo pasan [4] .... bien como los hispanoamericanos en sus celebraciones nupciales. ■

> | 2 | Observad atentamente las fotografías, ¿quiénes son? ¿Qué están haciendo?

| 2.1. | Escucha el diálogo y comprueba la respuesta de la actividad anterior. Di si estas afirmaciones son verdaderas o falsas. Justifica tus respuestas.
|38|

1 Ana quiere preparar una despedida de soltera para su amiga Marta. .... V ... F

2 Edurne dice que se encontró a todas sus amigas vestidas de novia. .... V ... F

3 Edurne se vistió con el traje de "novia". .... V ... F

4 Edurne se vistió de "novia" en el restaurante. .... V ... F

5 Después de cenar, fueron a bailar al centro. .... V ... F

6 Edurne quiere ayudar a Ana a organizar la despedida de Marta. .... V ... F

7 Han quedado para mañana. .... V ... F

>| 3 | Ahora que ya conocéis algunas costumbres en las bodas de algunos países hispanos, compararadlas con las de vuestro país. Organizaos en grupos de tres personas y haced una lista de comparaciones en relación a la ceremonia, los novios, las despedidas de solteros, etc. Si sois de diferentes países, agrupaos por nacionalidades y haced una presentación a la clase comparando estas tradiciones con las de vuestro país. ¿Qué cosas curiosas habéis aprendido?

ES QUE NO SE PUEDE

>| 1 | ¿Qué son los "buenos modales"? Escribid una definición. Podéis usar el diccionario. ¿Qué situaciones se os ocurren donde es muy importante tener buenos modales?

"Tener buenos modales" significa... . . . .
. . . .
. . . .

Es importante tener buenos modales cuando... . . . .
. . . .
. . . .

| 1.1. | Leed vuestras definiciones y llegad a una común. Luego, elegid las cinco situaciones en las que todos creéis que es especialmente importante tener buenos modales y escribidlas en la pizarra.

>| 2 | ¿Sabes qué buenos modales debemos tener en la mesa? El siguiente artículo establece una serie de normas básicas para comportarse correctamente en la mesa. Sin embargo, por un error, se han incluido tres recomendaciones que nada tienen que ver con el tema del artículo. Localízalas. ¿A qué contexto o situación pertenecen?

¡Esos modales!

En la mesa los modales cobran un gran protagonismo y es una situación perfecta para demostrar que tenemos una buena educación. Tanto los niños como los adultos debemos guardar unas ciertas normas o reglas de educación que evitan situaciones desagradables o comprometidas. A continuación, te ofrecemos algunas sugerencias a tener en cuenta cuando estamos sentados a la mesa:

1. **No está bien visto** comer con la televisión encendida.
2. **Está prohibido** utilizar el móvil durante las clases.
3. Si te tienes que levantar de la mesa a media comida, **debes** pedir permiso y pedir disculpas. **Está muy mal visto** levantarse de la mesa de forma repentina y sin razón aparente.
4. Comer con las manos solo **está permitido** en casos muy concretos. Además, **no se puede** jugar con los cubiertos ni llevarse la comida a la boca con el cuchillo.
5. **No se debe** llenar una copa o un vaso hasta los bordes.
6. **Debes** apuntar los deberes en tu agenda a diario.
7. **Está bien visto** dejar limpio el lugar donde has comido.
8. Los platos no se tocan. **No se debe** inclinar un plato para terminar la sopa o girarlo para tomar una guarnición, por ejemplo.
9. La bebida **se debe** tomar a pequeños sorbos y sin hacer ruido. La comida hay que tomarla a pequeños bocados que debemos masticar y tragar antes de comer otra porción.
10. Durante una presentación de un compañero **puedes** tomar notas o interrumpir educadamente para pedir alguna aclaración, pero **está mal visto** hablar con otros compañeros. ■

Adaptado de http://www.protocolo.org/social/en_la_mesa/protocolo_mesa.html

> | 3 | Volved a leer las normas y fijaos en las frases resaltadas. Todas estas expresiones se usan para un fin determinado. Aquí aparecen ordenadas. Leed para qué se usan y elegid el título más adecuado para el cuadro entre las opciones que están debajo.

Expresar

✗ Para hablar de normas y obligaciones, de manera informal, puedes usar las siguientes estructuras:

- *(No) **Poder/deber** + infinitivo:*
  - *Durante una presentación de un compañero **puedes** tomar notas.*
  - *__Debes__ apuntar los deberes en tu agenda a diario.*

✗ En situaciones formales, y sobre todo en lengua escrita, en los textos que expresan de manera directa normas y obligaciones, se usan estructuras impersonales:

- *(No) **Se puede/debe** + infinitivo:*
  - *No **se puede** jugar con los cubiertos.*
  - *No **se debe** inclinar el plato.*

- *(No) **Está permitido/Se permite** + infinitivo:*
  - *Comer con las manos solo **está permitido** en casos muy concretos.*

- *(No) **Está bien/mal visto** + infinitivo:*
  - *__Está mal visto__ levantarse de la mesa.*

- *__Está prohibido/Se prohíbe__ + infinitivo:*
  - *__Está prohibido__ utilizar el móvil durante las clases.*

✗ Estas estructuras, en la lengua oral, pueden resultar descorteses y se usan para advertir al interlocutor:
  - *Por favor, señor, no está permitido tener el móvil conectado durante el vuelo.*

  ✗ mandato y obligación   ✗ necesidades y preferencias
  ✗ obligación, permiso y prohibición   ✗ quejas y protestas

| 3.1. | ¿Qué buenos modales soléis tener en clase? ¿Qué pensáis de las normas de la clase? ¿Os gustaría cambiar alguna? En grupos, discutid en relación a estos temas: ropa, horarios, móvil, convivencia, material, comida, respeto por los compañeros y el profesor... Una vez que os pongáis de acuerdo, elaborad un decálogo de normas. Recordad las expresiones del cuadro anterior.

El decálogo de mi grupo

| 3.2. | 🏛️ 🌐 Levantaos y leed las normas que han escrito el resto de grupos. Uno de vosotros escribe en la pizarra las normas en las que coincidís todos. Después, tenéis que llegar a un consenso sobre el resto de normas sugeridas por los grupos para completar el decálogo. Pensad en qué sugerencias son mejores para todos. Debéis justificar vuestros argumentos.

| 3.3. | 🏛️ 🌐 Una vez consensuadas las normas de clase, haced un cartel con ellas y colgadlo en un lugar visible de la clase. Podéis incluir imágenes.

| Sensaciones |

> | 4 | ⚓ 🌐 Explica a tu compañero cómo te sientes en las siguientes situaciones y comparte con él tus sensaciones.

1 Estás hablando en español y el profesor está tomando notas.
- ○ a. inquieto/a
- ○ b. sorprendido/a
- ○ c. satisfecho/a

2 Mientras estás hablando, una persona del grupo está hablando con el compañero.
- ○ a. enfadado/a
- ○ b. indiferente
- ○ c. inseguro/a

3 Preguntas por una dirección en la calle y no te entienden.
- ○ a. nervioso/a
- ○ b. sorprendido/a
- ○ c. molesto/a

4 Estás respondiendo a una pregunta y un compañero te interrumpe constantemente.
- ○ a. nervioso/a
- ○ b. indiferente
- ○ c. molesto/a

 ¿Qué he aprendido?

1 Clasifica las siguientes frases según su uso. Hay dos incorrectas. Localízalas y corrígelas.

	Lugar	Tiempo	Descripción de la persona	Estados de la persona	Profesión	Otros
1 ¡Qué contenta estoy!	○	○	○	○	○	○
2 El cielo es azul.	○	○	○	○	○	○
3 Hoy es sábado.	○	○	○	○	○	○
4 Pepe está durmiendo la siesta.	○	○	○	○	○	○
5 Mi casa está por el centro.	○	○	○	○	○	○
6 Mi hijo es rubio.	○	○	○	○	○	○
7 Ese chico está mulato.	○	○	○	○	○	○
8 Estoy de profesora en una escuela de español.	○	○	○	○	○	○
9 Soy muy nervioso hoy, no sé qué me pasa.	○	○	○	○	○	○
10 El concierto es en el auditorio.	○	○	○	○	○	○

2 Imagínate que estás en un hospital. Piensa en una cosa que está prohibida, otra que se debe hacer y otra que no se puede hacer. Exprésalo por escrito.

3 Escribe una frase comparativa sobre estos elementos.
- España/México ....
- La comida italiana/la comida china ....

4 Compara tus ejercicios de expresión escrita de esta unidad con los de las primeras veces que empezaste a escribir en español. ¿Has notado diferencias? Explícalas.

5 Al estudiar costumbres de diferentes países hispanos y compararlas con las de tu país, ¿ha cambiado tu opinión sobre los diferentes temas? ¿Crees que eres más abierto?

14 ¡CÓMO ÉRAMOS ANTES!

Contenidos funcionales
- Describir personas y acciones habituales en el pasado.
- Evocar recuerdos.
- Comparar cualidades y acciones y establecer diferencias.
- Hablar de hechos, hábitos y costumbres del pasado comparados con el presente.

Contenidos gramaticales
- Morfología y uso del pretérito imperfecto.
- Marcadores temporales de pretérito imperfecto: *antes*, *mientras*, *siempre*, *todos los días*, *cuando*…
- Contraste pretérito imperfecto/presente de indicativo.
- *Soler* + infinitivo.

Tipos de texto y léxico
- Texto informativo.
- Foro de discusión.
- Sinónimos y antónimos.
- Acepciones de una palabra.
- Léxico relacionado con el móvil.
- Léxico sobre la movida madrileña.

El componente estratégico
- Contrastar la forma estructural de transmitir información en español con la de la lengua materna.
- Estrategias para inferir varios significados de una palabra.
- Inferir el cambio de significado de un párrafo según el uso de antónimos y sinónimos.

Contenidos culturales
- Juegos y objetos tradicionales en España.
- Adelantos técnicos informáticos: el móvil.
- Los años 80 en España: la movida madrileña.
- Los años 80 en Chile.

Ortografía/Fonética

- Contraste de los sonidos /k/ y /g/.
- Reglas de ortografía de *c*/ *qu*/*k*.

---

1 ¿CÓMO ERA LA VIDA SIN MÓVIL?

> | 1 | Fijaos en esta imagen. Hace referencia a la historia del móvil. Intentad contar su evolución.

| 1.1. | (391) Escuchad la historia del móvil y anotad las características que se mencionan.

> Primer móvil	> Segunda generación de móviles	> Móviles actuales

Fíjate

  ✗ En España se usa el término **teléfono móvil**, o simplemente, **móvil**. En Hispanoamérica, el término habitual es **celular**.

| 1.2. | Comparad vuestra historia con la que habéis escuchado y comentad las diferencias. ¿Qué habéis aprendido?

> | 2 | Vas a leer las intervenciones en un foro donde usuarios de móviles comentan cómo era su vida sin teléfono móvil. Antes de leer, elige cuál de las siguientes opiniones crees que es la mayoritaria. Luego, lee y comprueba tu respuesta.

1 La vida sin móvil era muy aburrida y la mayor parte del tiempo la gente no sabía qué hacer.

2 La vida sin móvil era más libre. Nadie te controlaba y la comunicación entre las personas era más fluida.

3 La vida sin móvil era peligrosa. Si, por ejemplo, tenías un accidente de coche, no podías avisar a nadie y estabas horas y horas esperando en la carretera.

4 La vida sin móvil era muy lenta. Había que esperar a llegar a casa o al trabajo para poder resolver los diferentes problemas e imprevistos que se presentaban.

5 Era muy agradable por un lado pero, por otro, la gente no se comunicaba ni hablaba como ahora.

○○○　　　　　　　Foro - ¿Cómo era mi vida antes del móvil?

Foro Conectados

[+] Crear nuevo foro　　　　　　　　　　　　　　　🔍 Buscar

Los foros > Móviles > ¿Cómo era mi vida antes del móvil?

 Era bastante más agradable, me parece recordar.
Antes, la vida sin móviles era bastante más libre. No estabas constantemente controlado como ahora. De todas formas, si quieres un consejo, te lo doy: intenta no llevarlo nunca. Solo cuando vas de viaje o en casos de extrema necesidad. Veras qué bien estás. Yo lo hago algunas veces y me encuentro más libre.
enviado el 31/08 a las 18:03
por: MARIAN

 Normalmente las personas estaban menos tensas porque la gente aprendía a tener paciencia, si no te localizaban en un teléfono fijo entonces te esperaban. Pero ahora, si no respondes al móvil, se desesperan… La vida era menos agitada y no había esta esclavitud… Hoy hay mucha gente que se pone enferma si no suena el móvil. Y lo más importante: la gente te atendía cuando hablabas… Ahora, en las reuniones hay mucha gente más pendiente del móvil que de las personas que tienen enfrente.
enviado el 31/08 a las 20:34
por: SIRO

 Se podría decir que yo nací con un móvil en la mano. Y solo veo muchas cosas positivas… Puedes contactar con las personas que quieres o necesitas en cualquier momento del día, estés donde estés. Antes no. No sé cómo podían vivir sin él. Es fenomenal. No me imagino la vida sin móvil.
enviado el 1/09 a las 10:00
por: LUCÍA

 Yo creo que la vida sin celulares era feliz… Ahora saben dónde estoy y qué hago todo el tiempo… Recuerdo, cuando yo era adolescente, que salía con mis amigos y tenía que estar en casa a las diez de la noche. Pero mis padres casi nunca podían localizarme: "¿Dónde estás? ¿Qué haces?". Hasta las diez yo era libre, no tenía que dar explicaciones a nadie…
enviado el 1/09 a las 10:35
por: ROBERTO

 ¡Maravillosa! Tenías más tiempo para ver a la gente que te interesaba en persona, y tenías la oportunidad de conversar más mientras te tomabas algo, y podías perderte un rato 😂. El celular te obliga a estar disponible siempre y te pueden llamar en cualquier momento, ya no hay vida privada… Bueno, ya te imaginas, antes teníamos la costumbre de no interrumpir a horas inapropiadas, muy temprano o después de las diez de la noche, no se hablaba por teléfono mientras comíamos, y siempre se tenía la cortesía de preguntar si interrumpías… Ahora eso se acabó, el celular acabó con las buenas costumbres.
enviado el 1/09 a las 12:00
por: AZABACHE

 No vivíamos tan estresados, nunca regresábamos a casa cuando se nos olvidaba el móvil. Teníamos un número por familia; ahora tenemos uno por cada miembro de la familia. Lo mejor era que nadie te llamaba a cada rato para preguntarte dónde estabas, con quién y a qué hora ibas a llegar.
enviado el 1/09 a las 12:05
por: LEO

| 2.1. | Volved a leer las opiniones y anotad cinco frases referentes a cómo era antes la vida sin el móvil y cómo es ahora.

ANTES *(sin móvil)*

…tenías más tiempo para ver a la gente.

1 ....
2 ....
3 ....
4 ....
5 ....

AHORA *(con móvil)*

…saben dónde estoy y qué hago todo el tiempo.

1 ....
2 ....
3 ....
4 ....
5 ....

| 2.2. | Analizad las frases que habéis anotado en el cuadro "Antes". Esta nueva forma verbal, que se refiere al pasado, es el pretérito imperfecto. Deducid las formas que faltan, analizando la información del cuadro.

Pedir y dar información

x Verbos **regulares**:

	x Verbos en *–ar* x	x Verbos en *–er* x	x Verbos en *–ir* x
	Est**ar**	Ten**er**	Sal**ir**
Yo	est**aba**	ten**ía**	[5] ....
Tú	est**abas**	[3]	sal**ías**
Él/ella/usted	[1]	ten**ía**	sal**ía**
Nosotros/as	est**ábamos**	[4]	sal**íamos**
Vosotros/as	est**abais**	ten**íais**	[6] ....
Ellos/ellas/ustedes	[2]	ten**ían**	sal**ían**

Fíjate

x Los verbos en *–er*/*–ir* tienen las mismas terminaciones.

x La primera y la tercera persona del singular tienen la misma forma en las tres conjugaciones.

x Solo hay tres verbos **irregulares**:

	x Ser x	x Ir x	x Ver x
Yo	**era**	**iba**	**veía**
Tú	**eras**	**ibas**	**veías**
Él/ella/usted	**era**	[8]	**veía**
Nosotros/as	**éramos**	**íbamos**	[9] ....
Vosotros/as	[7]	**ibais**	**veíais**
Ellos/ellas/ustedes	**eran**	**iban**	**veían**

| 2.3. | 👤 ⚙️ Ahora lee para qué se utiliza el imperfecto de indicativo y completa los ejemplos.

Usos del pretérito imperfecto

✖ El pretérito imperfecto es un tiempo **pasado** que presenta la acción como un **proceso** sin indicar su final, en contraste con el pretérito indefinido que presenta las acciones completamente terminadas.

Por esta razón, el imperfecto se usa para:

• Expresar acciones **habituales** en el pasado:

– *Cuando (ser, yo)* .... *adolescente, (tener, yo)* .... *que estar en casa a las diez de la noche.*

• **Describir** personas, cosas o lugares en el pasado:

– *No (vivir, nosotros)* .... *tan estresados.*

• Expresar dos acciones **simultáneas** en el pasado:

– *Siempre se (tener)* .... *la cortesía de preguntar si (interrumpir, tú)* ....

✖ Las **expresiones temporales** que acompañan al pretérito imperfecto:

• Expresan **habitualidad**: *generalmente, habitualmente, normalmente, a veces, muchas veces, siempre, casi siempre, nunca, casi nunca, a menudo, todos los días/los meses/los años, por las mañanas/las tardes/las noches…*

– *Normalmente las personas (estar)* .... *menos tensas porque la gente (aprender)* .... *a tener paciencia.*

– *Mis padres casi nunca (poder)* .... *localizarme.*

• **Evocan una época** del pasado: *antes, cuando era pequeño/a, cuando vivía en Sevilla…*

– *Antes la vida sin móviles (ser)* .... *bastante más libre.*

• O sirven para hablar de **dos acciones simultáneas**: *mientras, cuando…*

– *No se (hablar)* .... *por teléfono mientras (comer, nosotros)* ....

– *Nunca* .... *(regresar, nosotros) a casa cuando se nos* .... *(olvidar) el móvil.*

> | 3 | ⚙️ ➕ ¿Existe alguna forma o expresión verbal en vuestra lengua materna para hablar así del pasado? ¿Cómo lo expresáis? Escribid la correspondencia con vuestra lengua materna de algunas de las frases que habéis visto en la actividad 2.1.

EN ESPAÑOL	EN MI LENGUA
– *Antes la vida sin móviles era bastante más libre.* – *No vivíamos tan estresados, nunca regresábamos a casa cuando se nos olvidaba el móvil.*	

> |4| ¿Tienes un teléfono inteligente (*smartphone*)? Piensa qué ha supuesto en tu vida con respecto al móvil tradicional. Escribe en el foro anterior, introduciendo una nueva entrada sobre este tema. Puedes seguir el modelo de las intervenciones anteriores.

○○○ Foro - ¿Cómo era mi vida antes del móvil?

Foro Conectados

➕ Crear nuevo foro   🔍 Buscar

Los foros >Móviles>¿Cómo era mi vida antes del móvil?

. . . .

. . . .

. . . .

. . . .

. . . .

El foro

✗ El **foro** es un entorno web donde distintas personas *conversan* sobre un tema de interés común. Es, esencialmente, una técnica oral, realizada en grupos. Es importante saber que:
- Se debe utilizar un lenguaje informal, pero respetuoso.
- Se debe escribir correctamente, sin faltas de ortografía y sin cortar palabras.
- No se debe escribir en mayúsculas, ni en el título ni en el cuerpo del mensaje, porque es una falta de educación.
- El título debe ser corto y preciso para conocer fácilmente de qué trata el mensaje o artículo (*post*).

| Cultura |

> |5| Observa las siguientes imágenes. Estos eran juegos populares en España en los años ochenta. ¿Los conoces? ¿Cómo se llaman?

A ☐

B ☐

C ☐

D ☐

E ☐
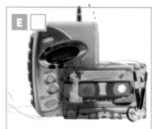

|5.1.| Escucha a estas personas que nos hablan de las imágenes anteriores y de sus recuerdos de niñez. Ordena las imágenes según se mencionan en el audio.
|40|

> | 6 | 🌐💬 Levántate y elige a un compañero. Pregúntale cómo era antes, en su niñez, y cómo es ahora, qué hacía, a qué y con qué jugaba, qué hace ahora, etc., y completa esta ficha. Una vez completada, cópiala y cuélgala en un lugar visible de la clase.

Nombre: ....

	Antes	Ahora
Físico	....	....
Carácter	....	....
Estudios	....	....
Familia	....	....
Aficiones	....	....
Gustos	....	....

| 6.1. | 🎯🔵 Leed todas las fichas y buscad en la clase al protagonista de la historia más interesante. Explícaselo al resto de la clase, justificando y argumentando tus razones.

2 ¡QUÉ MOVIDA!

> | 1 | 🌐➕ La palabra *movida* tiene varios significados en español. Aquí te proponemos algunos de ellos que puedes deducir según el ejemplo que les corresponde. Relaciónalos.

| 1. El viaje fue muy movido. .... ✳ |
| 2. He tenido un día muy movido. .... ✳ |
| 3. ¡Qué movida tuve con Luis! .... ✳ |
| 4. Ayer por la noche, al salir de la discoteca, ¡se armó una movida…! .... ✳ |
| 5. Este fin de semana vamos a ir a las fiestas de mi pueblo porque seguro que hay movida. .... ✳ |

| ✳ a. Juerga, diversión. |
| ✳ b. Haber incidencias imprevistas. |
| ✳ c. Enfado, discusión. |
| ✳ d. Haber jaleo, confusión, desorden. |
| ✳ e. Tener mucho trabajo o gestiones a veces problemáticas. |

| 1.1. | 🎯🔵 Ahora que ya conocéis algunos significados de la palabra *movida*, mirad estas fotos y comentad cuáles corresponden a la expresión *¡hay movida!*

> | 2 | ¿Has oído hablar de la *movida madrileña*? Lee este texto para tener información y anota, después de leer cada párrafo, la idea que se transmite.

Cultura

LA MOVIDA MADRILEÑA

Los diez años que transcurren entre 1975 y 1985 representan un momento de cambio esencial en la historia de España. Después de la muerte de Franco, el país **comenzó** una etapa de transición hacia la democracia en la que políticos de aquel momento, como Enrique Tierno Galván, alcalde de Madrid, **apoyaban** el cambio e incorporaban la cultura juvenil a la vida del Madrid de la época. Este periodo se caracterizó por **rechazar** el compromiso político, y por buscar nuevas formas de expresión en el cine, la música, los cómics, la fotografía, la pintura, la moda y el diseño.

Después de la muerte de Franco, comienza un cambio importante en la sociedad española, no solo político, sino también cultural.

Alaska

Este proceso, desarrollado ya años antes en otros países occidentales, **implicó** la aparición, por primera vez en España, de la juventud como grupo social diferenciado, con sus propias prácticas, valores y símbolos, que **reivindicaban** una cultura propia: son los años de la *movida madrileña*. Este grupo social usaba un argot (lenguaje) muy característico denominado *cheli*.

La música fue el arte que **inició** el movimiento. No había un estilo musical definido sino que existían grupos muy variados: desde el tecno-pop (Mecano) hasta el pop (Alaska y los Pegamoides, Radio Futura) pasando por el rock (Rosendo). La nueva manera de entender la cultura se extendió rápidamente a todas las otras formas artísticas: cine, cómic, televisión, prensa, radio… Hubo, sobre todo, una nueva forma de **entender** la vida, especialmente la nocturna.

La *movida* fue un movimiento cultural de Madrid, pero rápidamente se extendió al resto de ciudades españolas. Se consideró un cambio radical en la sociedad de los 80. En la actualidad, podemos visitar los lugares emblemáticos de Madrid, como el barrio de Malasaña, donde la vida nocturna de aquella época **dejó huella**.

| 2.1. | Formad equipos de cuatro personas y seguid las pautas.

1 Fijaos en las palabras en negrita del texto. Repartidlas entre los cuatro y buscad tres palabras para cada una: un antónimo, un sinónimo y una palabra sin relación de significado con la original.

1. Comenzar:
2. Apoyar:
3. Rechazar:
4. Entender:

5. Implicar:
6. Reivindicar:
7. Iniciar:
8. Dejar huella:

2 Intercambiad vuestras palabras con otro grupo.

3 En la lista que os han entregado, localizad los antónimos y los sinónimos de cada palabra. Tachad la que no tiene ninguna relación de significado con la original.

4 El profesor va a dividir la pizarra en dos columnas: antónimos y sinónimos. Un representante de cada grupo sale a la pizarra y clasifica sus palabras en la columna correspondiente.

CONTINÚA »

5 De nuevo, en grupos, elegid un antónimo de los que están escritos en la pizarra para cada palabra en negrita del texto y sustituidlo.

6 Leed el texto, ¿qué pasa cuando se sustituyen las palabras clave por los correspondientes antónimos? ¿Qué párrafos pierden sentido? ¿Qué párrafos transmiten una información contraria?

> **3** Vais a escuchar una entrevista de Radio 4, en la que dos personas nos explican qué hacían y cómo vivían en los años de la movida madrileña. Antes de escuchar, mirad las fotos y marcad con una X las informaciones que creéis que son correctas.

Antes de escuchar	**Los protagonistas...**	Después de escuchar
○ **1**	Eran jóvenes.	○
○ **2**	Solo buscaban divertirse. No estudiaban ni trabajaban...............	○
○ **3**	Vivían en casa de sus padres............	○
○ **4**	Solo salían los fines de semana..........	○
○ **5**	Vivían la movida madrileña.	○
○ **6**	Había muchos grupos de música..........	○
○ **7**	Vestían de manera clásica.	○
○ **8**	Llevaban el pelo de colores.	○
○ **9**	No tenían mucha libertad.	○

|3.1.|  Ahora escuchad la entrevista y marcad la información correcta. ¿Coincide con lo que
|41| habíais respondido antes? ¿Por qué?

|| Intercultura ||

|3.2.| ¿Ha habido en vuestro país algún movimiento de estas características que haya influido en la cultura, el arte, el cine, la música, el lenguaje...? Explicádselo a vuestros compañeros.

> **4** Lee este texto donde se describen algunos sucesos y costumbres del Chile de los 80, y comprueba tus suposiciones anteriores.

Si hay una década reciente que merece ser revisada dentro de la historia de Chile, es esta. Llena de sucesos que se quedaron en la memoria de la gente, como el Mundial de Fútbol de 1982 (Barcelona, España) por sus malos resultados, o el violento terremoto de 1985. Un periodo nostálgico pero también conflictivo, si recordamos el atentado a Augusto Pinochet (1986), que la gente no ha olvidado.

¿Quién no recuerda los famosos pantalones decolorados o *nevados*, las camisas *amasadas*[1], los peinados estilo punk o la música *New Wave*? Era la moda de los años ochenta. Y si bien hoy en día puede resultar sorprendente o raro, se trata de una época en la cual el mundo cambió.

Todo ello son recuerdos colectivos durante años difíciles, con problemas económicos y censuras, con el *toque de queda*. En los 80 el toque de queda marcaba la vida social de quienes eran jóvenes. Cada vez que se aplicaba, dejaba poco tiempo para salir a discotecas o bares, lugares comunes para divertirse. Muchas veces, las fiestas **solían** organizarse en casas y duraban hasta la mañana siguiente, cuando ya se podía salir nuevamente a la calle.

Los padres, también llamados *jefes de familia*, siempre buscaban mejorar la situación económica del hogar, mientras que las madres **solían** cuidar de los hijos y **solían** hacer las labores de la casa. Los que vivieron en aquella época recuerdan con nostalgia los vínculos que existían entre los vecinos, los ritos familiares como los almuerzos o las cenas, y el afecto de los amigos y conocidos que llevaba a la gente a sentirse más protegida. ■

[1] Una camisa amasada es una camisa de tela arrugada.

| 4.1. | 👤🌐 Completa con la información del texto.

1 Resume los sucesos que marcaron el Chile de los años 80, según el texto.

. . . .

. . . .

2 Describe cómo transcurría una fiesta en aquella época.

. . . .

. . . .

3 Resume los valores de la sociedad chilena de los 80.

. . . .

. . . .

| 4.2. | 👤🌐 Observa las palabras resaltadas del texto, lee la información del cuadro y completa las siguientes frases.

Expresar acciones habituales en presente y pasado

✖ Para expresar acciones habituales en presente y pasado podemos utilizar la estructura **soler** + infinitivo:

 – Yo **suelo** ir al cine los domingos. – Las fiestas **solían** organizarse en casas.

1 Cuando éramos pequeños .... jugar en la calle todos los días.

2 En mi juventud .... (yo) escuchar solo música española. Ahora .... (yo) escuchar también la extranjera.

3 Los lunes Marta .... tener clases de judo. Así que no podemos contar con ella.

4 Siempre .... quedar en el quiosco de la plaza y comprábamos golosinas.

5 Nunca .... (ellos) acudir a clase antes de las nueve.

6 Juan, ¿qué deportes .... practicar cuando llega el verano?

>| 5 | ⚓🌐 Comparad la vida de Chile y de España en los años 80. Anotad las similitudes y diferencias.

	Similitudes	Diferencias
España	– En los dos países los jóvenes solían llevar peinados tipo punk: el pelo de punta y de colores.	– España acababa de salir de una dictadura, mientras que Chile vivía bajo un régimen totalitario.
Chile		

> | **6** | ¿Cómo era la vida en tu país en los años 80? ¿Qué solían hacer los jóvenes? Busca información y escribe un texto o prepara una presentación en Power Point. Puedes hablar de su forma de vestir, de los peinados que llevaban, de la música que oían, de las películas más famosas de la época, de su manera de divertirse... Después, preséntaselo a tus compañeros.

....
....
....
....
....
....
....
....
....
....
....

¿Qué he aprendido?

1 Escribe el verbo entre paréntesis en la forma correcta del pretérito imperfecto.

1. La casa de Paula (ser) .... muy grande, (parecer) .... una mansión.
2. Antonio antes (jugar) .... al fútbol todos los domingos.
3. Antes de tomar vitaminas, siempre me (sentir, yo) .... cansada.
4. Cuando (ser, yo) .... pequeña, (ir, yo) .... todos los domingos a correr.
5. De pequeño, me (costar) .... mucho estudiar.
6. Antes (dormir, nosotros) .... hasta muy tarde.
7. Todos los fines de semana mi hermana me (pedir) .... el coche para ir a la discoteca.
8. En mi adolescencia, siempre (jugar) .... al baloncesto.
9. Los amigos de mi hermana (tener) .... un grupo de rock y (tocar) .... en el garaje de casa.

2 Explica los usos principales del pretérito imperfecto y pon un ejemplo.

3 Escribe tres frases que empiecen con *antes* y contrasten con *ahora*.

4 ¿Te acuerdas de la palabra *movida*? Escribe dos frases en las que tenga un significado diferente.

5 ¿Sabes definir la movida madrileña y situarla en una época?

6 ¿Para qué te sirve conocer los antónimos de las palabras?

7 Escribe los antónimos de:

• Hablar: ....   • Destruir: ....   • Hacer: ....

Contenidos funcionales

- Hablar de las circunstancias en las que se desarrolló un acontecimiento.
- Narrar sucesos e historias reales o ficticias.
- Describir rasgos y características físicas de personas, animales y cosas.
- Expresar sorpresa y desilusión. Lamentarse.
- Hacer cumplidos y responder.

Contenidos gramaticales

- Contraste pretérito imperfecto/pretérito indefinido.
- *Estar* (pretérito imperfecto) + gerundio.
- Recursos lingüísticos para reaccionar en la conversación.
- *Es de/Está hecho de* + materia/*Procede de* + artículo + nombre/*Sirve para* + infinitivo.
- Recursos lingüísticos para narrar.

Tipos de texto y léxico

- Titular periodístico.
- Texto narrativo.
- Texto informativo: noticias.
- Léxico relacionado con los cuentos.
- Adjetivos de descripción física y de carácter.

El componente estratégico

- Identificar expresiones de comunicación en un diálogo y aplicarlas a una tarea.
- Valorar el componente lúdico como parte del proceso de aprendizaje.

Contenidos culturales

- Anécdotas curiosas.
- El cuento.

Ortografía/Fonética

- Contraste de los sonidos /c/ y /z/.
- El ceceo y el seseo.
- Las normas de ortografía de *c* y *z*.

1 ¡QUÉ CURIOSO!

> | 1 | Observad las imágenes. ¿Creéis en las casualidades o coincidencias? ¿Tenéis alguna foto de estas características? ¿Cómo es?

> | 2 | Lee el siguiente texto. ¿Crees que todo fue fruto de la casualidad?

El hombre que sobrevivió a cinco rayos

Las posibilidades de ser alcanzado por un rayo son muy escasas; las oportunidades de que esto se repita (en días diferentes) es aparentemente imposible; entonces, ¿qué probabilidades hay de ser golpeado por un rayo cinco veces? ¿Es pura casualidad? Para Roy Sullivan, los acontecimientos sucedieron de la siguiente manera:

1942 – El primer rayo golpeó a Sullivan en una pierna y perdió la uña del dedo gordo del pie.

1969 – El segundo le dejó inconsciente y le quemó las cejas.

1970 – El tercer rayo le quemó el hombro izquierdo.

1972 – El siguiente le quemó el pelo.

1977 – En el quinto y último Sullivan fue hospitalizado por quemaduras en el pecho y el estómago.

Sus sombreros quemados se muestran en la galería Guinness de Carolina del Sur y Nueva York. ■

| 2.1. | Ahora escucha la noticia para saber en qué circunstancias le ocurrieron estos accidentes y completa las tablas.
|42|

	Acontecimiento o acción	Circunstancia o contexto
1942	Le golpeó en una pierna y perdió una uña.	Se encontraba en un mirador.
1969		
1970		
1972		
1977		

| 2.2. | Leed la información y completad el cuadro analizando los ejemplos anteriores.

Acción/circunstancia

✗ Para presentar las **acciones** y los **acontecimientos** se usa el pretérito [1] ....:

  – Cuando **recibió** su primera descarga eléctrica, el rayo le **impactó** en la pierna.

✗ Para describir las **circunstancias**, los **contextos**, los **escenarios**… se utiliza el pretérito [2] ....:

  – Sullivan **se encontraba** en un mirador del Parque Nacional Shenandoah.

✗ Para **combinar acciones con circunstancias**, contextos, escenarios… se utiliza el pretérito [3] .... y el pretérito [4] ....:

  – Sullivan **se encontraba** en un mirador del Parque Nacional Shenandoah cuando **recibió** la descarga del rayo.

| 2.3. | Aquí tienes otra coincidencia curiosa. Fíjate en los acontecimientos y en las circunstancias que la rodean, y elige el tiempo adecuado.

El libro de la infancia

En el año 1920, mientras la novelista norteamericana Anne Parrish [1] (recorrer)..................... las librerías de París, [2] (encontrarse) .... con un ejemplar de uno de sus libros favoritos de infancia: *Jack Frost y otras historias*. [3] (Coger)..................... el viejo libro de la estantería y se lo [4] (enseñar)..................... a su marido, diciéndole que ese era el libro que con más cariño [5] (recordar)..................... de su infancia. Su marido [6] (abrir)..................... el ejemplar y en la primera hoja [7] (descubrir)..................... la inscripción: "Anne Parrish, 209 n. Weber Street, Colorado". ¡[8] (Ser)..................... el mismo ejemplar que [9] (leer) .... Anne! ■

Adaptado de http://www.planetacurioso.com/2010/02/05/las-10-coincidencias-mas-curiosas-y-raras

>|3| 🗣️🌐 Elige una de las siguientes casualidades y escribe una historia divertida. Piensa en dónde estabas, con quién, qué tiempo hacía, qué pasó... También puedes escribir otra casualidad distinta que conozcas o inventes.

- ✕ Soñé con esa persona y me la encontré.
- ✕ Necesitaba un trabajo y me llamaron ese día.
- ✕ Nacimos el mismo día.

- ✕ Nos llamábamos igual.
- ✕ Me lo encontré en un pueblo perdido.
- ✕ Otro: . . . .

|3.1.| 🗣️🌐 ¿Y tú? ¿Tienes algo curioso que contar? Haz memoria y escribe sobre estos hechos de tu vida.

¿Puedes recordar...	Hechos o información
...cuándo empezaste a aprender español?	*Me apunté a un curso de español en 2010. Llegué a Madrid un día antes y...*
...alguna vez en que pasaste mucho miedo?	
...cuándo pasaste la primera noche fuera de casa?	
...un momento que te emocionó mucho?	

|3.2.| 🗣️🌐 Tu compañero te va a contar sus anécdotas, pero ha olvidado las circunstancias en las que todo ocurrió. Hazle preguntas a medida que te va contando su historia. Sigue el ejemplo.

🔘 Voy a contarte cuándo empecé a estudiar español. Me apunté a un curso de español en 2010.

🔘 ¿Cuántos años tenías?

🔘 Tenía 23 años. Llegué un día antes de empezar el curso.

🔘 ¿Qué tiempo hacía? ¿Era tu primera vez en Madrid?

2 ¡VAYA NOTICIA!

>|1| 🌐 Lee este titular que ha salido en un periódico. ¿De qué crees que trata la noticia? ¿Conoces este síndrome? ¿En qué crees que consiste?

SÍNDROME DE ACENTO EXTRANJERO

|1.1.| 🗣️🌐 Lee la siguiente noticia e inserta en el texto estas circunstancias para completarla.

- ✕ ...era culpa de la fractura de mandíbula
- ✕ ...cuando iba en su coche a casa de sus padres
- ✕ ...sentía mucha vergüenza al hablar en público

- ✕ ...mientras se curaba de sus múltiples heridas
- ✕ ...se debía al daño producido en la parte del cerebro que se ocupa del habla

SÍNDROME DE ACENTO EXTRANJERO

Leanne Rowe, una mujer australiana, es víctima de uno de los síndromes más extraños del mundo: síndrome de acento extranjero. Ocho años atrás, la mujer sufrió un accidente [1] .... A la semana,
[2] ...., para su sorpresa, comenzó a hablar con acento francés.

Tanto médicos como amigos y familiares creyeron que [3] ....
.... que sufrió en el accidente pero, ocho años después, con la mandíbula curada, Rowe siguió hablando de la misma manera. Aunque el fenómeno es fascinante, la australiana aseguró que [4] ....,
y esto ha perjudicado su vida en muchos sentidos.

Los médicos nos aseguraron que esta extraña enfermedad contaba con muy pocos ejemplos en el mundo, y que [5] ....
.... ■

Adaptado de http://www.noticiaslocas.com/

| Sensaciones |

| 1.2. |  Ahora que conocéis este síndrome, ¿qué opináis? ¿Cuál es vuestro sentimiento sobre tener acento de extranjero? ¿Por qué?

○ vergüenza   ○ orgullo   ○ timidez   ○ confianza   ○ inseguridad

○ Otro: _____

— *Mi acento inglés me da confianza al hablar español porque así la gente sabe que soy extranjera y entienden que no hable perfectamente.*

>| 2 | Este es el dibujo que hizo la policía sobre el accidente de Leanne. ¿Qué pasó? Escríbelo.

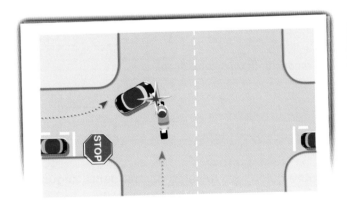

| 2.1. | Fíjate en la información del cuadro, lee las declaraciones que Leanne y el otro conductor hicieron a la policía, y separa con tu compañero las acciones terminadas de las no terminadas.

Estar + gerundio

✗ Podemos expresar las circunstancias que rodearon unos hechos usando la forma del **pretérito imperfecto** del verbo *estar* + **gerundio**. Esas circunstancias incluyen acciones que fueron interrumpidas:

— *Estaba conduciendo cuando se cruzó una moto.*
   (La acción de conducir es interrumpida por el cruce de la moto).

CONTINÚA ⟩⟩

Leanne: Señor policía, yo estaba conduciendo más despacio que nunca, ¡se lo aseguro! Y, de repente, apareció un loco en una moto. No pude frenar.

Policía: ¿Y qué estaba haciendo usted a esas horas por ese callejón?

Leanne: Estaba intentando llegar antes a casa de mis padres, por eso elegí un atajo[1]. Reconozco que estaba conduciendo nerviosa, pero fue él el culpable.

[1] Camino más corto para llegar a un lugar.

Conductor: Yo iba circulando tan tranquilo, como siempre, cuando una loca con un deportivo azul se cruzó a toda velocidad.

Policía: ¿Y qué estaba haciendo usted en el lugar de los hechos a esas horas?

Conductor: Estaba buscando alguna tienda abierta para comprar unos regalos de cumpleaños. Admito que iba mirando a todas partes, pero ella fue la que tuvo la culpa.

> **Acciones terminadas**

> **Acciones interrumpidas no terminadas**

| 2.2. | 🎧 Escucha las declaraciones de los testigos cuando les preguntó la policía sobre lo sucedido y completa los datos que faltan.

[43]

Testigo	Afirmación	Descripción del hecho	A favor de...
	Lo vio todo.	Ella circulaba a toda velocidad hablando por el móvil.	
La mujer del mecánico	Escuchó un ruido tremendo.		
El astrónomo			Ninguno
		El conductor llevaba gafas de sol.	
	El conductor nunca conduce con gafas y era de noche.		El conductor

| 2.3. | Pídele a tu compañero su opinión sobre quién tuvo la culpa del accidente, según las declaraciones de los testigos. Uno de ellos miente. ¿Quién? Justifica tu respuesta.

| 2.4. | ¿A quién defiendes tú? ¿A Leanne o al conductor? Escribe una crónica sobre el accidente para defender la versión de uno de ellos. Puedes seguir el modelo del audio de la actividad 2.2.

ÚLTIMA HORA.   ## ACCIDENTE "LINGÜÍSTICO"

Anoche, alrededor de las ocho, tuvo lugar un espectacular accidente en un callejón del centro de la ciudad. El conductor de una motocicleta, y Leanne, que conducía su coche, tuvieron un terrible accidente. ......Yo...

Sensaciones

> | 3 | En la actividad anterior habéis participado en una actividad lúdica. Elegid, entre todos, las opciones con las que os sentís más identificados, argumentando vuestras opiniones.

○ Me gusta aprender jugando, pues me fuerza a ser creativo/a y me motiva.

○ La competitividad que se establece en el juego me divierte y me estimula.

○ Me gusta jugar, pero siento que no aprendo suficientemente.

○ Lo que aprendo jugando no se me olvida.

○ Siento que estoy haciendo el ridículo.

○ Creo que aprendo más si hago actividades más reflexivas.

○ Otro: . . . .

CUÉNTAME UN CUENTO

> | 1 | ¿Te gustaban los cuentos de pequeño? ¿Cuál es tu preferido? Busca a un compañero que tenga las mismas preferencias y preparad la narración para presentarla ante la clase.

Había una vez…

Fíjate

✖ **Para empezar un cuento:** *Érase una vez…, Había una vez…*

✖ **Para finalizar un cuento:** *Colorín, colorado este cuento se ha acabado.*

| 1.1. | Lee el principio de este cuento y trata de continuar la historia.

DIARIO DE UN PRÍNCIPE ABURRIDO

Hace mucho, mucho tiempo, cuando era joven, vivía en un lugar muy lejano. Era un país muy especial en el que la gente siempre estaba feliz y no tenía preocupaciones. Todo el mundo trabajaba en lo que quería, descansaba cuando le apetecía y, simplemente, disfrutaba de la vida. En mi reino, no había brujas malas, ni dragones, ni magos malvados, ni caballeros oscuros, ni princesas en apuros, ni nada de eso que dicen que hay en los cuentos. Y yo era un chico normal: mis vaqueros, mis camisetas y mi moto para recorrer los caminos del reino. A mis treinta y cuatro años vivía con mis padres, los reyes, que tenían un castillo enorme que siempre estaba lleno de gente que venía a sus impresionantes fiestas. Todo, aparentemente, parecía ideal. Pero no, no lo era porque…

. . . .

La descripción

Describir es explicar, de forma detallada y ordenada, cómo son las personas, los lugares o los objetos. La descripción de lugares se usa para ambientar la acción y crear una atmósfera creíble de los hechos que se narran.

✖ Para describir objetos, personajes, lugares y circunstancias en el pasado es habitual usar el **pretérito imperfecto:**

— ***Era*** *un objeto de metal que* ***tenía*** *una punta roja brillante.*

— *El ogro* ***era*** *muy feo y* ***tenía*** *un solo ojo grande en la frente.*

| 1.2. | 👤 👥 Lee la información y marca qué parte de la estructura de la narración ha utilizado el autor de este cuento hasta ahora.

Recursos para narrar

Para **narrar** es imprescindible conocer los usos de los diferentes pasados junto a algunos recursos típicos de una narración.

✗ ☐ Para **introducir** la historia y situarla temporalmente:

- **Un día**, *En* + fecha, **Cuando era pequeño/tenía 15 años/estaba en la universidad, A los "x" años**…
  – *María, **a los tres años**, comenzó a estudiar y aprendió a leer en poco tiempo.*
- *Hace* + periodo de tiempo:
  – ***Hace tres años**, cuando todavía era un bebé, se fue a vivir a Alemania.*
- **En esa época**…
- **Érase una vez/Había una vez/Hace mucho (mucho) tiempo**… (en los cuentos tradicionales).

✗ ☐ Para **destacar** un hecho importante:

- **(Y) De repente…/(Y) De pronto…/En ese momento…/Y allí mismo…**
  – ***De repente**, se cruzó un coche y chocó contra un camión que venía en sentido contrario.*

✗ ☐ Para **continuar** el relato:

- **Luego/Más tarde/Después/Al rato/Mucho tiempo después**…
  – ***Más tarde**, se montó en su caballo y cabalgó a través del bosque.*

✗ ☐ Para **terminar** el relato:

- **Total que…/Y por eso…/Al final**…
  – ***Al final** todo volvió a la tranquilidad y el reino vivió feliz por muchos años.*
- **Y vivieron felices y comieron perdices** (en los cuentos de príncipes y princesas).

> | 2 | 👤 👥 Lee lo que le pasó al príncipe un día cuando paseaba. Completa el texto con el tiempo correcto del pasado.

Un día [1] (ir, yo)............................ por el campo paseando. [2] (Acercarse, yo)............................
.... a un grupo de campesinos y [3] (ver, yo)................................ algo raro: uno de los campesinos [4] (girarse)........................ y, de repente, [5] (aparecer)........................ un ser que [6] (ser)................... horrible: peludo, con garras y una extraña cola. En ese momento me di cuenta de que todos los habitantes del reino me [7] (ocultar)........................ algo extraño. Muy preocupado, [8] (buscar, yo)........................ a mi hada madrina y [9] (hablar)........................ con ella. Me [10] (contar)........................ que una malvada bruja [11] (maldecir)........................ mi reino cuando nací. [12] (Esconder, ella)........................ siete objetos mágicos, cada uno de ellos protegido por una criatura fantástica terrorífica. Yo [13] (tener)........................ que descubrir quiénes [14] (ser)........................ los guardianes y quitarles los objetos mágicos para poder salvar al reino de un terrible destino. Me [15] (decir)........................ también que durante ese tiempo [16] (ir, yo)........................
.... a encontrar a mi verdadero amor y que iba a sufrir mucho por su culpa… ∎

| 2.1. | 👤 🔊 Escucha la conversación que mantuvo el príncipe con el hada madrina y comprueba
⌊44⌋ si has escrito correctamente las formas verbales.

| **2.2.** | 🧑‍🤝‍🧑 🔊 Escucha de nuevo la conversación y fíjate en cómo reaccionan los personajes. Coloca
¹⁴⁴ las expresiones que utilizan en la columna adecuada.

- ✗ ¿Qué me estás contando?
- ✗ ¡Hombre, mi príncipe favorito!
- ✗ Perdona.
- ✗ ¡Qué sorpresa!

- ✗ ¡Vaya por Dios!
- ✗ ¿Sí?
- ✗ ¡Tú también estás estupenda!
- ✗ ¿No me digas?

- ✗ ¿De verdad?
- ✗ ¡No me lo puedo creer!
- ✗ ¡Vaya!
- ✗ ¡Cuánto lo siento!

- ✗ ¿Qué?
- ✗ ¡Qué guapo estás!
- ✗ Lo siento.
- ✗ Lo lamento.

Hacer cumplidos	*Disculparse*	*Sorprenderse*	*Expresar desilusión. Lamentarse*

| **2.3.** | 🧑‍🤝‍🧑 💬 Primero, individualmente, conjugad los verbos entre paréntesis según seas alumno A o B. Luego, reacciona a lo que te cuenta tu compañero con una expresión de las que has aprendido en la actividad anterior.

ALUMNO A

1. El otro día (ir) .... conduciendo y (tener) .... un accidente.
2. ¡El año pasado no me (felicitar) .... por mi cumpleaños y todavía (estar) .... enfadado contigo!
3. Me dijo que (estar) .... genial, que me (ver) .... muy bien. ¿De verdad lo crees?
4. A los tres años Álex ya (montar) .... en bici y (saber) .... leer. (Aprender) .... a escribir con cuatro años, ¡y (terminar) .... la carrera de Medicina a los dieciséis!

ALUMNO B

1. Mi gato (tener) .... ya catorce años y el viernes pasado se (morir) ....
2. Cuando (ir, tú) .... a París, no te (acordar) .... de mí ni una vez. Ni me (llamar) .... ni me (comprar) .... ningún regalo.
3. Oye, ¿es que no me vas a decir nada de mi camisa nueva? La (comprar) .... ayer.
4. El viernes pasado, cuando (estar) .... durmiendo, (sonar) .... el teléfono. Lo (coger) .... y alguien (comenzar) .... a insultarme y a amenazarme. ¡Qué miedo!

> | **3** | ⚓ 🌐 Ahora que ya conocéis al protagonista de nuestro cuento, cread un objeto mágico de vuestra invención para ayudarle a salvar su reino. Haced un dibujo en una cartulina y escribid su descripción. Decid su nombre, tamaño, material, color, origen, uso... Fijaos en las indicaciones del cuadro.

Describir características de un objeto

- ✗ Para describir las características de un objeto podemos utilizar:
  - • ***Está hecho de/Es de*** + materia
  - • ***Procede de*** + artículo + nombre
  - • ***Sirve para*** + infinitivo
    - – *El objeto mágico es un criptoescudo. **Sirve para** protegerte y **procede de** un planeta lejano. **Está hecho de** criptonita y **es de** platino, de color verde y negro.*

| **3.1.** | 🏫 💬 Colgad vuestras descripciones y dibujos por la clase y mirad los que han hecho vuestros compañeros. ¿Cuál os gusta más? ¿Cuál es el más original? ¿Cuál está mejor dibujado? ¿Cuál os gustaría tener?

> | **4** | Fijaos en las imágenes. ¿A qué cuentos hacen referencia?

| **4.1.** | En grupos, vais a crear un cuento completo. Seguid las pautas.

1 Decidid, entre todos, quiénes serán los personajes principales del cuento y los objetos mágicos. Dividid la clase en tres grupos.

2 Cada grupo se va a ocupar de crear un cuento, en no más de quince líneas, utilizando una de estas frases en algún momento del relato:

Ella estaba demasiado lejos para verlo…
Sus ojos brillaban en la fría y oscura noche…
La bestia no dejaba de mirar a la luna…

3 En cada grupo habrá:

a. un responsable de la corrección gramatical,
b. otro de buscar el vocabulario adecuado,
c. otro de estructurar correctamente el relato,
d. y otro de elaborar la redacción final.

Decidid entre todos quién de vosotros es el más adecuado para cada papel. Recordad que es importante contar lo que sucedió de forma ordenada e introducir, continuar y terminar el relato adecuadamente con las expresiones que has aprendido.

4 Dadle vuestro cuento a los otros equipos para que lo lean y puntúen de 0 a 10 puntos, valorando los siguientes aspectos:

¿Qué cuento ha sido el más imaginativo?
¿Qué grupo ha conseguido incluir las frases más adecuadamente?
¿Qué cuento ha sido el más emocionante?
¿Cuál está mejor escrito?

¡El que obtenga mayor puntuación será el ganador!

Fíjate

✗ **Describir** es explicar, de forma detallada y ordenada, cómo son las personas, los lugares o los objetos. La descripción de lugares se usa para ambientar la acción y crear una atmósfera creíble de los hechos que se narran.

¿Qué es? →	*Un pez, un ogro, una bruja, una princesa…*
¿Cuántos años tiene? →	*Tiene más de cien años, Es muy joven/mayor, Es un niño/a…*
¿Cómo es? →	*Es bajo/a, guapo/a, corpulento/a, delgaducho/a, atlético/a…*
	Tiene los ojos verdes, el pelo largo, la nariz grande…
¿Qué lleva puesto? →	*Lleva un traje verde, un vestido de princesa…, Va desnudo/a…*
¿Qué carácter tiene? →	*Es valiente, tímido/a, inteligente, inquieto/a, dulce…*
¿Cómo está? →	*Está (un poco/bastante/muy) triste, serio/a, sorprendido/a…*
¿Dónde vive? →	*Vive en una montaña, en el mar, en una ciénaga…*
¿Cómo es ese lugar? →	*Es un bosque con muchos árboles, un castillo muy oscuro…*

✗ Para describir objetos, personajes, lugares y circunstancias en el pasado es habitual usar el **pretérito imperfecto**:
— *Era un objeto de metal que tenía una punta roja brillante.*
— *El ogro era muy feo y tenía un solo ojo grande en la frente.*

¿Qué he aprendido?

1 Lee las frases y corrige los tiempos verbales, si es necesario.

1. Natalia ha suspendido los exámenes del año pasado porque no estudiaba lo suficiente durante el verano.

....

2. El otoño pasado no pude ir a visitarte porque no tuve dinero.

....

3. Cuando fui pequeña, tenía un perro que se llamó Flip.

....

4. Ayer no fui a la fiesta porque me encontraba mal, me dolía la cabeza.

....

5. Antes no tuve teléfono móvil pero ahora no puedo vivir sin él. ¡Qué horror!

....

6. Vosotros ibais muy a menudo a la casa de la sierra de jóvenes pero ahora no vais nunca. ¡Qué pena!

....

2 Escribe una pequeña historia con los siguientes elementos: una rana, una piedra, un pescador, un pez y un lago. Descríbelos y crea un argumento.

....
....
....
....
....
....

3 Describe a tu compañero de clase favorito pero sin decir su nombre. Los demás compañeros tendrán que adivinar quién es.

4 De los tiempos verbales de pasado, ¿cuál sirve para describir y cuáles para la narración?

5 Con las palabras que te damos y utilizando *estar* + gerundio, escribe frases.

1. Caperucita Roja/recoger flores/lobo/llegar ....

2. Blancanieves/cocinar/enanitos/trabajar ....

3. Bella Durmiente/dormir/príncipe/darle un beso ....

6 Piensa en una cosa que creías cuando eras niño y que luego descubriste que era falsa.

Ejemplo: —*Cuando tenía cinco años, creía que los regalos los traían los Reyes Magos.*

7 Fíjate en estas circunstancias y describe algún momento en tu vida en el que las viviste.

- Todo el mundo me miraba.   - Iba a llamar a la policía.

- Tenía miedo.   - Estaba muy mareado/a.

- Estaba nervioso/a.   - No podía creerlo.

- Me sentía muy ridículo/a.   - Quería irme de allí inmediatamente.

8 En relación a tu lengua materna, ¿qué dificultades has encontrado en el uso imperfecto/indefinido?

16 UN FUTURO SOSTENIBLE

Contenidos funcionales
- Hablar de acciones futuras.
- Hablar de acciones presentes o futuras que dependen de una condición.
- Hacer predicciones y conjeturas.
- Hablar del tiempo atmosférico.

Contenidos gramaticales
- Futuro imperfecto: formas regulares e irregulares.
- Expresiones temporales de futuro.
- *Si* + presente de indicativo + presente/futuro imperfecto.
- *Creo/imagino/supongo* + *que* + futuro imperfecto.
- *No sé si/cuándo/dónde* + futuro imperfecto.

Tipos de texto y léxico
- La convocatoria de concurso.
- Anuncios breves de viaje.
- Léxico relacionado con el reciclaje.
- Léxico relacionado con las actividades al aire libre.
- Léxico relacionado con el tiempo atmosférico.

El componente estratégico
- Agrupar formas verbales irregulares para su memorización.
- Planificación del aprendizaje: formulación de objetivos y metas para el futuro.
- El Portfolio de las Lenguas para evaluar el proceso de aprendizaje.

Contenidos culturales
- Ecología y medioambiente.
- Consumo responsable y reciclaje.
- El Amazonas.
- Arquitectura popular: los pueblos negros.
- Parques naturales: Picos de Europa y Doñana (España).

Ortografía/Fonética

- Los sonidos /f/ y /j/.

---

1 CONSUMO RESPONSABLE

> **1** Describid lo que hacen las personas de las fotos. ¿Qué os sugieren las imágenes teniendo en cuenta el título del epígrafe?

 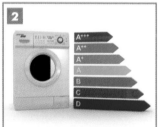  

1.1. Para el Día Internacional del Medioambiente, en Twitter se ha creado una etiqueta titulada #*consumoresponsable*. Lee estos tuits y relaciónalos con las imágenes de la actividad anterior.

Twitter

Tuits: #Consumoresponsable

☐ Si consumes frutas y verduras orgánicas, **mejorarás** tu alimentación y **ayudarás** a mejorar el medioambiente. | Seguir |

☐ ¿Qué impacto medioambiental **causará** el producto que estás comprando? Por ejemplo, si se trata de un electrodoméstico, ¿cuánta energía **gastará**? | Seguir |

☐ Conocer el origen de los productos y las condiciones en que se elaboran te **ayudará** a consumir con responsabilidad. | Seguir |

☐ Si reflexionas sobre los recursos naturales, te **darás** cuenta de que no son infinitos. Solo piensa cuánto se tarda en cortar un árbol y cuánto **tardará** en crecer. | Seguir |

| **1.2.** | 👤⚙️ Fíjate en los verbos que están marcados en negrita en 1.1. y lee la información del siguiente cuadro.

El futuro imperfecto: forma y usos

✖ El futuro imperfecto se forma con el **infinitivo** más la **terminación**, que es la misma para las tres conjugaciones de los verbos regulares e irregulares.

✖ Verbos **regulares**:

	✖ Verbos en –**ar** ✖	✖ Verbos en –**er** ✖	✖ Verbos en –**ir** ✖
	Qued**ar**	V**er**	Viv**ir**
Yo	quedar**é**	ver**é**	vivir**é**
Tú	quedar**ás**	ver**ás**	vivir**ás**
Él/ella/usted	quedar**á**	ver**á**	vivir**á**
Nosotros/as	quedar**emos**	ver**emos**	vivir**emos**
Vosotros/as	quedar**éis**	ver**éis**	vivir**éis**
Ellos/ellas/ustedes	quedar**án**	ver**án**	vivir**án**

✖ Este tiempo se utiliza para hablar de **acciones** y **hechos** que se realizan en el **futuro**. También se puede usar para expresar hipótesis sobre el presente:

— *No sé dónde **estará** Marta.*

✖ Para expresar futuro podemos utilizar estas **expresiones temporales**: *esta tarde/noche/semana, este mes/año, desde mañana, a partir de mañana, la semana/el mes/el año que viene, dentro de* + cantidad de tiempo.

✖ Es habitual expresar futuro con:

• El **presente** de indicativo:
— *A partir de mañana **compro** bombillas de bajo consumo.*

• *Ir* + *a* + infinitivo:
— *Esta semana **voy a** comprar verduras orgánicas.*

• *Pensar/querer* + infinitivo:
— *Desde mañana **quiero/pienso** cambiar mis hábitos de consumo.*

| **1.3.** | ⚓⚙️ Buscad en esta sopa de letras los verbos irregulares del futuro imperfecto que aparecen a la derecha. Escribid al lado de cada uno su infinitivo correspondiente.

A E T S O M E R D N O P

(sopa de letras)

```
A E T S O M E R D N O P
R R Y P S S W I C R Z T
T S S O E X S H A R É I
S A L D R É I S E T T O
U B C R T C D T F V B U
I R V É H F R P H Q S S
S Á U I I V T C A B R Á
O N P S L G G W B M I R
M S Q Ñ P B É S R N C R
E A A L Ñ R H Z Á O R E
R Z Z A I N U Q E P K U
D V W D R J J B X E L Q
N M Á R D L A V I D B Q
E E C V E N D R É I S U
T J N K H Q X S P O E Ñ
```

1 Habrá: ....

2 Cabrá: ....

3 Tendremos: ....

4 Saldréis: ....

5 Podréis: *poder* ....

6 Querrás: ....

7 Valdrá: ....

8 Diré: ....

9 Sabrán: ....

10 Pondremos: ....

11 Vendréis: ....

12 Haré: ....

| 1.4. | 🐢🌍 Ahora, clasificad las formas irregulares en este cuadro.

El futuro imperfecto irregular

✗ En futuro imperfecto solo hay doce verbos irregulares (y sus compuestos). Sus formas se pueden dividir en tres grupos:

Pierden la vocal -e	Pierden la vocal y aparece una -d	Otros
Caber →	Tener →	Decir →
Poder →	Venir →	Hacer →
Saber →	Salir →	
Querer →	Valer →	
Haber →	Poner →	

| 1.5. | 🐢➕ ¿Cómo está colocado el contenido del cuadro anterior? ¿Crees que agrupar los verbos por irregularidades te permite recordar y memorizar mejor las formas? Coméntalo con tu compañero.

>| 2 | 👥🌐 En este correo electrónico un amigo le cuenta a otro lo que ha leído hoy en Twitter. Primero, complétalo con las formas correspondientes de futuro imperfecto y, después, respóndele con tus propuestas.

Recibidos 📇 📩 📥   🗑 ⚙

De: **Antonio**
Para: **Carlos**
Asunto: **Twitter hoy**   ↩

¿Qué tal Carlos?

¿Has entrado en Twitter hoy? Hay muchos comentarios en #consumoresponsable y, después de leerlos, me he propuesto que yo, a partir de mañana, [1] (comprar) .... frutas y verduras orgánicas e [2] (intentar) .... no comprar cosas que no necesito. Antes no miraba las etiquetas, pero ahora [3] (hacer) .... un esfuerzo. Y para ir al supermercado [4] (escribir) .... una lista para comprar solamente lo que necesito. También he pensado que le [5] (regalar) .... una lavadora nueva de bajo consumo a mi madre y le [6] (decir) .... que hay que cambiar las bombillas de la casa por las de bajo consumo para ahorrar energía. Creo que estos comentarios me han hecho reflexionar sobre lo que consumo. Ahora veo el futuro un poco menos negro.

[7] (Haber) .... que hacer algo por nuestro futuro, ¿no? Creo que el esfuerzo [8] (valer) .... la pena.

¿Y tú? ¿Qué vas a hacer? ¿Has pensado en este tema?

Antonio

                                                                        ↩

De: **Carlos**
Para: **Antonio**
Asunto: **[Re] Twitter hoy**

....
....
....
....
....

>| 3 |  ¿Recordáis la expresión *llevar una vida de color de rosa*? ¿Qué significa? ¿Y *ver el futuro negro*?

El significado del color negro

El color negro significa protección y misterio. Se asocia con el silencio y el infinito. El negro puede transmitir que nos aislamos y que nos escondemos del mundo.

También, y referido al futuro, significa falta de esperanza.

Palabras clave del color negro: *austeridad, previsión, orden, soledad, aislamiento, pesimismo.*

| 3.1. | ¿Con qué color asocias tú el tiempo futuro? ¿Por qué? Coméntalo con tus compañeros.

2 DOS MINUTOS DE TU TIEMPO

>| 1 | Leed estas descripciones y relacionadlas con su símbolo correspondiente. ¿Existen estos símbolos en tu país? ¿Significan lo mismo?

A

B

C

1 Esta ilustración invita al consumidor a ser cívico y dejar el envase o residuo[1] en un sitio adecuado para ello, como papeleras, contenedores, etc. Lo encontrarás en casi todos los productos con el fin de responsabilizar al consumidor.

[1]Residuo es sinónimo de basura, es lo que ya no se puede aprovechar.

2 En este logo, basado en el símbolo de Möbius, cada flecha representa uno de los pasos del proceso de reciclaje: recogida, el proceso mismo del reciclaje y la compra de los productos reciclados, de manera que el sistema continúa una y otra vez, como en un círculo.

3 El envase que lleva este icono garantiza que, al convertirse en residuo, este envase se reciclará mediante el Sistema Integrado de Gestión de Residuos de Envases (SIG). Lo encontramos en envases de plástico, metálicos, Tetrabrick, cartón, papel, vidrio…

| 1.1. | Escucha este fragmento de un documental de televisión y ponle un título.

|45|

Mi título: ....

| 1.2. | Vuelve a escuchar y, después, contesta a estas preguntas con una frase para resumir las ideas principales del texto.

|45|

1 ¿Qué podemos reciclar? ....
....

2 ¿En qué consiste el reciclaje? ....

3 ¿Qué conseguiremos si reciclamos? ....

| 1.3. | Después de escuchar el programa, ¿sabéis lo que tenéis que reciclar? Vuestro profesor os va a dar una ficha. Seguid sus instrucciones.

| **1.4.** | 👤🔊 Escucha esta audición y comprueba si has acertado al reciclar los residuos de la actividad anterior.
|461|

>| **2** | 👤⚙️ Lee el cuadro y después subraya en el texto las frases condicionales marcando sus dos partes: la parte que expresa condición y la que expresa presente o futuro.

Hablar de acciones presentes o futuras que dependen de una condición

✕ Para hablar de acciones presentes o futuras que dependen de una condición utilizamos:

• *Si* + presente de indicativo + verbo en presente/futuro imperfecto de indicativo:

– *Si* no reciclamos, ¿qué ocurrirá? ↔ ¿Qué ocurrirá *si* no reciclamos?

    Condición   presente/futuro   presente/futuro   condición

---

Si no reciclamos la basura inorgánica, no desaparecerá de la tierra hasta dentro de, por lo menos, cinco o diez años después, contaminando el planeta durante todo este tiempo.

Sin embargo, si la separamos y la dejamos en su contenedor correspondiente, se reutilizará de modo que, además de no contaminar, se reduce la producción de nuevos residuos contaminantes. Por ejemplo:

✕ Si reciclamos el papel de periódico, volverá a ser papel para nuevos periódicos, o papel de baño, etc. Las fibras de papel se pueden reciclar de cinco a siete veces.

✕ Si reciclamos las latas, se hacen otras latas o productos de este material.

✕ Si se funden las botellas de plástico que se recolectan, se pueden hacer nuevos productos como, por ejemplo, muebles de plástico para el jardín, o botes de plástico para champú, gel, etc.

✕ ....
   ....

✕ ....
   ....

✕ ....
   ....

| **2.1.** | 🐾🚫 Ahora debéis escribir tres condiciones más relacionadas con el reciclaje siguiendo el modelo de la actividad anterior. Después, ponedlas en común con otras parejas de la clase. ¿Cuántas cosas conseguiremos reciclando?

> | 3 | Hazles a tus compañeros estas preguntas sobre sus hábitos de consumo y reciclaje. Resume los resultados, y elabora un informe con lo que crees que tendrán que cambiar para mejorar el medioambiente.

ENCUESTA

1 ¿Compras productos envasados?
....

2 ¿Llevas tus propias bolsas al supermercado o prefieres las de plástico que te dan?
....

3 ¿Separas los envases de papel y plástico?
....

4 ¿Qué haces con las pilas, el papel y el aceite?
....

5 ¿Qué otras cosas reciclas en tu casa?
....

6 ¿Dejas las luces encendidas cuando sales de la habitación? ¿Por qué?
....

7 ¿Dejas enchufados los aparatos eléctricos todo el tiempo?
....

8 Cuando pones el lavavajillas o la lavadora, ¿están llenos?
....

9 ¿Tienes electrodomésticos de bajo consumo?
....

10 ¿Consumes realmente lo que necesitas?
....

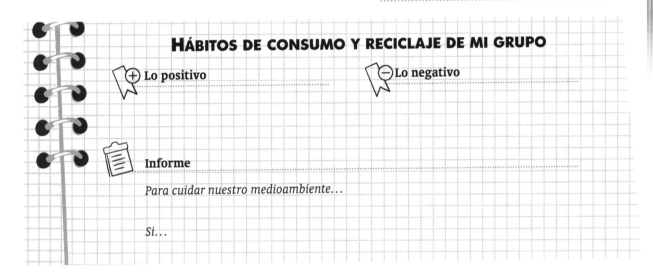

HÁBITOS DE CONSUMO Y RECICLAJE DE MI GRUPO

(+) **Lo positivo**   (−) **Lo negativo**

Informe

Para cuidar nuestro medioambiente...

Si...

|| Intercultura ||

| 3.1. | ¿Te han hecho reflexionar los hábitos de consumo y reciclaje de tus compañeros? ¿Qué costumbres son iguales o diferentes en tu país?

|| Grupo cooperativo ||

> | 4 | Dividid la clase en grupos, leed la convocatoria de este concurso y decidid a qué categoría os vais a presentar. Luego, seguid las pautas.

CUIDEMOS EL MEDIOAMBIENTE
por nuestro futuro

Con el objetivo de reconocer la labor de todos aquellos que contribuyen a proteger el medioambiente a través del reciclaje, Ecovida ha creado los premios Natur sobre iniciativas innovadoras en reciclaje y cuidado del medioambiente.

Se premiarán tres categorías a la mejor iniciativa para reciclar y cuidar el medioambiente en:

1 las empresas   **2** los hogares   **3** las ciudades

El plazo de recepción de las propuestas estará abierto desde el 15 de marzo hasta el 15 de abril. Toda la información sobre los premios estará disponible en la web de los premios Natur.

CONTINÚA »

1. Proponed iniciativas nuevas en la categoría que habéis elegido mediante una lluvia de ideas en el grupo. Elegid la que os parece más adecuada teniendo en cuenta si es posible, si es económica y los beneficios ecológicos que puede producir.

2. Preparad vuestra presentación utilizando el nuevo tiempo verbal que habéis aprendido. Uno de vosotros será el encargado de redactarla correctamente.

3. Intercambiad vuestro trabajo con el de los demás grupos y añadid vuestras sugerencias. Revisad los comentarios de los demás compañeros a vuestro trabajo.

4. Una vez que habéis llegado a la propuesta final, elegid a la persona del grupo que va a exponer la iniciativa al resto de la clase.

5. Votad al ganador del premio, según cada categoría, justificando vuestra elección.

3 ESPACIOS NATURALES

| Cultura |

> | 1 | Fíjate en este mapa y decide con tus compañeros cuáles son los países de la cuenca amazónica y en cuáles se habla español.

El **río Amazonas** es el segundo río más largo y el primero más caudaloso del mundo. Está situado en América del Sur y recorre el continente de oeste a este. La cuenca del Amazonas es también la cuenca hidrográfica de mayor superficie del planeta y mantiene la selva amazónica. Abarca nueve países: ...., ..., ..., ..., ..., Surinam, Guyana y Guayana francesa.

| 1.1. | Lee el texto y, corrige la información incorrecta.

El precio de conservar el Amazonas

La Amazonia, conocida como "pulmón del planeta", es el bosque tropical más extenso del mundo, con una extensión de unos seis millones de kilómetros cuadrados. Actualmente, la selva amazónica está desapareciendo a un ritmo acelerado debido a la acción humana. La deforestación se produce por el crecimiento de las ciudades, la minería y la tala ilegal de árboles. Casi la mitad de Ecuador está cubierto de árboles, pero la tasa de deforestación es la más alta de América Latina, pues se pierden 200 000 hectáreas anuales. La mitad de la superficie forestal (54%) pertenece a las once comunidades indígenas que habitan el país, por eso es importante trabajar con ellos en el mantenimiento del bosque. Por este motivo, el gobierno de Ecuador ha lanzado el Programa SocioBosque, que se desarrollará en cinco millones de hectáreas y consistirá en pagar directamente a campesinos e indígenas por la conservación del bosque para evitar la tala ilegal.

CONTINÚA »

Para la importación de madera existe un sello que garantiza que esta procede de zonas donde la tala de árboles se produce de forma controlada, además de contar con un programa social para la zona de extracción. De esta manera, se asegura que la actividad maderera es ambientalmente sostenible, que la madera no procede de especies protegidas y que es económicamente posible. ■

Texto adaptado de http://www.publico.es/188957/el-precio-de-conservar-el-amazonas

1 La Amazonia se conoce como "pulmón del planeta" porque es el parque natural más extenso de Ecuador.

2 El gobierno de Ecuador ha lanzado un plan para favorecer la deforestación.

3 Todo Ecuador está cubierto por árboles y la tasa de deforestación es la más baja de América Latina.

4 El programa del gobierno de Venezuela se desarrollará en cinco millones de kilómetros y pagará directamente a campesinos e indígenas por la conservación de los parques naturales.

5 Los sellos de garantía no certifican la procedencia de la madera.

> | 2 | Fíjate en la siguiente información, completa el cuadro con otro ejemplo para cada estructura y, después, pregunta a tu compañero qué cree que pasará en el futuro si no se toman medidas efectivas para proteger el Amazonas y otros espacios naturales del planeta.

Hacer conjeturas

✗ Para hacer **conjeturas**, es decir, para hablar de acontecimientos del presente o del futuro de los que no estamos seguros, utilizamos:

• *Creo/imagino/supongo* + *que* + futuro imperfecto:
 – *Imagino que no podremos disfrutar de la naturaleza, porque supongo que desaparecerán muchos espacios naturales.*

 – ....

• *No sé si/cuándo/dónde* + futuro imperfecto:
 – *No sé si serán las medidas correctas, pero habrá que intentarlo.*

 – ....

> | 3 | Reflexiona sobre tu aprendizaje y describe brevemente para qué utilizarás el español en tu futuro. El profesor te dará la tabla de evaluación del Portfolio de las Lenguas para ayudarte.

 Mi objetivo es... y para conseguirlo...

OCIO AL AIRE LIBRE

> | 1 | Observad estas fotos. Hablad de las actividades al aire libre que podréis realizar en estos lugares si los elegís como destino para el próximo fin de semana.

| **1.1.** | 🗺️ 🌐 Relacionad las descripciones de estos viajes con las imágenes de la actividad anterior y completad las fichas.

1 ☐ Muy cerca de Madrid y al norte de la provincia de Guadalajara, la ruta de los pueblos negros es ideal para una escapada de fin de semana. Su nombre responde al material utilizado para la construcción de sus casas tradicionales: la pizarra[1] negra. En nuestras rutas a caballo verás unos paisajes que conservan toda su belleza y escaparás de la rutina de la gran ciudad. Disfrutarás del senderismo por los hayedos[2] más meridionales[3] de España, de la variedad de setas de sus bosques y de la fauna[4] local. Te podrás alojar en albergues, casas rurales y hoteles.

[1]Piedra plana de color oscuro. [2]Bosque de hayas. [3]Del sur. [4]Conjunto de animales de una zona.

2 ☐ Si buscas turismo activo, ven al Parque Nacional de los Picos de Europa, situado en el norte de España, concretamente en la cordillera cantábrica, entre Asturias, León y Cantabria. Es el segundo parque nacional más visitado de España. En él encontrarás glaciares[1], lagos y una abundante fauna, en la que destacan más de 140 especies de aves diferentes. Ven y harás el descenso[2] del río Sella en canoa, montarás en *quads*, subirás a 2000 metros de altura en el teleférico de Fuente Dé y disfrutarás de la espeleología[3]. ¡Vivirás toda una aventura! Alojamiento en posadas y casas rurales.

[1]Masa de hielo en las montañas. [2]Bajada. [3]Actividad científica y de aventura dentro de una cueva.

3 ☐ El paquete naturaleza, aventura y tradición en el Parque Nacional de Doñana, Andalucía, te ofrece conocer el espacio protegido más importante de España y una de las mayores reservas naturales de Europa. Con la oferta de una noche, tendrás incluida una visita de medio día en 4x4 al parque, más un paseo a caballo por la tarde. Si compras la oferta de dos o más noches, disfrutarás, además, de una visita guiada a una de las bodegas[1] más famosas de la zona. Alojamiento con desayuno en hotel, en habitación doble o choza marismeña[2] con capacidad para hasta seis personas.

[1]Lugar donde se produce y guarda el vino. [2]Casa de madera típica de la zona.

Ruta de los pueblos negros	**Parque Nacional de los Picos de Europa**	**Parque Nacional de Doñana**
Localización:...........	**Localización:**...........	**Localización:**...........
Qué ver:...........	**Qué ver:**...........	**Qué ver:**...........
Qué hacer:...........	**Qué hacer:**...........	**Qué hacer:**...........
Alojamiento:...........	**Alojamiento:**...........	**Alojamiento:**...........

| **1.2.** | 👤 🔊 | 47 | Tres amigos van a salir de fin de semana y están decidiendo dónde ir. Después de escuchar su conversación, marca las actividades que mencionan.

☐ Pasear.
☐ Montar a caballo.
☐ Salir al campo.
☐ Participar en deportes de aventura.
☐ Montar en canoa.

☐ Visitar una bodega.
☐ Visitar parques naturales.
☐ Visitar ruinas.
☐ Hacer una ruta en *quad*.
☐ Practicar remo.
☐ Hacer submarinismo.

☐ Montar en bicicleta.
☐ Hacer espeleología.
☐ Hacer montañismo.
☐ Ir de compras.
☐ Visitar museos.

> | **2** | 🗺️ 🌐 Relacionad el léxico del tiempo atmosférico con su símbolo correspondiente.

1. sol/despejado .... ∗
2. nubes/nuboso .... ∗
3. tormenta/tormentoso .... ∗
4. niebla .... ∗
5. lluvia/lluvioso .... ∗
6. viento .... ∗
7. hielo/helada .... ∗
8. nieve/nevado .... ∗

∗ **a.** ☁️   ∗ **b.** ❄️
∗ **c.** 🌨️   ∗ **d.** ☀️
∗ **e.** 🌧️   ∗ **f.** ⛈️
∗ **g.** ↓   ∗ **h.** 〰️

|2.1.| 📢 Escucha el pronóstico del tiempo en este programa de radio. Toma notas.
|48|

|2.2.| 🌐 ✈️ ¿Qué tiempo hará en cada uno de los sitios propuestos para pasar el próximo fin de semana? Descríbelo y después compara tus respuestas con las de tu compañero.

- ✖ El tiempo en la ruta de los pueblos negros…
- ✖ El tiempo en el Parque Nacional de los Picos de Europa…
- ✖ El tiempo en el Parque Nacional de Doñana…

|2.3.| 🌐 ✈️ Cread un evento en Facebook para el viaje que van a hacer los tres amigos este fin de semana. No olvidéis describir el lugar, qué se puede hacer y qué tiempo hará.

>|3| ¿Cuál de los tres sitios propuestos os gustaría conocer? ¿Por qué?

¿Qué he aprendido?

1 Cuéntale a tu compañero qué harás…
- el día de tu cumpleaños
- en Navidad
- el próximo verano
- al final de tu curso de español

2 Completa las siguientes frases.
- Te prometo que iré a verte si… ....
- Si hace buen tiempo,… ....
- ¡Qué raro! Luis no ha venido… ....
- El tiempo mañana en el norte de la Península ....

3 Construye frases para expresar una condición.
- Ir al teatro. Comprar las entradas (tú). ....
- Doler la cabeza. Ir al médico (vosotros). ....
- Venir a casa. Traer pasteles para la merienda (ellos). ....
- Ir a la montaña. Hacer senderismo (yo). ....
- Levantarse temprano. Ver el amanecer (tú). ....

4 ¿Cuál es tu opinión sobre el Portfolio de las Lenguas? ¿Te parece una iniciativa útil? Justifica tu respuesta.

Contenidos funcionales
- Hacer hipótesis o expresar probabilidad sobre el pasado.
- Pedir y dar consejos y sugerencias.
- Expresar cortesía.
- Expresar un deseo de presente o futuro.
- Expresar una acción futura respecto a otra pasada.
- Preguntar por la salud y expresar estados físicos.
- Pedir una cita.

Contenidos gramaticales
- Condicional simple: morfología y usos.
- Revisión del verbo *doler*.
- Marcadores del discurso: conectores y estructuradores de la información.

Tipos de texto y léxico
- Twitter y foro.
- Textos conversacionales.
- Textos descriptivos.
- Léxico relacionado con la salud.
- Léxico específico para dar consejos y hacer sugerencias.

El componente estratégico
- Inferir el significado de las palabras o expresiones de los hablantes en un diálogo, observando la actitud de los interlocutores.

Contenidos culturales
- La sanidad pública y la sanidad privada en España e Hispanoamérica.
- Comportamientos relacionados con el cuidado de la salud.

Ortografía/Fonética
 EXTENSIÓN DIGITAL
- Los sonidos /n/, /ñ/, /ch/ e /y/.
- Los dígrafos *ch* y *ll*.
- Las letras *y* y *ll*.

1 ¿QUÉ PASARÍA AYER?

>| 1 | Fijaos en las imágenes, especialmente en la actitud de los interlocutores, y relacionadlas con los diálogos que aparecen debajo.

A

B

C

D

Diálogo 1
- Pero, ¿a qué hora has llegado esta noche?
- No sé, papá. **Serían** las doce y media. ¡Qué pesado!

Diálogo 2
- ¿**Podría** traernos un poco de leche fría, por favor?
- Enseguida…

Diálogo 3
- Me **encantaría** comprármelo, pero ¡es tan caro!
- Yo que tú me lo **compraría**. ¡Es precioso!

Diálogo 4
- Pensé que te **quedaría** bien, puedes cambiarlo.
- No te preocupes, lo cambiaré esta tarde.

| 1.1. | En los diálogos anteriores aparece un tiempo nuevo, el condicional simple. Fíjate en su conjugación. Luego, vuelve a leer los diálogos y relaciónalos con el uso del condicional correspondiente.

El condicional simple regular e irregular

✕ El condicional simple se forma con el **infinitivo** más la **terminación,** que es la misma para las tres conjugaciones de los verbos regulares e irregulares.

✕ Verbos **regulares:**

	✕ Verbos en –*ar* ✕	✕ Verbos en –*er* ✕	✕ Verbos en –*ir* ✕
	Qued**ar**	**Ser**	**Ir**
Yo	quedar**ía**	ser**ía**	ir**ía**
Tú	quedar**ías**	ser**ías**	ir**ías**
Él/ella/usted	quedar**ía**	ser**ía**	ir**ía**
Nosotros/as	quedar**íamos**	ser**íamos**	ir**íamos**
Vosotros/as	quedar**íais**	ser**íais**	ir**íais**
Ellos/ellas/ustedes	quedar**ían**	ser**ían**	ir**ían**

✕ Los verbos **irregulares** en condicional son los mismos que en el futuro de indicativo con sus correspondientes terminaciones:

Pierden la vocal -e	Pierden la vocal y aparece una -d	Otros
Querer ➔ **querría**	Venir ➔ **vendría**	Hacer ➔ **haría**
Saber ➔ **sabría**	Salir ➔ **saldría**	Decir ➔ **diría**
Caber ➔ **cabría**	Poner ➔ **pondría**	
Haber ➔ **habría**	Tener ➔ **tendría**	
Poder ➔ **podría**	Valer ➔ **valdría**	

Usos del condicional

✕ Con el condicional podemos: Diálogo n.º

• Expresar una **acción futura** con respecto a otra **pasada** .... ☐

• Expresar una **hipótesis** o **probabilidad** en el **pasado** .... ☐

• Dar un **consejo** o **hacer sugerencias** .... ☐

• Expresar un **deseo** .... ☐

• Expresar **cortesía** .... ☐

| 1.2. | Leed las siguientes conversaciones y completadlas con la forma correcta del condicional. Después, explicad la función del condicional en cada caso, según el cuadro anterior.

● ¿Te (importar) [1] ....
pasarme la carpeta, por favor?   ➔ | *Expresa cortesía* |

● ¡Qué raro! Dijo que (llegar)
[2] .... a las seis
y son ya las siete y cuarto.   ➔ | |
○ Es verdad, y prometió que (ser)
[3] .... muy puntual.   ➔ | |

CONTINÚA »

● Está en el paro y la semana pasada se compró un coche y, ayer, ese abrigo.

○ Sí, es raro... No sé, le (tocar) [4] .... la lotería de Navidad o te (mentir) [5] .... cuando te dijo que estaba en el paro. → [_____]

● Yo en tu lugar me (tomar) [6] .... unas vacaciones y me (ir) [7] .... a algún sitio para tratar de olvidarla. → [_____]

○ Ya, pero es que me (gustar) [8] .... tanto hablar con ella para explicarle lo que ha pasado... → [_____]

| 1.3. | Fíjate en la información que aparece a continuación y responde a estas preguntas sobre los diálogos anteriores haciendo hipótesis. Compáralas después con tu compañero.

Hacer hipótesis o expresar probabilidad sobre el pasado

✗ Con el condicional simple podemos hacer **hipótesis** o expresar **probabilidad** referida a acontecimientos del pasado:

● *¿Quién era la chica que estaba con Antonio?*
○ *No sé, **sería** su hermana.*

✗ También podemos hacer una **estimación aproximada** de la **cantidad** o del **tiempo**:

● *¿Cuánta gente había en la fiesta?*
○ *Pues..., **habría** unas veinte personas, más o menos.*

● *¿A qué hora salió de trabajar?*
○ ***Serían** las seis y media o las siete... Muy tarde.*

1 ¿Para qué quería la carpeta? . . . .

2 ¿A quién esperaban los dos amigos y por qué se retrasaba? . . . .

3 ¿De quién hablaban las dos mujeres? . . . .

4 ¿Por qué el señor del abrigo tenía tanto dinero si estaba en el paro? . . . .

5 ¿Por qué lloraba el chico? ¿Qué tenía que explicar a la chica de quien hablaba? . . . .
. . . .

| 1.4. | Elige una de las situaciones que aparecen a continuación. Tú estabas presente cuando todo sucedió y ahora se lo explicas a tu compañero formulando hipótesis sobre lo ocurrido.

Ejemplo:

– *El otro día iba en el metro y, en la estación de Atocha, la chica que estaba sentada a mi lado se levantó y salió corriendo. **Estaría** distraída y no se **daría** cuenta porque por poco se le cierran las puertas...*

¿Qué pasó?

✗ Ayer un amigo común salió en la portada de una revista local.

✗ Anoche estabas en una hamburguesería y dos personas empezaron a discutir.

✗ Una grúa se llevó el coche de tu profesor.

✗ Tenías que hacer un trabajo y se te estropeó el ordenador.

✗ Tu vecina salió ayer con tres grandes maletas de viaje.

>| 1 | En el foro *Cosas a tener en cuenta*, la gente ha colgado algunas consultas. Leedlas y relacionadlas con sus consejos correspondientes.

000   Cosas a tener en cuenta

Temas	Respuestas	Autor	Lecturas
1 **Dejar de fumar** Llevo desde los dieciocho años fumando y me gustaría dejarlo. ¿Qué podría hacer?	2 $\boxed{E}$ ☐ ☐	ausod76	342
2 **Insomnio** Desde que perdí mi trabajo no duermo bien. Me cuesta mucho coger el sueño. ¿Algún consejo?	2 ☐ ☐	sebas36	122
3 **Aprender español** En mi empresa ofrecen un puesto de trabajo en España, pero necesito hablar español con fluidez. Me gustaría optar a este puesto, pero mi nivel es bajo. ¿Alguien me da un consejo?	3 ☐ ☐ ☐	peterxc	204
4 **Conservar a los amigos** Hola a todos. Tengo pocos pero muy buenos amigos, y últimamente me preocupa perderlos porque me he trasladado a vivir a otra ciudad. ¿Qué debería hacer para conservarlos?	3 ☐ ☐ ☐	ivanne	234
5 **Vivir sin estrés** Últimamente me siento muy cansada, no tengo ganas de hacer nada y siempre estoy pensando en el trabajo. Estoy estresada. ¿Qué me aconsejáis?	1 ☐	sandra33	87
6 **Llevar una vida más sana** No me cuido nada y, como no tengo tiempo, siempre tomo comida precocinada. Quiero cambiar estos malos hábitos. ¿Qué puedo hacer?	0	carlos76	34
7 **Pasar un fin de semana inolvidable** Vienen a Valencia dos amigos franceses y quiero pasar con ellos un buen fin de semana. ¿Alguien me propone algún plan?	0	anaisann	22
8 **Conocer a nuevos amigos** Soy una erasmus en Madrid y quiero conocer gente. ¿Me podéis ayudar?	0	enmasa	11

A **Yo que tú** cambiaría esa dependencia, sustituyéndola por una alimentación sana y evitar, así, ganar peso.

B **Yo** no trabajaría tantas horas y dedicaría más tiempo a cosas que te hagan feliz.

C **Podrías** llamarles una vez a la semana. Ah, y el Whatsapp no debe faltar en tu vida.

D **Yo en tu lugar** me tomaría un baño todas las noches antes de ir a la cama, para relajarme.

E *Lo primero que* **deberías** *hacer es tomar conciencia real de que esto está afectando a tu salud. Después,* **tendrías que** *ir al médico para seguir algún programa de ayuda.*

F **Yo que tú** empezaría a estudiar ya mismo y me apuntaría a un curso intensivo.

G **Podrías** usar Internet para participar en foros en español y soltarte.

H **Yo que tú** haría un viaje a España y hablaría con gente nativa.

I **Yo** contaría siempre con ellos y compartiría algunas actividades de ocio.

J **Tendrías que** caminar un par de horas para disminuir la tensión y relajarte.

K **Deberías** quedar con ellos los fines de semana e invitarles a venir a tu ciudad de vez en cuando.

| 1.1. | Lee otra vez los consejos y completa el cuadro.

Dar consejos o hacer sugerencias

× Podemos **dar consejos** o **hacer sugerencias** con el **condicional**.

• Si nos ponemos en el lugar de la otra persona para decir lo que nosotros haríamos:		• Si sugerimos lo que la otra persona debería hacer:	
• *Yo que tú/usted*		• *Deberías*	
• [1]	+ condicional	• [3]	+ infinitivo
• [2]		• [4]	

| 1.2. | Escribe en el foro anterior a las tres personas que aún no han recibido ninguna respuesta, dándoles algún consejo.

>| 2 | Pídele consejo a tu compañero acerca de tus problemas y aconséjale también sobre los suyos.

ALUMNO A
• Mañana tienes un examen y estás muy nervioso.
• Has discutido con un amigo por una tontería.
• No puedes vivir sin el móvil y estás todo el día usándolo.
• Tienes problemas con un compañero de piso porque es muy ruidoso y no comparte las tareas.

ALUMNO B
• Mañana vas a una entrevista de trabajo y estás muy nervioso.
• Tus padres te han dejado el coche y has tenido un golpe con él.
• Quieres irte de vacaciones pero no sabes adónde ir.
• Has descubierto que un amigo tuyo engaña a su pareja con otra persona.

3 NUNCA PENSÉ QUE LO HARÍA

>| 1 | Estos son los comentarios que han subido a Twitter algunas personas sobre la etiqueta: *#Cosasquenuncapenséqueharía*. ¿Cómo creéis que se sienten? ¿Están satisfechas con lo que han conseguido?

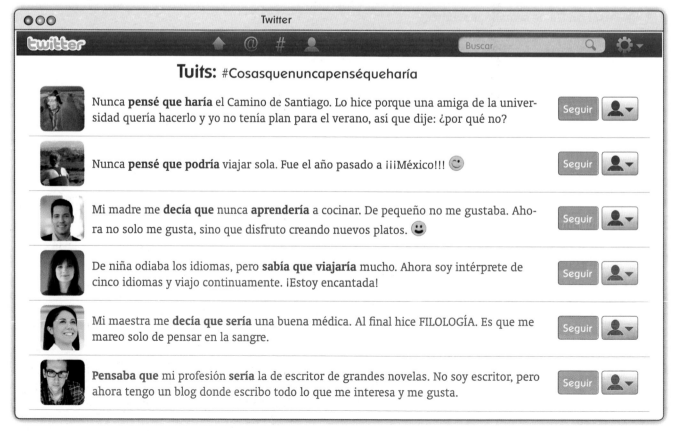

Tuits: #Cosasquenuncapenséqueharía

Nunca **pensé que haría** el Camino de Santiago. Lo hice porque una amiga de la universidad quería hacerlo y yo no tenía plan para el verano, así que dije: ¿por qué no?   Seguir

Nunca **pensé que podría** viajar sola. Fue el año pasado a ¡¡¡México!!! ☺   Seguir

Mi madre me **decía que** nunca **aprendería** a cocinar. De pequeño no me gustaba. Ahora no solo me gusta, sino que disfruto creando nuevos platos. ☺   Seguir

De niña odiaba los idiomas, pero **sabía que viajaría** mucho. Ahora soy intérprete de cinco idiomas y viajo continuamente. ¡Estoy encantada!   Seguir

Mi maestra me **decía que sería** una buena médica. Al final hice FILOLOGÍA. Es que me mareo solo de pensar en la sangre.   Seguir

Pensaba que mi profesión **sería** la de escritor de grandes novelas. No soy escritor, pero ahora tengo un blog donde escribo todo lo que me interesa y me gusta.   Seguir

| **1.1.** | 🌐 👥 Volved a leer los comentarios de Twitter y completad como en el ejemplo.

► Pensaba…	► Realmente…
1 Pensaba que nunca haría el camino de Santiago…	**1** Lo hizo…
2 ……………………	**2** ……………………
3 ……………………	**3** ……………………
4 ……………………	**4** ……………………
5 ……………………	**5** ……………………
6 ……………………	**6** ……………………

Expresar una acción futura respecto a otra pasada

✗ También utilizamos el condicional para expresar una **acción futura en relación a un pasado**:

— Nunca **pensé que haría** el Camino de Santiago.

— Mi maestra me **decía que sería** una buena médica.

— **Sabía que viajaría** mucho.

>| 2 | 👤 🌐 Completa estos testimonios que hablan sobre lo que esperaban ser y lo que han sido.

ROSA

Yo siempre **pensé que** …………………… Enfermería, que …………………… a mi pareja ideal, que …………………… con él y que …………………… una familia… ¡Ah!, y que …………………… solo a la casa y a la familia. Pues nunca me he casado y no tengo hijos, pero no he dejado de trabajar nunca como enfermera, que es lo que más me gusta.

Mi familia **pensaba que** …………………… un gran abogado como mi padre y yo mismo lo creí durante mucho tiempo, pero en un viaje a la India descubrí que podía ayudar de otra manera y desde entonces trabajo en Cooperación Internacional.

JAVIER

ÁNGELA

Tenía muchos sueños, muchos; **imaginaba que** …………………… un buen trabajo, que …………………… mucho dinero, que …………………… muy independiente y que …………………… por todo el mundo, pero a los veinte años me enamoré, me casé y dejé los estudios para ocuparme de la casa; nunca me lo perdonaré, nunca.

Yo no quería trabajar en la empresa de mi familia. **Imaginaba que** …………………… un buen actor y me …………………… en una estrella de cine; sin embargo, cuando falleció mi padre tuve que asumir todo el control de la empresa y todo cambió. Dejé mis estudios de Arte Dramático y me convertí en empresario, ¡es deprimente!

PACO

LORENA

A mí, **me gustaba pensar que** …………………… en un *reality show* y que …………………… a muchos famosos, que …………………… en la televisión y que …………………… presentadora de algún programa. Pero resulta que la televisión me da vergüenza y que no me interesa nada ese mundillo. ¡Menos mal que se me borró esa idea de la cabeza!

| **2.1.** | 👤 🔊 |491 Escucha y comprueba. ¿Cómo se sienten? ¿Qué podrían hacer para sentirse más satisfechos?

| **2.2.** | 🔄 ✏️ ¿Y tú? ¿Cómo imaginabas que sería tu vida cuando eras niño? Escríbelo y, luego, cuéntaselo al resto de tus compañeros de grupo. Comparad lo que pensabais llegar a ser y lo que sois. Recuerda que los datos pueden ser inventados.

Sensaciones

| **2.3.** | 🔄 💬 ¿Cómo pensabas que sería aprender español? ¿Y ahora? ¿Has cambiado de idea? Habla con tus compañeros.

Pensaba que sería...	*Ahora creo que es...*
• ...más fácil.	• ...más fácil.
• ...más difícil.	• ...más difícil.
• ...más aburrido.	• ...más aburrido.
• ...más divertido.	• ...más divertido.
• Otro:	• Otro: ....

| **2.4.** | 🔄 💬 ¿Qué te gustaría hacer en clase para hablar español?

Expresar un deseo de presente o futuro

✗ También utilizamos el condicional para **expresar un deseo** para el presente o futuro:
- – **Me gustaría** hablar contigo esta noche.
- – **Querría** estudiar chino.
- – **Desearía** vivir en una ciudad con playa.
- – **Me encantaría** viajar por todo el mundo.

4 ▸ DEBERÍAS CUIDARTE

> | **1** | 🔄 💬 Luis hoy no ha venido a clase porque se ha caído. Leed este diálogo y decidid lo que creéis que debe hacer.

Luis: *Me he caído y me encuentro fatal.*

Ana: *¿Sí? ¿Qué te ha pasado?*

Luis: *Me he resbalado en el portal y me he caído de lado. Me duele mucho la cabeza y un brazo.*

Ana: *Tienes mal aspecto.*

Luis: *¿Qué crees que debería hacer?*

Ana: *...*

| **1.1.** | 👤 🔊 |50| Luis ha decidido, finalmente, consultar a un médico. En esta conversación, llama para pedir cita. Escucha y contesta las preguntas.

1 ¿Dónde llama Luis? . . . .

2 ¿Qué síntomas tiene? . . . .

3 ¿A dónde le recomienda ir el doctor? . . . .

4 ¿A quién le aconseja ver? . . . .

5 Si no puede conducir, ¿qué debe hacer? . . . .

| 1.2. | 🧑‍🤝‍🧑 👥 Después de escuchar la conversación, ordena los acontecimientos.

☐ **Luego**, el médico le recomendó ir a urgencias inmediatamente, pero a un hospital, porque allí podría verlo un traumatólogo y ver si tenía el brazo roto.

☐ **Entonces** él le dijo que no podía esperar tanto.

☐ **Y por último**, como el estudiante le dijo que estaba solo, el médico también le dijo que podría llamar a emergencias, al 112.

☐ **Primero**, cuando el estudiante llamó para pedir cita al centro de salud de Santa Marta, la enfermera le dijo que no podrían atenderle hasta el día siguiente.

☐ La enfermera le preguntó qué síntomas tenía y el estudiante le explicó que le dolía la cabeza, que estaba mareado y que le dolía mucho el brazo derecho, **por eso**, le pasó enseguida con el médico.

☐ **Después**, cuando el estudiante le dijo que podría ir solo, el médico le dijo que no debería conducir en su estado, que tendría que llevarle alguien.

Recuerda

✗ Los **marcadores del discurso** facilitan la **cohesión textual** y la **interpretación de los enunciados**. Fíjate en estos dos grupos:

- Conectores: *pero, porque, y, también, por eso, entonces…*
- Estructuradores de la información: *primero, luego, después, por último…*

> | **2** | 🎧 🔄 ¿Recuerdas la última vez que fuiste al médico? Escribe un resumen utilizando los marcadores del discurso.

| **Grupo cooperativo** |

> | **3** | 👥 🌐 Vamos al médico. Seguid las pautas. Estamos en un Centro de Salud.

Para **preguntar por la salud**:
- ¿Cómo se/te encuentra/s?
- ¿Qué le/te duele?
- ¿Qué le/te pasa?
- ¿Cómo se/te siente/s?

Para **expresar estados físicos**:
- *(A mí) me duele/n* + partes del cuerpo.
- Estoy enfermo.
- Tengo fiebre.
- Me encuentro mal.
- No me siento bien.

1 Formad dos grupos: uno de médicos y otro de enfermos/pacientes.

2 Por grupos, cada médico debe elegir una especialidad excepto uno que debe ser el de medicina general, y cada enfermo unos síntomas de los que aparecen en las tablas de la página siguiente.

3 Los enfermos, primero, deben dirigirse al médico de medicina general para explicarle sus síntomas y el médico preguntará al paciente qué otros síntomas tiene y tomará nota de lo que dice, para escribir un informe que deberá dar al paciente para entregárselo al especialista que le recomienda visitar.

4 Ahora, los pacientes deben dirigirse a los médicos especialistas. El médico especialista deberá leer el informe, hablar con el paciente y preguntarle por sus síntomas. Después, le explicará el tratamiento que debe seguir y le dará algunos consejos. Por escrito, le entregará una pequeña valoración de su enfermedad y el tratamiento a seguir.

5 Después, los médicos debéis reuniros para comentar los casos. Los pacientes también debéis compartir el diagnóstico de vuestra enfermedad con los otros pacientes.

6 En grupo grande, haced una puesta en común. ¿Estáis de acuerdo con vuestros diagnósticos? ¿Hay mejores consejos o tratamientos? ¿El médico especialista os ha dado más información?

SÍNTOMAS

- Dolor de estómago, fiebre y mareos desde hace tres días.
- Dolor de muelas, fiebre, hinchazón de la cara.
- Dolor de oídos, de garganta y fiebre alta.
- Manchas y picor en el cuerpo.
- Dolor agudo de rodilla.

MÉDICOS

- Médico de medicina general.
- Traumatólogo (huesos).
- Otorrinolaringólogo (garganta y oídos).
- Dermatólogo (piel).
- Odontólogo (dientes).

> | 4 | También puedes acudir a la farmacia cuando tienes un problema leve de salud. Lee el diálogo, busca las fórmulas de cortesía que aparecen y colócalas en este cuadro.

Expresar cortesía para preguntar y responder

✗ También utilizamos el condicional para **expresar cortesía** con *tú* o *usted*:

- **¿Qué quería?**
  ....
- ....
- ....

Farmacéutica: *¡Buenos días! ¿Qué quería?*

Cliente: *Verá, es que tengo mucha tos y me duele la garganta, ¿podría recomendarme algo eficaz?*

Farmacéutica: *Sí, desde luego. Yo tomaría este jarabe. Una cucharada cada ocho horas. Si quiere, puede probar también esta pomada de mentol para el pecho.*

Cliente: *¿Le importaría repetirme la dosis?*

Farmacéutica: *Una cucharada cada ocho horas. Tres veces al día es suficiente.*

Cliente: *Muy bien. Voy a llevármelo.*

Farmacéutica: *Aquí tiene. ¿Necesita algo más?*

Cliente: *Pues… una caja de aspirinas también.*

Farmacéutica: *¿Pastilla normal, efervescente o sobres?*

Cliente: *Preferiría pastillas efervescentes. ¿Cuánto es todo?*

Farmacéutica: *15 con 54 euros.*

Cliente: *¿Me haría el favor de darme una bolsita?*

Farmacéutica: *Sí, aquí tiene.*

| 4.1. | Pídele a tu compañero que realice estas acciones para ti. Tú responde a sus peticiones positiva o negativamente.

ALUMNO A

1. Estás cocinando y quieres la opinión de alguien. Pide amablemente a tu compañero de piso que pruebe la comida.

2. Piensa en regalos que compras en tu país cuando visitas a un enfermo y aconseja a tu compañero.

3. Pide a una persona que te explique cómo llegar a la farmacia más cercana.

4. Tu hermano te pide ayuda para recoger el coche del aparcamiento del hospital, pero hoy no tienes tiempo. Discúlpate.

ALUMNO B

1. Tienes alergia a la leche. No puedes tomar nada con leche porque te da dolor de estómago y tienen que llevarte al hospital.

2. Vas a ir al hospital a visitar a un amigo. Pídele a un compañero que te dé ideas de los regalos que puedes comprar.

3. Hay una farmacia al lado de tu casa. Explica cómo llegar.

4. Tienes que ir a recoger tu coche al aparcamiento del hospital pero tienes un brazo escayolado y no puedes. Pídele ayuda a tu hermano.

> | 5 | Vas a conocer cómo es la sanidad en España e Hispanoamérica. Lee uno de los textos y hazle un resumen a tu compañero. Toma notas de la información que él te da.

ALUMNO A

LA SANIDAD EN ESPAÑA

Hospital Universitario La Paz, Madrid (España).

El Sistema Nacional de Salud español dispone de una extensa red de centros de salud y hospitales públicos repartidos por toda la geografía nacional.

En los centros de salud se prestan servicios de atención primaria (medicina familiar, pediatría y enfermería). Si las circunstancias lo requieren, la atención médica se puede prestar en el domicilio del paciente. En los hospitales hay atención especializada y un servicio de urgencias.

La sanidad pública española está considerada una de las mejores de Europa, con un equipo profesional altamente cualificado y con equipamientos de última generación. Sin embargo, muchas personas acuden a hospitales y clínicas privadas para evitar las listas de espera y por sus otras ventajas como los servicios de medicina por Internet, atención telefónica 24 horas para consultas médicas, servicios de odontología o revisiones.

ALUMNO B

LA SANIDAD EN HISPANOAMÉRICA

En Hispanoamérica existen bastantes diferencias entre los servicios que ofrecen los sistemas nacionales de salud y la sanidad privada.

Por un lado, existe la sanidad pública universal, pero suele presentar problemas de eficiencia, eficacia y cobertura. Estos problemas se deben a que la mayoría de las especialidades están centralizadas en las grandes ciudades, lo que trae como consecuencia el colapso por la sobrepoblación y la inaccesibilidad a quienes no pueden desplazarse desde sus pueblos o comunidades. Sin embargo, hay que decir también que la atención a la maternidad, a las enfermedades mentales, los medicamentos para el sida y casi todos los tratamientos del cáncer son gratuitos.

Hospital General de Medellín (Colombia).

Por su parte, a la sanidad privada solo recurre la población que tiene poder económico. Estas personas prefieren acudir a la consulta del médico privado, ya que les dedica más tiempo y les atiende casi en hora, hay buenos aparatos y muchos especialistas.

| Intercultura |

| 5.1. | Ya tienes información sobre la sanidad en los países hispanos. ¿Hay algún aspecto que te sorprende? ¿Cómo es la sanidad en tu país? Coméntalo con la clase.

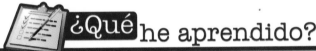

¿Qué he aprendido?

1 Tus compañeros no han estado hoy en clase. Escribe dos conjeturas sobre lo que crees que les ha pasado.

....
....

2 Has encontrado la lámpara de Aladino y el genio te concede dos deseos. Pídeselos.

....
....

3 Escribe una lista de recomendaciones para ser feliz.

....

4 Hasta ahora, cuando entrabas en una tienda o te dirigías a personas desconocidas, ¿qué fórmulas de cortesía empleabas? ¿Y ahora? ¿Crees que lo que has aprendido te ayudará a comunicarte mejor con los hispanohablantes? ¿Por qué?

....

18 IMPERATIVAMENTE

Contenidos funcionales
- Pedir y conceder permiso.
- Dar órdenes.
- Dar consejos.
- Persuadir.

Contenidos gramaticales
- Imperativo afirmativo y negativo.
- Los pronombres de objeto directo y objeto indirecto.
- Combinación de pronombres objeto.

Tipos de texto y léxico
- Léxico de las tareas domésticas.
- Texto informativo.
- Texto publicitario.
- El lenguaje de la publicidad.

El componente estratégico
- Estrategias para la deducción del léxico a través de imágenes.
- Mecanismos para la restricción de un permiso.
- Reflexión sobre la aplicación de estrategias para escribir un texto.

Contenidos culturales
- El reparto de las tareas domésticas en España.
- Hábitos para una alimentación saludable.
- Las compras por Internet.

Ortografía/Fonética

- Los signos de interrogación y exclamación.
- Esquema entonativo básico del español.

---

1 TUS DESEOS SON ÓRDENES

> | 1 |  Interpretad las imágenes para relacionarlas con las preguntas.

1		¿Podría cerrar este programa?	4		Quiero inscribirme en el curso, ¿es posible?
2		¿Puedo pasar?	5		Necesito hacer una llamada, ¿te importa?
3		¿Me dejas probarlo?	6		¿Le importa si me pruebo una blusa?

| 1.1. | Lee de nuevo las preguntas y completa la información con las formas que se han utilizado para pedir permiso.

Pedir permiso

× **¿Puedo/** [1] ....

× **¿Me permite/s**   + infinitivo?

× **Me deja/s**

× **¿Te/le** [2] .... **si** + presente de indicativo?

× Petición + **¿te/le importa?/** [3] ....

| 1.2. | 👤 🌐 Relaciona las preguntas anteriores con estas respuestas. ¿Recuerdas cómo se llama la forma verbal que se ha utilizado para conceder un permiso?

- **a** ☐ Sí, hombre, **coja** mi móvil, no hay problema.
- **b** ☐ Desde luego, **pase** y **siéntese**.
- **c** ☐ Sí, **toma, toma**.
- **d** ☐ Vale, **ciérralo** y **abre** Google.
- **e** ☐ Claro que no. **Pruébese esta**, a ver qué tal le queda.
- **f** ☐ Sí, **lea** esta hoja y **rellénela**. **Diga** también qué horario desea.

Conceder permiso

✖ Para conceder permiso puedes utilizar las expresiones:

• *Sí, sí,*	• *Claro que sí,*	• *Por supuesto,*
• *Desde luego,*	• *Sí, hombre/mujer, sí,*	• *Vale,*

+ imperativo

✖ Para conceder permiso de una manera más restringida:

- • *Sí, pero*
- • *No, (mejor)*   + imperativo

| 1.3. | 👤 🌐 Observa el cuadro sobre la formación del imperativo afirmativo y complétalo con algunos verbos de la actividad anterior.

El imperativo afirmativo

✖ Verbos **regulares**:

	✖ Verbos en **–ar** ✖	✖ Verbos en **–er** ✖	✖ Verbos en **–ir** ✖
	Pas**ar**	Le**er**	Abr**ir**
Tú	pas**a**	le**e**	[3] ....
Usted	[1]	[2]	abr**a**
Vosotros/as	pas**ad**	le**ed**	abr**id**
Ustedes	pas**en**	le**an**	abr**an**

Fíjate

✖ En el imperativo afirmativo los pronombres siempre van después del verbo y forman una sola palabra: *rellénela, siéntese, dímelo…*

✖ Con el pronombre reflexivo *os*, la *–d* desaparece: *(Vosotros) bañados* ➜ *bañaos.*

✖ Verbos **irregulares**:

- • Los verbos con irregularidad vocálica en presente de indicativo mantienen el cambio vocálico en imperativo: *cierra, duerme, pida, juegue, huya…*
- • Otros tienen su propia irregularidad. Algunos frecuentes son:

	✖ Ir ✖	✖ Venir ✖	✖ Salir ✖	✖ Tener ✖	✖ Poner ✖	✖ Hacer ✖	✖ Decir ✖
Tú	ve	ven	sal	ten	pon	haz	di
Usted	vaya	venga	salga	tenga	ponga	haga	[4] ....
Vosotros/as	id	venid	salid	tened	poned	haced	decid
Ustedes	vayan	vengan	salgan	tengan	pongan	hagan	digan

Fíjate

✖ La persona *vosotros/vosotras* no tiene formas irregulares en imperativo afirmativo.

| 2 | Ahora, pide permiso a tu compañero y responde a sus peticiones.

ALUMNO A

1. Estás en casa de un amigo y has visto un libro que te gustaría mucho leer.

2. Has salido con tu compañero y has olvidado en casa tu móvil. Necesitas usar su teléfono para llamar a tus padres.

3. Estás en el metro. Quieres leer el periódico que tiene el viajero de al lado.

4. Estás en casa con tus padres viendo la tele y el volumen está muy bajo.

5. Estás en casa de tu amigo y quieres ver las fotos de su boda.

ALUMNO B

1. Estás en la recepción de tu escuela y quieres dejar tu mochila allí unas horas.

2. Estás en la biblioteca y has olvidado tu diccionario. Pídeselo a tu compañero.

3. Estás en casa de tu amigo. Tiene un iPhone nuevo. Quieres usarlo un momento.

4. Estás en clase. Hace demasiado frío y quieres encender la calefacción.

5. Estás en casa de tu amigo y quieres probar un dulce que ha hecho.

2 ORGANÍZATE

| 1 | Observa la imagen que acompaña al texto. ¿Dónde están estas personas? ¿Qué están haciendo? ¿De qué crees que va a tratar el texto? Coméntalo con tus compañeros. Luego, leed el texto para comprobar vuestras hipótesis.

Responsabilidades del hogar

Organizar un hogar y una familia no es tan fácil como se podría creer. Las tareas que se han hecho ya y las que todavía no, y quién hizo qué y quién no, puede ser confuso y frustrante para la persona responsable. Por eso, organízate para distribuir las tareas y que todos los miembros de la casa colaboren cada día.

1. Haz un cuadro de tareas de tres columnas. En la primera, enumera todas las tareas del hogar. Pon, en primer lugar, las que necesitan ser realizadas todos los días, como (1) **pasear al perro** por las mañanas, y, a continuación, las tareas semanales, como (2) **barrer**, por ejemplo.

2. Piensa cuánto tiempo necesita cada tarea y define un tiempo medio para cada una, escribiéndolo al lado, en la segunda columna. Esto ayudará a distribuir las tareas de forma justa.

3. Escribe en la tercera columna los nombres o iniciales de las personas de la casa que crees que pueden hacer cada tarea. Asigna tareas de acuerdo con la edad, para que no sean demasiado difíciles para la persona que las realizará. Considera también otros factores. Por ejemplo, si una persona se va temprano a la escuela por la mañana, probablemente no podrá (3) **fregar los platos** del desayuno.

4. Asigna a cada persona una o dos tareas diarias y una o dos semanales. Por ejemplo, una persona puede ser responsable de (4) **poner el lavavajillas** y (5) **pasar la aspiradora**, mientras que otra persona es responsable de (6) **limpiar el polvo** y (7) **tender la ropa**.

5. Planifica un horario rotativo y así nadie tendrá siempre los peores trabajos, como (8) **limpiar el baño** o (9) **planchar**.

Texto adaptado de http://www.ehowenespanol.com/distribuir-tareas-del-hogar-semana-como_206328/

| 1.1. | 👤 👥 Lee de nuevo el texto y relaciona las imágenes con las expresiones en negrita.

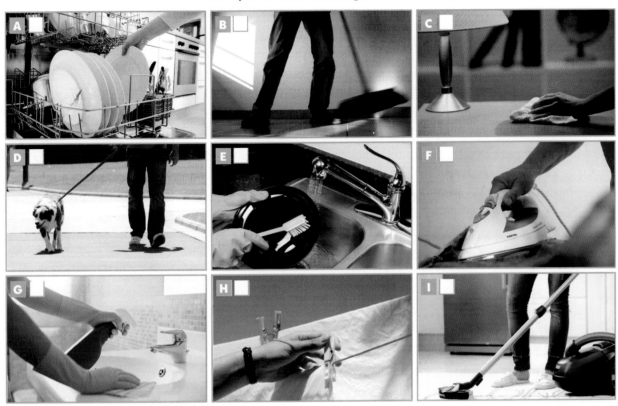

| 1.2. | 🔀 🌐 Ahora, contestad verdadero o falso y justificad vuestras respuestas con el texto.

	Verdadero	Falso
1 La organización de las tareas en un hogar es una labor complicada.	V	F
2 Es necesario organizarse por horas.	V	F
3 Hay que separar las tareas diarias de las semanales.	V	F
4 La distribución de las tareas se hace en función del tiempo en que se tarde.	V	F
5 Cada tarea se asigna a cada miembro por sorteo.	V	F
6 La organización de las tareas debe ser siempre la misma.	V	F

> | 2 | 🔀 🌐 Aquí te presentamos una lista con las tareas de la casa. Selecciona las cinco que crees que no le gustan a tu compañero. ¿Has acertado?

- ☐ fregar los platos/el suelo
- ☐ planchar
- ☐ tender la ropa
- ☐ limpiar el polvo/los cristales/el baño
- ☐ poner/quitar la mesa
- ☐ hacer la cama

- ☐ ordenar/recoger
- ☐ poner la lavadora/el lavavajillas
- ☐ pasar la aspiradora
- ☐ sacar la basura
- ☐ ir a la compra
- ☐ cocinar

‖ Intercultura ‖

| 2.1. | 🌐 🌐 ¿Crees que las tareas de la casa se comparten entre hombres y mujeres en los hogares hispanos? ¿Cómo es en tu país? Lee esta noticia y habla con tus compañeros.

España suspende en el reparto de tareas domésticas

Un estudio elaborado por Parship.es señala que solo el 17% de los encuestados afirma compartir el trabajo doméstico con su pareja, con la responsabilidad dividida al 50% entre ambos.

Adaptado de http://www.mujerhoy.com

> | 3 |  Imagínate que vas a compartir piso con varios de tus compañeros. Sigue las pautas.

1 Dividid la clase en varios grupos, que se encargarán de diseñar una tabla de organización de las tareas del hogar.

2 Decidid entre todos los miembros del grupo qué tareas de la casa debéis realizar para mantener vuestro piso limpio y organizado.

3 Realizad una tabla en tres columnas como la que se explica en el texto de la actividad 1.

4 Distribuid las tareas según el tiempo, la disponibilidad de cada miembro del grupo y sus gustos.

5 Presentad a la clase vuestro resultado y explicad por qué habéis llegado a esa organización.

El imperativo negativo

✗ Puedes formar el imperativo negativo con la forma del imperativo afirmativo de *usted* (*usted tome*) y añadir *–s* para *tú* (*no tomes*), e *–is* para *vosotros/as* (*no toméis*):

	✗ Verbos en **–ar** ✗	✗ Verbos en **–er** ✗	✗ Verbos en **–ir** ✗
	Pasar	Leer	Abrir
Tú	no pas**es**	no le**as**	no abr**as**
Usted	no pas**e**	no le**a**	no abr**a**
Vosotros/as	no pas**éis**	no le**áis**	no abr**áis**
Ustedes	no pas**en**	no le**an**	no abr**an**

✗ Se mantienen las mismas irregularidades que en el imperativo afirmativo de la persona *usted*: *no cierres, no duermas, no pidas, no juegues, no huyas, no pongas, no salgas...*

Fíjate

✗ En el imperativo negativo los pronombres siempre se ponen delante del verbo: *No lo abras, No os sentéis...*

> | 4 | Elabora junto con tu compañero cinco instrucciones afirmativas y cinco instrucciones negativas para aconsejar a alguien que quiere compartir piso.

Instrucciones afirmativas	Instrucciones negativas
-	- . . . .
-	- . . . .
-	- . . . .
-	- . . . .
-	- . . . .

✕ Los pronombres personales de **objeto directo** son *me, te, lo/la, nos, os, los/las*:

● *¿Abro el libro y leo las soluciones?*
○ *No, no **lo** abras./Sí, ábre**lo** y lée**las**.*

✕ Los pronombres personales de **objeto indirecto** son: *me, te, le, nos, os, les*:

● *¿Explico a Juan la lección?*
○ *No, no **le** expliques la lección./Sí, explíca**le** todo.*

✕ Los pronombres reflexivos son: *me, te, se, nos, os, se*:

– *No **te** acuestes tarde.*
– *Relája**se** y díga**me**, ¿qué le ha pasado?*

>| 5 | Ana ha participado en un programa de radio para hablar de las cosas que ella tiene en cuenta a la hora de organizar las tareas domésticas. Escucha y organiza las ideas según su orden de aparición.

	Se refiere a:
Prepárate**la** el día anterior.	. . . .
No **la** guardes en los armarios sin doblar**la**.	. . . .
No salgas de casa sin hacer**la**. ·	. . . .
No **te** olvides y pasa un trapo todos los días.	. . . .
No **las** acumules.	. . . .
No **la** dejes más de un día. Tíra**la** diariamente.	. . . .
No **la** dejes puesta después de comer.	. . . .
No **te** acuestes sin recoger**la**.	. . . .

| 5.1. | Escucha de nuevo y di a qué se refieren los pronombres que aparecen destacados. Escríbelo en la columna derecha de la tabla anterior.

| 5.2. | Lee la siguiente explicación, observa los ejemplos y completa la información.

Combinación de pronombres

✕ Cuando combinamos los pronombres personales de objeto directo e indirecto el orden correcto es **indirecto-directo**:

● *¿Te llevo **el café**?*
○ *Sí, tráeme**lo**./No, no **me** lo traigas.*

● *¿Os corrijo **los ejercicios**?*
○ *Sí, corrígenos**los**./No, no **nos** los corrijas.*

✕ Cuando el objeto directo y el indirecto son de tercera persona, el pronombre *le/les* cambia a *se*:

● *¿Has mandado **el correo** a José?*
○ *No, **se lo** mando luego.*

● *¿Le digo a Juan **la verdad**?*
○ *Sí, dí**se**la.*

Recuerda

Le/les + lo/la/los/las ➜ se + lo/la/los/las

✕ Los pronombres siempre van **delante** ☐ / **detrás** ☐ del verbo, excepto cuando usamos infinitivo, gerundio e imperativo afirmativo:

● *¿Le doy la comida a la niña?*

○ *No, **se la** doy yo, gracias.*
○ *No, voy a dár**sela** yo.*
○ *Ya estoy dándo**sela** yo.*
○ *Sí, dá**sela**, por favor.*

 **6** Vas a invitar a dos amigos una semana a tu casa. Escribe un texto donde les expliques las normas de la casa, especialmente lo que deben y no deben hacer o traer.

3 ACONSÉJAME

1 Observad los siguientes anuncios y contestad:

× ¿De qué temas tratan?

× ¿A quién creéis que van dirigidos?

× ¿Cuál es el mensaje que transmiten?

× ¿Os parecen originales?

MUEVE TU CUERPO
ABRE TU MENTE

El ejercicio físico regular es importante para la salud física y mental de todas las personas, incluidas las mayores.

SALUD Y DEPORTE

Tengo algo para ti. **NO.** *Venga, hombre.* **NO.** *Prueba un poco.* **NO.** *Te gustará.* **NO.** *Vamos, tío.* **NO.** *¿Por qué?* **NO.** *Vas a alucinar.* **NO.** *No te cortes.* **NO.** *¿Tienes miedo?* **NO.** *No seas gallina.* **NO.** *Solo una vez.* **NO.** *Te sentará bien.* **NO.** *Venga, vamos.* **NO.** *Tienes que probar.* **NO.** *Hazlo ahora.* **NO.** *No pasa nada.* **NO.** *Si lo estás deseando.* **NO.** *Di que sí.* **NO.**

EN EL TEMA DE LA DROGA TÚ TIENES LA ÚLTIMA PALABRA.

FUNDACIÓN DE AYUDA
CONTRA LA DROGADICCIÓN

La publicidad

× El lenguaje de la publicidad tiene las siguientes características:

• La imagen, el color, la forma de las letras... llaman la atención rápidamente.

• El texto del eslogan está formado por frases breves y sencillas.

• El texto escrito es persuasivo: se utilizan los pronombres de segunda persona, el imperativo, frases hechas y repeticiones.

1.1. Señala las características del lenguaje publicitario que aparece en los anuncios anteriores. ¿Qué forma verbal aparece de nuevo?

Dar consejos y persuadir

✗ El imperativo también se usa para dar consejos:
  – *Haz* deporte todos los días para llevar una vida saludable.

> | 2 |  Observad esta imagen. Pertenece a un anuncio de un organismo público español. ¿De qué creéis que trata? ¿A quién va dirigido? De las siguientes frases, ¿cuál es el eslogan del anuncio? Justificad vuestra respuesta.

1. ☐ No comas con prisa. Tómate tu tiempo.
2. ☐ Haz cinco comidas al día, no pases hambre.
3. ☐ ¡Despierta, desayuna!
4. ☐ ¡No les permitas comer entre horas! Lucha contra la obesidad infantil.

| Intercultura |

| 2.1. | Este es el anuncio completo, ¿habéis acertado con el eslogan real? ¿Por qué creéis que se ha hecho un anuncio como este? ¿Tiene relación con las costumbres y los horarios alimentarios de los españoles? ¿Por qué? ¿Cómo se desayuna en tu país?

| Cultura |

| 2.2. | Lee el texto y comprueba tus respuestas anteriores. ¿Hay alguna información que te sorprenda?

El desayuno en España

Aunque las costumbres van cambiando, todavía se desayuna poco en España. Algunos niños se levantan sobre las ocho de la mañana, toman un vaso de leche y se van al colegio. No volverán a tomar nada en toda la mañana, hasta la una o las dos de la tarde, hora a la que suelen comer. Este es el peor de los casos posibles, pero la situación de la gran mayoría tampoco es mucho mejor: se hace un desayuno incompleto que consiste en tomar un vaso de leche y algún dulce: galletas, bollos, tostada… A veces, durante la pausa de media mañana, algunos toman algún alimento para aguantar hasta la hora de comer.

El resultado es la falta de energía y, en muchos casos, el bajo rendimiento escolar.

Los mayores también hacen lo mismo: toman un café y algo para comer y, a media mañana, toman otro café, a veces con algo para comer.

Las autoridades sanitarias y educativas están haciendo un esfuerzo por concienciar a la población sobre la importancia de hacer un desayuno completo: fruta, leche, cereales, pan… para conseguir que los niños se nutran adecuadamente y su rendimiento escolar mejore. ■

|2.3.| Lee las recomendaciones que se proponen en esta guía y completa con el imperativo negativo más adecuado según el contexto. En algunos casos puede haber más de una solución.

- ✗ consumir
- ✗ esperar
- ✗ engordar
- ✗ estar
- ✗ tomar
- ✗ tener
- ✗ abusar
- ✗ comprar

12 recomendaciones para una alimentación saludable

1 Planifica una dieta saludable y no .... comida insana.

2 Desayuna cada mañana rico y variado. No .... bollería en casa.

3 Aumenta tu actividad física cotidiana, muévete por lo menos 30 minutos todos los días.

4 Reserva parte de tu tiempo para hacer deporte. No .... mucho tiempo sentado.

5 Ten siempre agua a tu alcance y no .... a sentir sed para beberla.

6 Incorpora frutas y verduras a tu dieta diaria.

7 Toma legumbres regularmente.

8 No ....: la obesidad es enemiga de la salud.

9 No .... suplementos de fibra o alimentos con fibra añadida; consume la que hay en los productos naturales.

10 Consume pescado azul varias veces a la semana.

11 No .... grasas saturadas.

12 Disfruta del sabor natural de los alimentos y no .... de la sal.

|2.4.| ¿A cuál de estas decisiones saludables corresponden las recomendaciones anteriores? Relaciona.

12 decisiones saludables

A `1` Come sano, es fácil.

B ☐ Toma frutas y verduras, "cinco al día".

C ☐ Quítate la sed con agua.

D ☐ Deja la sal en el salero.

E ☐ Vive activo, muévete.

F ☐ Consume más pescado azul.

G ☐ Despierta, desayuna.

H ☐ Elige alimentos con fibra.

I ☐ Come "de cuchara".

J ☐ Mantén el peso adecuado.

K ☐ Haz deporte, diviértete.

L ☐ Reduce las grasas saturadas.

Adaptado de http://www.naos.aesan.msc.es/naos/ficheros/investigacion/Come_sano_y_muevete.pdf

| Intercultura |

|2.5.| En grupos, habla con tus compañeros para conocer los hábitos saludables que siguen en sus países.

|2.6.| El Ministerio de Sanidad te ha encargado realizar una campaña publicitaria. Con tu compañero, vais a diseñar el cartel publicitario junto con las recomendaciones para uno de los temas que aparecen a continuación. Recordad las características del lenguaje publicitario.

- ✗ Cuidar tu salud.
- ✗ Dormir bien.
- ✗ No tener estrés.
- ✗ Otro ....

>| 3 | 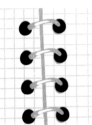 Observad esta otra publicidad. ¿Cuál es su objetivo? ¿Estáis de acuerdo con su eslogan? ¿Soléis hacer compras por Internet?

COMPRA POR INTERNET
La forma más segura

| 3.1. | En grupo, elaborad una lista con argumentos a favor y en contra de las compras por Internet. Después, escribid un texto con vuestra opinión.

| 3.2. | En la actividad anterior habéis escrito un texto de opinión. Leed las siguientes afirmaciones y marcad las estrategias que habéis utilizado.

1. [ ] Hemos buscado las ideas que queríamos tratar y las hemos anotado en un borrador.

2. [ ] Hemos organizado las ideas según un orden: introducción, desarrollo y conclusión.

3. [ ] Hemos decidido qué estilo íbamos a utilizar: formal o informal.

4. [ ] Hemos revisado el borrador y hemos hecho las correcciones oportunas.

5. [ ] Antes de redactar cada uno de los puntos del esquema, hemos tomado notas de lo que queríamos escribir.

6. [ ] Después de redactar el texto, hemos revisado la puntuación, la ortografía y la gramática.

| 3.3. | Habla con tu compañero y dad algún consejo para hacer una compra segura de estos servicios.

× Hacer una reserva de hotel.

× Comprar una entrada para un concierto.

× Comprar un billete de tren.

× Alquilar un coche.

|| Sensaciones ||

| 3.4. | Habla con tu compañero sobre tu experiencia con el español, y entre los dos, elaborad un eslogan que anime a estudiar esta lengua.

 ¿Qué he aprendido?

1. ¿Hay en tu lengua alguna forma similar al imperativo? ¿Tiene las mismas funciones que en español?

2. Escribe todos los usos del imperativo que has visto en esta unidad y pon un ejemplo.

3. Responde afirmativa o negativamente a estas preguntas, usando el imperativo y los pronombres correspondientes.

• ¿Pongo la mesa? ....

• ¿Les digo a los niños la verdad? ....

• ¿Les damos el libro a los alumnos? ....

• Perdone, señor, ¿le servimos ya la comida? ....

• ¿Fregamos los platos? ....

4. Escribe tres consejos saludables.

5. Escribe tres consejos para aprender español de manera eficaz.

19 ¡CAMPEONES!

Contenidos funcionales
- Hablar de aspiraciones y deseos.
- Pedir, ofrecer y conceder ayuda.
- Expresar conocimiento y desconocimiento.
- Preguntar por la habilidad para hacer algo.

Contenidos gramaticales
- Presente de subjuntivo regular y algunos irregulares.
- Usos del subjuntivo: expresar deseos.
- Pronombres como término de preposición.
- Perífrasis verbales de infinitivo: *ir a*, *volver a*, *acabar de*, *empezar a*, *tener que*.

Tipos de texto y léxico
- Texto informativo.
- Foro.
- Entrevista.
- Léxico relacionado con la solidaridad y las ONG.
- Léxico relacionado con los deportes.
- Léxico relacionado con la alimentación.
- Contraste *saber/conocer*.

El componente estratégico
- Estrategias para el aprendizaje deductivo: estudio de formas, tiempo y modo verbales mediante la comparación.
- Asociar palabras en esquemas léxicos.
- Las palabras clave y el uso de conectores como estrategias para ordenar una entrevista y optimizar la comprensión.

Contenidos culturales
- La selección española de fútbol: *La Roja* y *La Rojita*.
- Fundación Dame Vida.
- Deportistas Solidarios en Red.
- Alimentación y deporte.
- Natación sincronizada: Marga Crespí.

Ortografía/Fonética

- La sílaba y la acentuación.

---

1 ¡VAMOS A POR TODAS!

> **| 1 |** En las siguientes imágenes aparecen tres deportes. Intentad completar el esquema léxico con las palabras que aparecen a continuación, relacionándolas con su deporte correspondiente.

- ✕ falta personal
- ✕ portería
- ✕ raqueta
- ✕ pista
- ✕ cancha
- ✕ saque
- ✕ rebote
- ✕ campo
- ✕ penalti
- ✕ canasta
- ✕ red
- ✕ delantero

Baloncesto

Fútbol

Tenis

| 1.1. | Pensad en otros tres deportes y en cuatro palabras relacionadas con ellos (doce palabras en total), como en la actividad anterior. Podéis usar el diccionario. Pasad vuestra actividad a la pareja de al lado. ¿Quién ha podido colocar las palabras correctamente? ¿Quién lo ha hecho más rápido?

Fíjate

✕ Si asocias las palabras en esquemas léxicos podrás recordarlas más fácilmente.

> | 2 | ⚽ 🌐 Fijaos en este equipo de fútbol. Todo el mundo lo conoce por el nombre de *La Rojita*, ¿sabéis por qué?

| 2.1. | 👤📖 Lee el texto y comprueba tus hipótesis.

La selección de fútbol de España es el equipo formado por jugadores de nacionalidad española que representa a la Real Federación Española de Fútbol desde 1920 en las competiciones oficiales organizadas por la Unión Europea de Asociaciones de Fútbol (UEFA) y la Federación Internacional de Asociaciones de Fútbol (FIFA).

El equipo es conocido familiarmente como *La Furia Española* o *La Furia Roja* debido al color de su equipación, y, en los últimos años, simplemente como *La Roja*, término popularizado por el exseleccionador nacional Luis Aragonés.

En Sudáfrica 2010 consiguió el mayor éxito de su historia al proclamarse campeona del mundo tras vencer por 0-1 a los Países Bajos, convirtiéndose así en el octavo país en conseguir un Mundial y en el primer europeo en lograrlo fuera de su continente.

Los éxitos se producen también en las categorías inferiores. La selección sub-21 logró cuatro campeonatos de la Eurocopa (1986, 1998, 2011 y 2013). Estos éxitos la sitúan como la segunda mejor selección europea de la categoría, después de la italiana. Popularmente, se la conoce con el nombre de *La Rojita* por ser la réplica de *La Roja* en la categoría inferior y haber conseguido tantos éxitos. ■

Adaptado de http://es.wikipedia.org/wiki/Selecci%C3%B3n_de_f%C3%BAtbol_de_Espa%C3%B1a

| 2.2. | 👤🔊 Escucha esta entrevista a Thiago Alcántara, capitán de la selección sub-21 de 2013,
|52| antes de celebrarse la Eurocopa en Israel y donde España se proclamó campeona. Completa con las expresiones que faltan.

▷ En el año 2011, se celebró en Dinamarca la Eurocopa sub-21. Durante la final, que ganó España contra Suiza, Thiago Alcántara metió el segundo gol de la victoria y fue elegido como el mejor jugador del partido. Hoy Thiago Alcántara tiene el reto de volver a levantar el trofeo con los sub-21 en Israel, en la final que se celebra contra Italia. Como capitán, ¿qué [1] .... **haga** este equipo? ¿Hasta dónde puede llegar?

● Lógicamente aspiramos a lo máximo, pero es muy difícil. [2] .... **podamos** conseguir el oro con la sub-21 y traerlo aquí a España. Es nuestro reto y lo intentaremos con todas nuestras fuerzas.

▷ El jugador internacional inicia la concentración en la Ciudad del Fútbol con muchas ilusiones, dos años después del último campeonato de Europa, en los que ha crecido como jugador, y se ha convertido en el capitán del equipo de Julen Lopetegui, su entrenador y responsable. Thiago, ¿qué [3] .... conseguir en el futuro?

● Yo [4] .... todo. [5] .... tanto mis compañeros como yo **participemos** en la selección absoluta y **consigamos** títulos por y para España.

▷ Todo el país estará pendiente del debut de Thiago y los suyos el próximo 6 de junio en Jerusalén.

Adaptado de http://www.youtube.com/watch?v=ii3hvy64JVw

| 2.3. | 👤⚽ ¿Qué tienen en común todas las expresiones que has anotado? Marca la opción correcta.

Estas expresiones sirven para:

1 ☐ expresar una queja o una reclamación.

2 ☐ expresar aspiraciones y deseos.

3 ☐ expresar una condición difícil de realizar.

4 ☐ dar órdenes e instrucciones.

| 2.4. | 👤👥 Lee la información y comprueba tu respuesta.

Expresar aspiraciones y deseos

✕ Aspiraciones y deseos referidos al propio sujeto:

- *Querer/Desear/Esperar* + infinitivo:
  - *Queremos ser* campeones del mundo.
  - ¿*Deseas llegar* a la final?
  - *Esperamos subir* al podio.

- *Aspirar a* + infinitivo:
  - *Aspiro a* clasificarme para las olimpiadas.

- *Ojalá* + presente de subjuntivo:
  - *Ojalá pueda* participar en esa carrera solidaria.

✕ Aspiraciones y deseos referidos a otra u otras personas diferentes del sujeto:

- *Querer/Desear/Esperar* + *que* + presente de subjuntivo:
  - *Queremos que seáis* campeones del mundo.
  - ¿*Deseas que* tu equipo *llegue* a la final?
  - *Espero que subáis* al podio.

- *Aspirar a* + *que* + presente de subjuntivo:
  - *Aspiro a que* los atletas de mi país *se clasifiquen* para las olimpiadas.

- *Ojalá* + presente de subjuntivo:
  - *Ojalá podamos* participar en esa carrera solidaria.

> | 3 | 🌐👥 Como veis, para expresar deseos es necesario utilizar el subjuntivo en algunos casos. Leed la información y completad los cuadros.

✕ corras   ✕ participemos   ✕ resista   ✕ corran   ✕ participéis   ✕ resistas

El presente de subjuntivo: verbos regulares

✕ El subjuntivo es un modo verbal que se utiliza en español para expresar deseos, sentimientos o finalidad, entre otros usos que aprenderás más adelante. Los verbos regulares tienen las siguientes terminaciones:

	✕ Verbos en –ar ✕	✕ Verbos en –er ✕	✕ Verbos en –ir ✕
	Participar	Correr	Resistir
Yo	participe	corra	[5] ....
Tú	participes	[3]	[6] ....
Él/ella/usted	participe	corra	resista
Nosotros/as	[1]	corramos	resistamos
Vosotros/as	[2]	corráis	resistáis
Ellos/ellas/ustedes	participen	[4]	resistan

Fíjate

✕ Las terminaciones de los verbos en –er, –ir son [1] **iguales** ☐ / **diferentes** ☐.

✕ En todas las conjugaciones, la primera y tercera persona del singular son [2] **iguales** ☐ / **diferentes** ☐.

✕ El presente de subjuntivo tiene valor temporal de presente y futuro.

| 3.1. | 🌐🏴 El profesor os va a dar una ficha. Seguid sus instrucciones.

| 3.2. | 🏴🏴 Como veis, el presente de subjuntivo irregular es como el presente de indicativo irregular, con algunos pequeños cambios. ¿Creéis que ha sido útil el trabajo de comparación de los dos modos? ¿Por qué? Justificad vuestra respuesta.

Quiero batir un récord.

Miriam Gómez. Nadadora.

> | 4 | Relaciona.

1. Llegar...........*
2. Subir ....*
3. Batir............*
4. Ganar...........*
5. Clasificarse ......*

* a. el/la primero/a a la meta.
* b. para la final.
* c. la medalla de oro.
* d. un récord.
* e. al podio.

| 4.1. | Estos deportistas se han clasificado para participar en las próximas olimpiadas. Observad las imágenes, relacionad las frases anteriores con cada uno de ellos, y completad lo que dicen expresando sus deseos. Ten en cuenta que puede haber más de una solución.

Mateo Ruiz. Atleta.

Fernando López. Ciclista.

Ana María Rodríguez. Karateca.

Luisa Santos. Jugadora de baloncesto.

| 4.2. | En este foro se ha abierto un hilo en el que varios aficionados responden a los deseos de los deportistas anteriores dándoles ánimos y expresando sus propios deseos. Completad las intervenciones siguiendo el modelo.

○○○ ¡Contamos contigo!

¡CONTAMOS CONTIGO!

¿Qué les deseas?

Maripepa
¡Ánimo, Miriam! Seguro que lo conseguirás. Ojalá consigas el récord que esperas. ¡Te lo mereces!
Me gusta · Comentar · 1 de julio, 14:35

....

....

....

....

....

Sensaciones

> | 5 | Y tú, ¿qué deseos tienes para tu futuro en relación con el español? ¿Qué les deseas a tus compañeros? Comentadlo entre todos.

>| 1 | 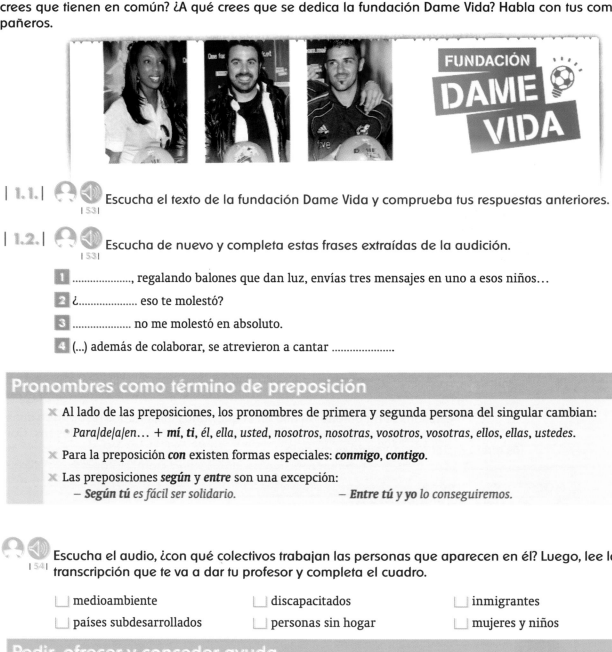 Observa las imágenes. Son las fotos de una investigadora, un cantante y un futbolista. ¿Qué crees que tienen en común? ¿A qué crees que se dedica la fundación Dame Vida? Habla con tus compañeros.

FUNDACIÓN
DAME
VIDA

| 1.1. | Escucha el texto de la fundación Dame Vida y comprueba tus respuestas anteriores.
| 53 |

| 1.2. | Escucha de nuevo y completa estas frases extraídas de la audición.
| 53 |

1 ...., regalando balones que dan luz, envías tres mensajes en uno a esos niños...

2 ¿................... eso te molestó?

3 .... no me molestó en absoluto.

4 (...) además de colaborar, se atrevieron a cantar ....

Pronombres como término de preposición

✕ Al lado de las preposiciones, los pronombres de primera y segunda persona del singular cambian:
  • *Para/de/a/en...* + **mí**, **ti**, *él*, *ella*, *usted*, *nosotros*, *nosotras*, *vosotros*, *vosotras*, *ellos*, *ellas*, *ustedes*.

✕ Para la preposición **con** existen formas especiales: **conmigo**, **contigo**.

✕ Las preposiciones **según** y **entre** son una excepción:
  – **Según tú** *es fácil ser solidario.*   – **Entre tú y yo** *lo conseguiremos.*

>| 2 | Escucha el audio, ¿con qué colectivos trabajan las personas que aparecen en él? Luego, lee la transcripción que te va a dar tu profesor y completa el cuadro.
| 54 |

  ☐ medioambiente   ☐ discapacitados   ☐ inmigrantes
  ☐ países subdesarrollados ☐ personas sin hogar   ☐ mujeres y niños

Pedir, ofrecer y conceder ayuda

✕ Para **pedir ayuda**:
  • *¿Puedes/Podrías* + infinitivo?
  • *¿Puede/*[1] .... + infinitivo?
  • *¿Te/Le importa/importaría* + infinitivo?
  • [2] ....*/podrías/te importaría* + inf.
  – *Perdona, ¿podrías ayudarme?*

✕ Para **justificar** que se pide algo:
  • [3] .... + justificación.

✕ Para **conceder ayuda**:
  • [4] .... */Vale.*
  • **Sí, ¿qué necesitas?**
  • **Bueno, vale...**

✕ Para **ofrecer ayuda**:
  • *¿Te ayudo?*
  • **¿Puedo ayudarte?**
  • **¿Necesitas** ayuda/algo?
  • **¿Quieres que te ayude?**

✕ Para **denegar ayuda**:
  • [5] .... + **es que** + justificación.

| **2.1.** | Practica con tu compañero las formas para pedir, ofrecer y conceder ayuda.

ALUMNO A

1 Llaman por teléfono. No puedes cogerlo porque tienes la pierna escayolada. Pide ayuda a tu compañero.

2 Estás en el ordenador y no puedes levantarte para ayudar a tu compañero.

3 Llamas por teléfono al ayuntamiento para quejarte por el ruido en tu calle y pedir ayuda.

4 Niega la ayuda a tu compañero. No olvides justificar tu rechazo.

ALUMNO B

1 Aceptas y ayudas a tu compañero.

2 Pides un vaso de agua a tu compañero.

3 Trabajas en el ayuntamiento y tu labor consiste en ofrecer todo tipo de ayuda a los ciudadanos.

4 Pides ayuda a tu compañero para que te explique el presente de subjuntivo.

| Grupo cooperativo |

>| **3** | Vamos a participar en una ONG de deportistas solidarios. Seguid las pautas.

1 Dividíos en equipos y consultad la siguiente página web: http://www.deportistassolidarios.org/. Si no tenéis acceso a Internet, vuestro profesor os va a dar una ficha.

2 Cada miembro del equipo recopila información sobre la iniciativa, repartiéndose cada una de las partes de la tarea: qué es, quién colabora, qué pretenden conseguir, qué tipo de acciones proponen.

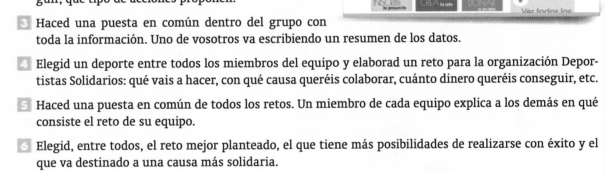

3 Haced una puesta en común dentro del grupo con toda la información. Uno de vosotros va escribiendo un resumen de los datos.

4 Elegid un deporte entre todos los miembros del equipo y elaborad un reto para la organización Deportistas Solidarios: qué vais a hacer, con qué causa queréis colaborar, cuánto dinero queréis conseguir, etc.

5 Haced una puesta en común de todos los retos. Un miembro de cada equipo explica a los demás en qué consiste el reto de su equipo.

6 Elegid, entre todos, el reto mejor planteado, el que tiene más posibilidades de realizarse con éxito y el que va destinado a una causa más solidaria.

>| **4** | ¿Conocéis otras ONG que realizan proyectos similares? ¿Cuáles son sus objetivos? ¿Habéis participado alguna vez en sus campañas? ¿Os parecen útiles estas iniciativas?

MENS SANA IN CORPORE SANO

>| **1** | Fijaos en las siguientes imágenes, ¿con qué pensáis que están relacionadas? Buscad un título alternativo para el epígrafe, según vuestras conclusiones. Justificad vuestra respuesta.

| **1.1.** | 😊 📖 Lee este texto, confirma tu respuesta a la actividad anterior y resume cada párrafo en una frase.

¿Sabes por qué tenemos que hacer deporte?

Hacer deporte nos ayuda a mantenernos en forma y nos garantiza un buen tono muscular y el mantenimiento de los huesos. Además es una excelente forma de prevenir enfermedades.

....

....

Si al hábito deportivo sumamos una alimentación sana y equilibrada, los resultados son todavía más beneficiosos: se controla el peso y la tensión arterial, se mejora la circulación, se reducen el colesterol, las grasas y los niveles de azúcar en sangre, y se previenen enfermedades como la obesidad, la diabetes…

....

....

Asimismo, la combinación deporte y dieta saludable nos ayuda a lograr esa sensación de bienestar tan beneficiosa para nuestra mente, y a eliminar la tensión y el estrés.

....

....

¿Conoces los alimentos que no deben faltar en la dieta del deportista?

Cuando realizamos una actividad física extra, hemos de aumentar el consumo de alimentos ricos en hidratos de carbono: cereales, arroz, pan, pastas, patatas, legumbres, frutas…

....

....

Cuando practicamos ejercicio, nuestro organismo quema hidratos de carbono y grasas para poder producir la energía necesaria que requiere ese esfuerzo. También es importante mantener una hidratación adecuada. La deshidratación influye negativamente en el rendimiento físico y puede llegar a provocar sensación de mareo.

....

....

| **1.2.** | 🕵️ 💬 En parejas, y después de leer la información del cuadro, haceos tres preguntas sobre lo que habéis leído en el texto anterior.

¿Sabes que los hidratos de carbono dan energía?

No, no lo sabía.

Expresar conocimiento y desconocimiento

✕ Preguntar por el **conocimiento** de algo:

- **¿Sabes que/si…?**
  - *– ¿Sabes que el agua es buena para la salud?*
  - *– ¿Sabes si hoy hay entrenamiento?*
- **¿Qué sabes de…?**
  - *– ¿Qué sabes de alimentación deportiva?*
- **¿Conoces (a)…?**
  - *– ¿Conoces el estadio del Molinón?*
  - *– ¿Conoces a Casillas personalmente?*

✕ Expresar **conocimiento** o **desconocimiento**:

- Sí, sí, **ya lo sé.**/No, **no lo sé/sabía.**
- Sí, **he oído hablar de eso.**/No, **no he oído nada.**
- Sí, **ya sé que…**/No, **no sabía que…**
- Sí, **lo/la conozco.**/No, **no lo/la conozco.**

| 1.3. | En español los verbos *conocer* y *saber* se usan de diferente manera según el tipo de conocimiento al que nos referimos. Lee el cuadro y, luego, elige la opción adecuada en cada frase.

Los verbos *conocer* y *saber*

× **Conocer algo** o **a alguien** significa que hemos tenido alguna **experiencia** directa con la cosa o la persona a la que nos referimos. Se puede conocer un libro, una película, un lugar o a una persona. El uso de la preposición *a* es obligatorio cuando el objeto directo es una persona:
  – *Vamos a nadar. Yo conozco una piscina cubierta muy cerca de aquí.*
  – *¿Conoces **a** Fernando?*

× *Saber* tiene dos significados:
  • Se utiliza para hablar de **habilidades**:
    – *¿**Sabes** jugar al tenis?*
  • También se usa para hablar del conocimiento que se tiene de una **información**:
    – *¿**Sabes** que María ha ganado una medalla de plata?*

× Algunas veces *saber* y *conocer* se usan indistintamente, son sinónimos:
  • Cuando *conocer* significa **enterarse de un suceso o una noticia**:
    – ***Conozco/Sé** las dificultades de ser deportista.*
  • Para expresar conocimiento sobre una **materia** o **ciencia**:
    – *Ramón **conoce/sabe** su oficio.*

1 Julio no **sabe** ☐ /**conoce** ☐ cuántos años tiene Luisa.

2 ¿**Sabes** ☐ /**Conoces** ☐ a Cristina, la nueva entrenadora?

3 Miguel no **sabe** ☐ /**conoce** ☐ cómo llegar a los vestuarios.

4 Mi hermana **sabe** ☐ /**conoce** ☐ hablar cinco lenguas.

5 Lo siento pero yo no te **sé** ☐ /**conozco** ☐.

6 Y tú, ¿**sabes** ☐ /**conoces** ☐ la nueva piscina para natación sincronizada?

7 ¿Te puedes creer que Raquel no **sabe** ☐ /**conoce** ☐ cómo se llama este jugador?

8 Nadie **sabe** ☐ /**conoce** ☐ todavía al nuevo portero.

9 ¿**Sabes** ☐ /**Conoces** ☐ cuánto gana un jugador de baloncesto?

10 El entrenador **sabe** ☐ /**conoce** ☐ bien su trabajo.

| 1.4. | Comparad vuestras respuestas y, si no coincidís, justificad vuestra elección.

> | 2 | En el deporte, igual que en la vida, es importante la alimentación. Clasificad los nutrientes según el grupo de alimentos en los que predominan. Podéis usar el diccionario.

A glúcidos (azúcares)

B proteínas

C lípidos (grasas)

D carbohidratos

E agua

F vitaminas

1 ☐ Frutas, verduras y bebidas en general.

2 ☐ Carnes, pescados, soja, huevos y lácteos.

3 ☐ Mantequilla, margarina y aceite.

4 ☐ Azúcar, miel y mermelada.

5 ☐ Pan, avena, arroz, pasta y legumbres.

6 ☐ Zumos de frutas y verduras.

Intercultura

| 2.1. | En la cocina tradicional de tu país, ¿qué tipo de alimentos son los más habituales? ¿Por qué? Según la tabla anterior, ¿qué nutriente es el más abundante en la dieta de tu país? Explícaselo a tus compañeros y comentad las diferencias.

> | **3** | 👥 🔊 **Lee la información y ordena la entrevista relacionando las preguntas con su respuesta corres-**
|55| **pondiente. Después, escucha y comprueba.**

La natación sincronizada es una disciplina que combina natación, gimnasia y danza. El equipo nacional español de Natación Sincronizada es uno de los equipos del deporte español más galardonados internacionalmente. Hemos entrevistado a una de sus integrantes, Marga Crespí, subcampeona europea, medalla de plata.

1 Hola, Marga. Me gustaría saber cuándo empezaste a practicar la natación sincronizada y si te fue difícil acceder al equipo nacional.

2 Supongo que para dedicarse al deporte de élite, una chica de tu edad tiene que renunciar a algunas cosas, ¿qué fue lo más difícil?

3 ¿Cuántas horas entrena una nadadora de sincronizada? ¿Y cuál es la rutina de los entrenamientos?

4 ¿Cuál ha sido el momento más emocionante como nadadora de sincronizada?

5 ¿Crees que este deporte está poco valorado?

6 Pero tiene poca repercusión en los medios. ¿Por qué crees que ocurre esto?

A ☐ Yo, por el momento, no tengo de qué quejarme... Justo **acabo de empezar** a tener resultados y creo que los medios de comunicación, desde el momento en que llegué, se han portado muy bien conmigo.

B ☐ Pues creo que lo más difícil fue dejar la vida que tenía con dieciséis años... Todo deporte de élite es sacrificado: siempre dependemos de los entrenamientos... Por ejemplo, ahora, en época de competición, yo no **voy a ver** a mi familia durante meses.

C ☐ Porque la natación sincronizada es un deporte minoritario. También porque al año tenemos muy pocas competiciones...

D ☐ El más emocionante fue subir al podio de un mundial ganando la medalla de oro, fue una experiencia muy grande.

E ☐ En el Centro de Alto Rendimiento entrenamos unas ocho horas al día. Empezamos a las nueve de la mañana, hacemos flexibilidad o gimnasia antes de ir al agua, y por las tardes **volvemos a hacer** agua y practicamos la coreografía.

F ☐ ¡Hola! Pues **empecé a practicar** con seis añitos. Entré en el equipo nacional gracias al esfuerzo de mi entrenadora. No es fácil entrar y, además, **tienes que estar** dispuesta a sacrificar muchas cosas por la natación.

|3.1.| 👥 ✥ **¿En qué te has fijado para ordenar la entrevista? Ordena la lista de estrategias según las has aplicado.**

☐ En la formulación de las preguntas.

☐ En las palabras clave de las preguntas.

☐ En las palabras clave de las respuestas.

☐ En los conectores de las respuestas.

> | **4** | 🤿 ⚙️ **Volved a leer las respuestas de la entrevista, fijaos en las palabras marcadas en negrita y completad el cuadro con los ejemplos del texto.**

Perífrasis verbal de infinitivo

✗ La perífrasis verbal está formada por dos verbos: uno conjugado (número, persona, tiempo, modo) y otro en infinitivo que aporta el significado principal. Expresan:

• Acción futura: *ir a* + infinitivo	–
• Repetición: *volver a* + infinitivo	–
• Fin: *acabar de* + infinitivo	–
• Comienzo: *empezar a* + infinitivo	–
• Obligación: *tener que* + infinitivo	–

| 4.1. | 👤🔄 Haz una entrevista a algunos de tus compañeros de clase y pregúntales por las diferentes actividades que han hecho o van a hacer, utilizando las perífrasis que acabas de estudiar. Escribe la respuesta.

> ¿Cuándo empezaste a estudiar español?
>
> Empecé a estudiar español el año pasado.
>
> ¿Acabas de llegar a España?

1 Ir a . . . .

2 Volver a . . . .

3 Acabar de . . . .

4 Empezar a . . . . *...empezó a estudiar español el año pasado.* . . . . . .

5 Tener que . . . .

| 4.2. | 🔄🗨️ Ahora, en grupos de cuatro, poned en común vuestros resultados, comparando las acciones de cada uno. ¿Hay coincidencias?

>| 5 | 🔄🗨️ ¿Haces deporte? ¿Cuidas tu alimentación? Comenta estas cuestiones con tus compañeros.

¿Qué he aprendido?

1 **Completa las frases expresando deseos.**

1. Deseo que (tú, pasar) .... un feliz día.
2. Espero que (tú, ganar) .... el oro.
3. Deseamos (ser, nosotros) .... los finalistas.
4. Quiero que (él, ir) .... a la competición.
5. Espero (poder, yo) .... llegar a la meta.
6. Aspiramos a (clasificarse) ....

2 **Escribe estas perífrasis en el lugar correspondiente:** *acabar de terminar, tener que aprovechar, empezar a trabajar, volver a ir.*

El verano pasado visité a mi amigo Pedro en Mallorca. Este año [1] .... porque [2] .... mis estudios de Medicina y en septiembre [3] .... y [4] .... el último verano.

3 **Completa las siguientes intervenciones, ofreciendo o pidiendo ayuda.**

1. ¡Qué calor hace! ....
2. ¡Cómo pesa esta mesa! ....
3. ¡No tengo bolígrafo! ....
4. Veo que no puedes hacerlo, ...

4 **Responde a las preguntas.**

1. ¿Sabías que a la selección de fútbol española la llaman *La Roja*?
2. ¿Conoces las dificultades de un deportista?
3. ¿Sabes hablar chino?
4. ¿Conoces algún deporte de agua?

5 **Reflexiona sobre tu aprendizaje. ¿Qué te resulta más o menos difícil? ¿Por qué? Marca de 1 a 5, teniendo en cuenta que 1 es lo más fácil y 5 lo más difícil.**

	1	2	3	4	5
• Comprender los audios y vídeos.	①	②	③	④	⑤
• Comprender a los hablantes nativos.	①	②	③	④	⑤
• Leer los textos del manual.	①	②	③	④	⑤
• Leer textos de revistas o libros.	①	②	③	④	⑤
• Hablar libremente sobre un tema que te interesa.	①	②	③	④	⑤
• Hablar sobre los temas del libro.	①	②	③	④	⑤
• Escribir libremente.	①	②	③	④	⑤
• Escribir según las directrices del profesor.	①	②	③	④	⑤
• Interactuar con tus compañeros.	①	②	③	④	⑤
• Interactuar con hablantes nativos.	①	②	③	④	⑤

Repaso 2 / PRIMERA PLANA

Contenidos funcionales
- Redactar noticias breves de prensa.
- Narrar hechos del pasado describiendo las circunstancias.
- Contar cómo se conocieron dos personas en el pasado.
- Contar anécdotas reales o inventadas.
- Expresar sorpresa e incredulidad.
- Expresar probabilidad en futuro y pasado.
- Mostrar interés.
- Expresar deseos

Contenidos gramaticales
- Contraste de tiempos verbales en pasado (repaso).
- Interjecciones y expresiones para mostrar sorpresa e incredulidad.
- El futuro y el condicional para expresar probabilidad (repaso).
- Usos del subjuntivo: expresar deseos (repaso).

Tipos de texto y léxico
- Noticias, prensa escrita, radio.
- Formato del periódico y organización de las secciones y contenidos.
- Encuesta y entrevista.
- Prensa digital y otros recursos en Internet.
- Léxico relacionado con la prensa y las anécdotas.

El componente estratégico
- Estrategias para analizar el método de lectura.
- Estrategias para reflexionar sobre los propios errores.
- Estrategias para aplicar contenidos lingüísticos según el comportamiento sociocultural en una conversación.

Contenidos culturales
- Principales periódicos y cadenas de radio de los países hispanos.
- La tomatina, los sanfermines (España) y la danza de los Diablos de Yare (Venezuela).
- La interacción en España: comportamiento en una conversación.

Ortografía/Fonética

- El punto y la coma.

---

1 ¿ESTÁS AL DÍA?

> | 1 | ¿Conocéis alguno de estos periódicos? ¿Sabéis de dónde son? ¿Se venden en vuestro país? Buscadlos en Internet y averiguad si son publicaciones de España o de Hispanoamérica.

| Cultura |

| 1.1. | Lee estas noticias de publicaciones digitales y elige un titular para cada una de ellas. Hay un titular que sobra. Después, completa la ficha.

EL LANZAMIENTO DEL TRADICIONAL CHUPINAZO DA INICIO A LOS SANFERMINES PUNTUALMENTE

DIABLOS DE YARE DANZARÁN ESTE VIERNES EN LA CELEBRACIÓN DEL CORPUS CHRISTI

LA "CREMÁ" DE LA FALLA DEL AYUNTAMIENTO CELEBRADA EL 19 DE MARZO PONE FIN A LAS FIESTAS DE ESTE AÑO

BUÑOL VIVIÓ UNA DE SUS 'TOMATINAS' MÁS MULTITUDINARIAS

[1]

La fiesta grande ha estallado esta mañana en Pamplona desde el balcón principal del ayuntamiento. El chupinazo[1] se ha recibido con los habituales "vivas" al santo, coreados por miles de personas.

A las doce en punto, hoy 6 de julio, el concejal ha prendido la mecha del cohete que ha dado comienzo a nueve días de intensa fiesta con 431 espectáculos incluidos en el programa oficial, entre los que destacan los famosos encierros. ■

[1]El chupinazo es un cohete que se lanza desde el balcón del ayuntamiento para anunciar el comienzo de la fiesta.

Adaptado de http://www.20minutos.es/noticia/1531806/0/sanfermines/chupinazo/inaki-cabases/

[2]

Un año más las calles de la localidad valenciana se tiñeron de rojo el último miércoles de agosto. Al grito de "¡tomate!, ¡tomate!", 45 000 participantes se lanzaron las 125 toneladas de esta verdura que repartió el ayuntamiento para unas fiestas que se han prolongado durante tres días. El alcalde valoró positivamente la edición de este año porque "la gente se lo ha pasado muy bien y ya estamos pensando en el año que viene", subrayó, y destacó "la gran afluencia de gente de todos los países llegada gracias a Internet y a los medios de comunicación que muestran una imagen divertida de la fiesta". ■

Adaptado de http://www.tomatina.es/index.php/es/

[3]

En Yare, estado de Miranda (Venezuela), se celebrará este ritual religioso que la Unesco declaró Patrimonio Cultural Inmaterial de la Humanidad en 2012. Los Diablos danzarán este próximo viernes 3 de junio al son de un tambor típico. Bailarán por las calles del pueblo para luego arrodillarse frente a la iglesia, en señal de respeto al Santísimo, mientras el sacerdote los bendice. La música y el baile continuarán mientras se visitan las casas de algunos Diablos difuntos. La celebración terminará al final de la tarde y, el próximo año, volverán a representar este rito donde, de nuevo, el Bien vencerá al Mal. ■

Adaptado de http://diariocontraste.com/es/?p=295

	Noticia 1	Noticia 2	Noticia 3
Fiesta			
Lugar de celebración			
Fecha			
Duración			

| 1.2. | Reflexiona sobre la forma en que has leído las noticias. Luego, compara con tus compañeros. ¿Tenéis la misma forma de leer?

1 Cuando lees, ¿lees por palabras o por frases completas?

....

2 ¿Qué haces para entender el texto?

○ a. Vas mirando las imágenes.

○ b. Lees en voz alta.

○ c. Te imaginas lo que pasa.

○ d. Otro: ....

3 Cuando imaginas lo que lees, ¿cómo te lo imaginas?

○ a. En blanco y negro.

○ b. En color.

○ c. Imágenes con/sin movimiento.

○ d. Otro: ....

4 Cuando no entiendes una palabra, ¿qué haces?

○ a. Sigues leyendo.

○ b. Te paras y buscas en un diccionario.

○ c. Te paras y vuelves a leer para deducir el significado.

○ d. Otro: ....

| 2 | Vuelve a leer las noticias de prensa anteriores y fíjate en los tiempos verbales que han utilizado los periodistas para redactarlas. ¿Qué diferencias encuentras? Completa la información.

La noticia

✗ La **noticia** es el relato de un texto informativo que cuenta un acontecimiento actual, desconocido, auténtico y de interés para todos. Aunque en la prensa escrita se prefieren los tiempos de pasado y en la televisión los de presente, también podemos leer y ver noticias contadas en futuro.

• En la noticia de la fiesta de la tomatina se han utilizado más las formas verbales de ....

• En la noticia de los sanfermines se han utilizado más las formas verbales de ....

• En la noticia de los Diablos de Yare se han utilizado más las formas verbales de ....

| Intercultura |

| 2.1. | Escribe una noticia de prensa breve sobre una fiesta tradicional de tu país o tu ciudad como las que has leído, en un máximo de ocho líneas. Después, léela al resto de la clase.

| 3 | ¿Conoces alguna celebración más del mundo hispano? ¿Cuál? Vuestro profesor os dará información sobre otras fiestas tradicionales de España e Hispanoamérica. Elaborad entre toda la clase un calendario con las fiestas más importantes.

> | 4 | ¿Cuáles son los medios de comunicación que utilizas con más frecuencia en español para informarte sobre los siguientes temas? Coméntalo con tu compañero.

	Medio de comunicación
Noticias	
Reportajes	
Debates	
Información práctica: tiempo, cartelera...	
Horóscopo	
Eventos culturales	
Otros...	

| 4.1. | Los periódicos ordenan el contenido en secciones para facilitar al lector la búsqueda de información. Clasificad los siguientes contenidos en la sección apropiada.

- ✕ Noticias del propio país.
- ✕ Noticias regionales o locales.
- ✕ Información sobre cines, teatros...
- ✕ Sucesos y noticias sobre personajes famosos.
- ✕ Noticias sobre cine, teatro, música, danza...
- ✕ Programación de las televisiones y emisoras de radio.
- ✕ Noticias del mundo empresarial y comercial.
- ✕ Noticias deportivas.
- ✕ Anuncios por palabras.
- ✕ Noticias de todo el mundo.
- ✕ Información práctica: farmacias, loterías, el tiempo...
- ✕ Información sobre la cotización de las acciones.
- ✕ Noticias más importantes y sumario (índice).
- ✕ Sopa de letras, crucigrama, sudoku...

SECCIONES	CONTENIDOS
Portada	
Internacional	
Nacional	
Local	
Sociedad	
Cultura	
Cartelera	
Anuncios breves . .	
Deportes	
Economía	
Bolsa	
Agenda	
Pasatiempos	
Radio y televisión .	

| 4.2. | Lee estos titulares y escribe a qué sección del periódico pertenece cada uno. Después, compara tus respuestas con las de tu compañero.

1. ....

El Ministerio de Educación concederá becas a todos los universitarios el próximo año.

2. ....

En Bruselas se alcanza un acuerdo europeo para los próximos ocho años.

3. ....

LOS GOYA PODRÁN TENER HASTA SEIS CANDIDATAS A MEJOR PELÍCULA.

4. ....

LA SELECCIÓN ESPAÑOLA DE FÚTBOL ESPERA A SU RIVAL EN OCTAVOS.

5. ....

Se vende Seat Ibiza 1.9 tdi Style. Año 2013. 15 000 km. Precio a convenir.

6. ....

Un terrible accidente provoca retenciones de hasta 20 km en la autovía A-7.

| 4.3. | Lee esta "terrorífica" noticia de la sección de sociedad. Subraya los acontecimientos de un color y las circunstancias en que ocurrieron, de otro.

Noticias

Boda de Drácula

Ayer, a las doce de la noche, se celebró, en el Hotel Transilvania, la boda del popular y enigmático conde Drácula con una mujer que responde a las iniciales A.B. y que declaró que estaba enamorada del señor de los Cárpatos desde que una noche abrió una ventana y le vio volando a la luz de la luna. Al parecer, esa noche, el conde se vistió con su mejor capa y salió a dar un paseo porque hacía mucho calor en su castillo. De repente, se dio cuenta de que le perseguían unos periodistas, así que "salió volando". A la ceremonia asistieron decenas de personas; principalmente, eran familiares y amigos de la novia, curiosos por saber qué iba a beber el conde en la comida. Las mujeres lucían vestidos espectaculares con cuello alto y bufandas, y los hombres llevaban bien anudada la corbata. La fiesta terminó al amanecer. Según señalaron los asistentes, *lo pasaron de miedo*. ■

El conde Drácula el día de su boda.

|Grupo cooperativo|

>| 5 | Vamos a elaborar otra noticia "loca" para la sección de sucesos entre toda la clase. Seguid las pautas.

1 Poneos de acuerdo en qué, a quién y cómo lo vais contar.

2 Repartíos estas preguntas y escribid la respuesta en vuestro cuaderno.

Los hechos → ¿Qué ha sucedido?   El lugar → ¿Dónde ha sucedido?

El sujeto → ¿Quién lo ha hecho?   El tiempo → ¿Cuándo ha sucedido?

El modo → ¿Cómo ha sucedido?   La causa → ¿Por qué ha sucedido?

3 Poned en común las respuestas y redactad un borrador de la noticia. Podéis seguir el modelo de la noticia de la boda de Drácula.

4 Compartid los borradores. Analizad los textos y corregid los errores. Uno de vosotros se encargará de redactar la versión final.

5 Leed la versión final de vuestra noticia y haced los últimos cambios, si es necesario.

6 Elegid a un miembro del grupo para formar parte del jurado que va a juzgar las diferentes noticias, y a otro, para leer la noticia en voz alta.

7 El jurado va a elegir las mejores noticias según estas categorías:

La más divertida.   La más "loca".   La mejor redactada.

|5.1.| ¿Qué tipo de errores crees que has cometido al realizar la tarea con tus compañeros?

Tipo de error	¿Cuál ha sido?	¿Hablando o escribiendo?	Forma correcta
Gramatical			
Léxico			
Sociocultural			
Otros			

|5.2.| ¿Qué método es más eficaz para no repetir errores del mismo tipo según tu opinión? Coméntalo con tus compañeros.

ESTO ME SUENA

>| 1 | ¿Conoces alguna emisora de radio de habla hispana? ¿Qué tipo de emisora es (generalista, de música...)? Haced una lista entre todos. Podéis buscar información en Internet.

| 1.1. | |56| Lee las siguientes opiniones de una encuesta sobre la radio. Después, escucha y relaciona cada opinión con el diálogo correspondiente.

Diálogo n.º

a Lo que más le gusta oír son las retransmisiones deportivas y las noticias. . ☐

b Le gustan los programas sobre ovnis y experiencias paranormales. . . . . . . ☐

c Dice que no escucha nunca la radio. . . . . ☐

d No opina. . . . . ☐

e No escucha mucho la radio. Solo cuando va en coche a trabajar. . . . . ☐

| **1.2.** | 🧑🔊 Escucha de nuevo y anota para qué emisoras trabajan los reporteros. ¿Las conoces?
|56|

	Diálogo 1	Diálogo 2	Diálogo 3	Diálogo 4	Diálogo 5
Emisora					

| **1.3.** | 🧑🔊 En esta entrevista de Radio La Mexicana, Miguel cuenta cómo conoció al amor de
|57| su vida. Escucha y completa el resumen de su historia con la forma verbal de pasado adecuada.

En esta entrevista de radio, el locutor entrevista a Miguel, un hombre de 87 años que cuenta cómo conoció al amor de su vida. Cuando [1] (ser) .... joven, un verano [2] (estar) .... en las fiestas de su pueblo aburrido porque la orquesta que [3] (tocar) .... no le [4] (gustar) .... Fue entonces cuando [5] (llegar) .... al baile una chica de la capital y [6] (enamorarse) .... de ella nada más verla. Pero él [7] (emigrar) .... y no [8] (volver) .... a verla hasta hace veinte años, cuando se la [9] (encontrar) .... mientras [10] (estar) .... en la Casa de España. Desde ese momento, no [11] (separarse) .... nunca. ◼

| **1.4.** | 🧑➕ Miguel ha contado en Radio La Mexicana la anécdota de cómo conoció al amor de su vida. Ahora lee la información y piensa en algún momento especial de tu pasado. Debajo del cuadro tienes algunas sugerencias.

Contar anécdotas

✖ Para **introducir** una anécdota:
  • **¿Sabes** qué me pasó (ayer/el otro día…)?
  • **¿A que no sabes** qué me pasó (ayer/el otro día…)?

✖ Para **mostrar interés**, es normal pedir que alguien continúe el relato con:
  • ¿**Y** qué pasó después?   • ¿**Y**…?
  • **Sigue, sigue**…/**Cuenta, cuenta**…   • ¿**A quién** llamaste/viste…?

✖ Para expresar **incredulidad** o **sorpresa**:
  • ¡Anda ya!   • ¡No me lo puedo creer!   • ¿Cómo?
  • ¡Increíble!   • ¡Qué me dices!   • ¿De verdad?
  • ¿Ah, sí?

¿Qué te pasó?

✖ El día que terminaste tus estudios.   ✖ Cuando aprendiste a conducir.
✖ Cuando empezaste a estudiar español.   ✖ Esa vez que te tocó un premio.
✖ La vez que suspendiste un examen.   ✖ La primera vez que cocinaste…

Fíjate

✖ En España, es normal interrumpir el relato de alguien con frases como las que has visto en el cuadro anterior. De este modo, el interlocutor demuestra interés en lo que le están contando. El silencio en estas situaciones indica falta de interés. ¿Cómo funciona la interacción en tu país? ¿Qué valor tiene el silencio en tu cultura?

| 1.5. |  En grupos de cuatro, cuéntale a tus compañeros la anécdota de la actividad anterior, explicando las circunstancias que rodearon ese momento especial. No olvides reaccionar a lo que te cuentan tus compañeros con las expresiones que has aprendido y las que aparecen a continuación.

× ¡Qué vergüenza!
× ¡Eso sí que da miedo!
× ¡Qué rabia!
× ¡Qué suerte tuviste!
× ¡Qué gracia!

× ¡Vaya situación!
× ¡No es posible!
× ¡Debió de ser horrible!
× ¡Debió de ser impresionante!

Intercultura

>| 2 | El bolero volvió a unir las vidas de Miguel y María. ¿Conoces este género musical? ¿En qué país tiene su origen? ¿Qué tipo de música es la más popular en tu país? ¿Cuál es el baile típico? ¿Hay algún cantante internacionalmente famoso? Coméntalo con tus compañeros.

Sensaciones

>| 3 | ¿Sabes cuál es el poder de la música? La música activa los mecanismos neuronales, modifica el estado de ánimo y puede curar algunos males. ¿Cómo te sientes emocionalmente cuando escuchas esta clase de música? Coméntalo con tus compañeros de grupo.

→ rock • pop • clásica • heavy • rap • romántica • metálica • reguetón

→ relajado/a • excitado/a • alegre • entusiasmado/a • orgulloso/a • inspirado/a • atento/a • activo/a

→ estresado/a • trastornado/a • asustado/a • irritado/a • avergonzado/a • nervioso/a • agitado/a

| 3.1. | ¿Qué tipo de música elegirías para compararla con la sensación que tienes al estudiar español? Coméntalo con tus compañeros de grupo.

Grupo cooperativo

>| 4 | Vais a preparar un programa de radio para la escuela. Seguid las pautas.

1 En plenario, elegid entre todos un nombre para la emisora.

2 Formad cuatro equipos. Cada equipo se encargará de una de estas tareas:
redactar las noticias;
seleccionar la música;
escribir las cuñas publicitarias;
preparar el pronóstico del tiempo.

3 Haced una puesta en común de toda la información, decidid el orden de las secciones y redactad entre todos el guion.

4 Nombrad dos locutores, dos técnicos de música, dos locutores para la publicidad y un director que controle el programa. El resto vais a analizar la intervención de vuestros compañeros.

5 Comienza el programa. Si es posible, podéis grabarlo.

6 Analizad las intervenciones y calificad los siguientes aspectos. Justificad vuestra respuesta:
los locutores (voz, entonación, fluidez…) . . . . ①. . . ②. . . ③. . . ④. . . ⑤
la elección de los contenidos . . . . ①. . . ②. . . ③. . . ④. . . ⑤
la música . . . . ①. . . ②. . . ③. . . ④. . . ⑤
la publicidad . . . . ①. . . ②. . . ③. . . ④. . . ⑤

>| 1 | Lee el siguiente artículo que ha aparecido en la prensa de hoy. ¿Qué es "tomar el pulso al euroescepticismo"? ¿Sabéis a qué se refiere esta expresión?

Unas elecciones para tomar el pulso al euroescepticismo

Las elecciones europeas tienen lugar entre el 22 y el 25 de mayo. Concretamente, en España la votación se realizará el próximo 25 de mayo. En ellas se elegirán los 751 diputados al Parlamento Europeo, que representarán a 500 millones de ciudadanos de los 28 Estados miembros hasta las próximas elecciones. En España, hay en juego 54 escaños.

Estos comicios tienen interés porque se trata de los primeros de este tipo tras la crisis del euro y servirán de termómetro para medir el euroescepticismo. De hecho, el Parlamento Europeo lleva meses trabajando en una campaña electoral para tratar de concienciar a los votantes de la importancia de esta votación. Hay que recordar que habitualmente la participación ha sido muy baja, en las pasadas elecciones fue del 42,94%.

Adaptado de http://www.expansion.com/sobre/elecciones-europeas.html?cid=SEM23001

| 1.1. | Lee la definición de "euroescepticismo" y comprueba si habéis acertado en vuestras suposiciones anteriores.

> "El euroescepticismo supone el rechazo de la política económica de la Unión Europea que algunos designan como neoliberal, y la promoción de una política económica que tenga una orientación más social. Este tipo de euroescepticismo no es un rechazo absoluto del sistema europeo o de sus instituciones, sino un rechazo de cómo estas son utilizadas por los partidos políticos en el poder".

Adaptado de http://es.wikipedia.org/wiki/Euroescepticismo

>| 2 | Estos son los testimonios de algunos españoles con respecto a estas elecciones europeas. ¿Son euroescépticos?

Yo no pienso votar. La crisis económica que sufre el mundo actual ha sido provocada artificialmente por los grupos de presión financieros y las instituciones, incluidas las europeas, que han preferido apoyarles a defender a sus ciudadanos. Espero que haya una gran abstención para que los políticos se replanteen seriamente a quién deben sus cargos y al servicio de quién están.

Eduardo, economista, actualmente en paro, miembro del movimiento 15-M.

Sinceramente me cuesta mucho ir a votar. Estoy muy desencantada. Aun así, creo que si no votas, no tienes derecho a protestar. Yo pienso que, en el mundo actual, la globalización está haciendo que cada vez importen menos los gobiernos particulares de cada país. El dinero es al final quien manda. Y para combatir su influencia, creo que Europa tiene que ser una institución bien consolidada y sus políticos deben estar refrendados por todos los que vivimos en ella. Si tenemos la oportunidad, aunque sea pequeña, de cambiar esta tendencia, debemos hacerlo. Ojalá salga de estas elecciones una Europa solidaria con los más desfavorecidos.

Marta, veterinaria, trabaja en una clínica con un contrato temporal. No milita en ningún partido político.

Por supuesto que iré a votar. Es un derecho y una obligación, y quien piense que da igual está muy equivocado. Gracias a Europa, España es actualmente el país que es. Parece que se nos ha olvidado todo el dinero que hemos recibido de la Unión Europea para modernizar todas nuestras infraestructuras, por ejemplo. Pero ser europeo no tiene marcha atrás: eres europeo en los tiempos buenos y también en los malos, como el de ahora. Yo deseo que el mundo pueda superar esta crisis lo antes posible. Quiero que se acabe el paro, que es el problema más grave actualmente en España y también espero que, gracias a la colaboración de todos, Europa tenga un peso importante en el resto del mundo.

Lola, dentista, jubilada en la actualidad. Militante de Unión Progreso y Democracia (UPyD).

| 2.1. | Vuelve a leer los testimonios anteriores y fíjate en las frases destacadas, analiza su estructura y completa el cuadro.

Recuerda

✕ Para expresar deseos en español puedes usar las siguientes estructuras o expresiones:

- **Querer** / [1] .... /
  [2] ....

  Si el sujeto de las dos oraciones es el mismo:
  + [3] ....
  —Si **quieres tener** derecho a protestar, vota.

  Si el sujeto de las dos oraciones es diferente:
  + **que** + presente de [4] ....
  —Si **deseas que** las cosas **cambien**, únete a nuestro partido.

- **Ojalá** + presente de [6] ....
  —**Ojalá se reduzca** el paro y **volvamos** a recuperar la sociedad del bienestar perdida.

> | 3 | ¿Tu país pertenece a la Unión Europea? ¿Sois euroescépticos? Dividid la clase en pequeños grupos y organizad un listado con deseos de cambio, esperanzas y soluciones para los diferentes problemas políticos y sociales. Tu profesor te entregará una urna de los deseos.

¿Qué he aprendido?

1 Escribe el nombre de tres periódicos digitales y tres emisoras de radio del mundo hispano.

....
....

2 Completa esta definición sobre los usos de pretérito que has aprendido en esta unidad.

Para contar acontecimientos usamos el [   ] y para explicar las circunstancias en las que se producen los acontecimientos utilizamos el [   ].

3 Escribe las preguntas que debes hacer para conocer los hechos, el sujeto, el modo, el lugar, el tiempo y la causa de una noticia.

....
....

4 Escribe alguna anécdota que te ha sucedido desde que empezaste a estudiar español.

5 En esta unidad has reflexionado sobre tu forma de leer los textos y sobre los errores. ¿Crees que este tipo de actividades te ayudan a aprender español de manera más eficaz? ¿Por qué?